分解者たち

見沼田んぼのほとりを生きる

猪瀬浩平

写真　森田友希

生活書院

利根川
見沼代用水
荒川
見沼田んぼ
岩槻
大宮
越谷
浦和
川口
40km
30km
20km
八王子
東京
川崎
横浜
東京湾

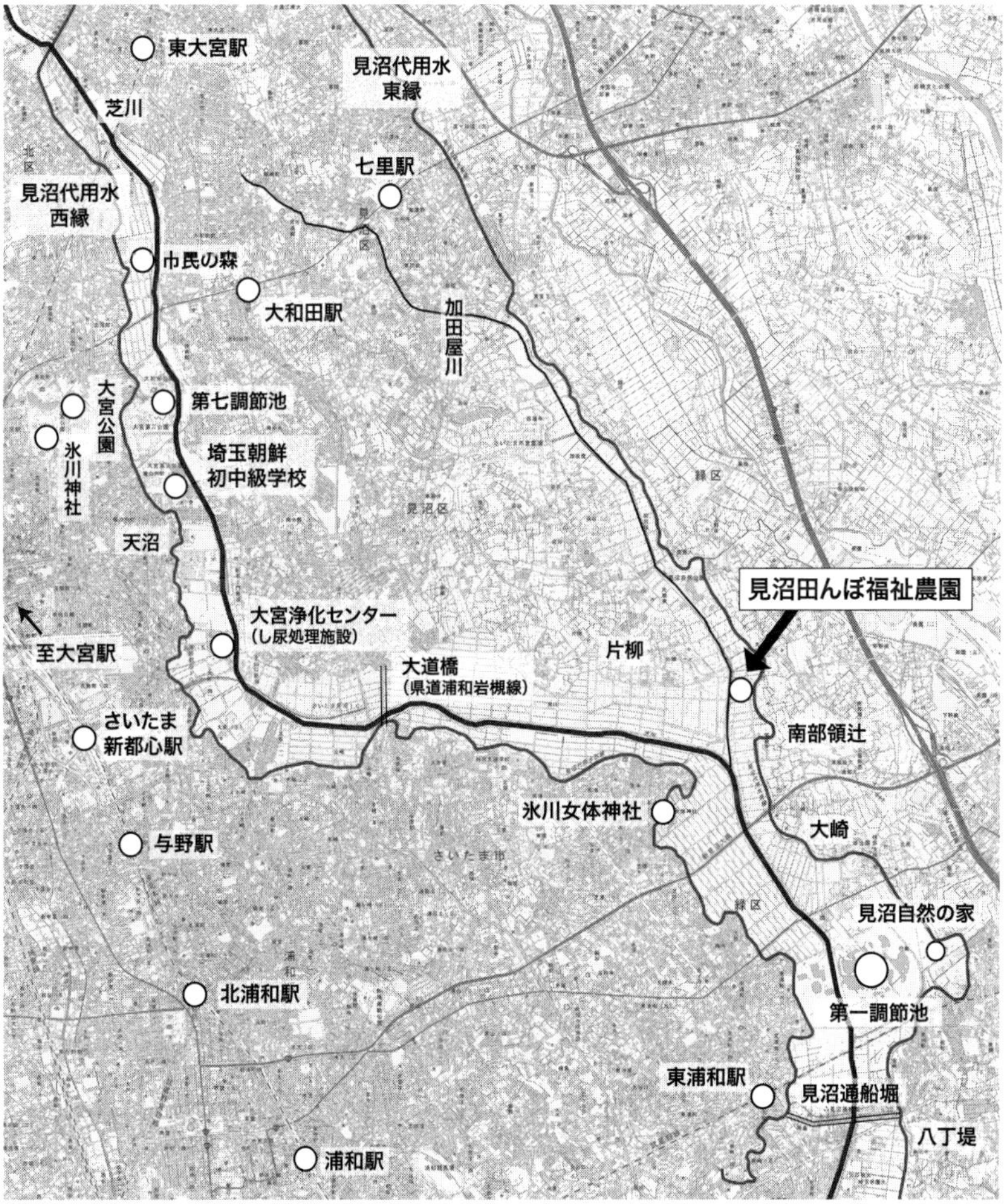

本図は、国土地理院「電子地形図 25000」に加筆編集をした。

目次

第一章　見沼田んぼ福祉農園のスケッチ……66

第二章　首都圏の拡大と見沼田んぼ——福祉農園の開園まで……98

第三部　どこか遠くへ、今ここで

	日本と世界の動き	この本で取り上げる地域の出来事
1629		八丁堤が築かれ、見沼溜井が生まれる【序】
1727		見沼干拓に伴い、見沼代用水の開削が始まる【序】
1728		見沼代用水完成【序】
1941		神奈川県津久井郡で、相模ダム建設開始【7、8】
1944		東京帝国大学の大塚久雄、津久井郡与瀬に疎開。彼に続いて、川島武宜、飯塚浩二が疎開【8】
1945	敗戦	一〇月、在日本朝鮮人連盟（朝連）結成【9】
1946		朝鮮人子弟のために、国語教習所が県内各地につくられる【9】
1947		東京から越谷市に「買出し部隊」が押し寄せる【3】、相模ダム竣工【7、8】
1948	大韓民国、朝鮮民主主義人民共和国建国【9】	朝鮮人学校閉鎖令【9】
1950	朝鮮戦争勃発【9】	
1955		朝鮮総連結成【9】
1958	狩野川台風が関東に襲来【2】 国が首都圏整備計画構想を策定【2、3】	
1959		浦和市、大宮市、与野市に革新市長誕生【2】
1961	農業基本法施行【序、3】	埼玉朝鮮初級学校設立【9】
1964	東京オリンピック開催【7、8】 全国革新市長会が創設	相模湖で漕艇協議開催。津久井やまゆり園開園【7】
1965		見沼田圃農地転用方針（見沼三原則）制定【2】 越谷市・草加市など「埼玉県東部清掃組合」（のち東埼玉資源環境組合）設置。 越谷市増林で養鶏行がピークに【3】 津久井郡で城山ダム竣工【7】 埼玉朝鮮初中級学校に改組【9】
1967		埼玉国体開催に伴い、埼玉朝鮮初中級学校、見沼田んぼ内堀の内に移転【9】
1968	新しい都市計画法の制定	越谷市増林に埼玉県東部清掃組合第一次ゴミ処理施設完成【3】
1969	新・都市計画法の施行	見沼三原則補足制定【2】
1971	総合農政開始、米の減反本格化【序、2】	
1972	埼玉県知事に、革新系の畑和就任【2】	見沼三原則緑地規定制定【2】
1975		見沼三原則緑地規定制定【2】
1978		わらじの会結成【4】
1979	養護学校義務化【5、6】	大宮市民の森が開園【2】 猪瀬良太、浦和市立岸町小学校に入学【5】
1981		見沼代用水の三面護岸に対する反対運動【2】

1982	中曽根康弘総理大臣に就任【2】	見沼田んぼ内の荒地が200ヘクタールを越える【2】 大宮第二公園内に芝川第七調節池竣工【9】
1983		見沼田圃保全検討委員会発【2】
1984		見沼田んぼを愛する会発足【2】 ぺんぎん村を結成する人びとが、おもちゃの図書館を浦和の団地の集会室で始める【5】
1985	プラザ合意【2】	見沼田圃保全検討委員会、「見沼保全検討委員会報告書」を策定【2】 猪瀬良太、浦和市立白幡中学校に入学。ぺんぎん村結成【5】
1986		埼玉県企画財政部、見沼三原則の見直しを図る「見沼田圃基本方針」を策定。背景に、ゴルフ場としての開発を企てる。ぺんぎん村、「福祉農場設置」の要望書を、県知事等に提出【2】
1987		見沼田圃基本方針策定の中心を担った、埼玉県庁企画財政部地域政策監が、ゴルフ場開発の汚職容疑で逮捕。猪瀬家として、見沼田んぼに隣接する片柳の農地で耕作を始める【2】
1988		猪瀬良太ら、知的障害のある生徒が公立高校定時制を受験。定員内不合格。これに抗議して、埼玉県庁知事応接室に泊り込み【5、6】
1989	昭和天皇裕仁逝去【5】	
1990		生活ホームオェヴィス開所。埼玉県教育委員会廊下でのリレー泊り込み【4、6】
1991		見沼田圃土地利用協議会発足【2】 埼玉障害者市民ネットワーク設立。同ネットワーク主催で総合県交渉開始【6】
1992	元参議院議長土屋義彦、埼玉県知事に就任【2】	社団法人埼玉障害者自立生活協会（現一般社団法人埼玉障害者自立生活協会）設立【6】
1994		猪瀬良太、吉川高校定時制に入学【5、6】
1995		「見沼三原則」廃止。「見沼田圃の保全・活用・創造の新基本方針」を施行。【2】
1998		「見沼田圃公有地化推進事業」の開始【2】
1999		見沼田んぼ福祉農園開園【1、2】
2001		浦和、大宮、与野市が合併し、さいたま市が誕生。
2002		見沼・風の学校が結成【1】
2004		障害者の職場参加を考える会、NPO法人化【4】
2006	障害者自立支援法施行【4】	福祉農園で盗難事件を契機に、浦和北ロータリークラブが福祉農園に参加【1】
2008		越谷レイクタウン街開き【3】
2010		埼玉県、埼玉朝鮮学校に対する私立学校運営交付金の支給停止【9】
2011	東日本大震災、東京電力福島第一原発事故【3】	
2013		障害者地域デイケア施設わくわく閉所。のらんどが、地域活動支援センター農（あぐり）を開所【1】
2015		のらんどがNPO法人化【1】
2016	津久井やまゆり園で殺傷事件【7】	
2017		埼玉朝鮮学校の関係者と福祉農園の交流が始まる【1、9】
2019		埼玉朝鮮学校、福祉農園推進協議会に加盟【1、9】

自分の狭さをうちやぶることは
ただ幅広く交流すればよいというような、
いぜんとした量的な視角にとどまるものではない。
異質のものを自分のうちにくわえこみ、
ひきずりこんで食べてしまうことでもない。
そればかりでなく、相手にも自分を消化させるためにおしつけ、
自分の異質の肉を食べさせなければならない。

谷川雁「さらに深く集団の意味を」

序章　東京の〈果て〉で

「とるに足らない」とされたものたちの思想に向けて

この本は、「とるに足らない」とされてきたものたちをめぐるものだ。どこにでもありそうな、とりたてて特徴的なもののもないようにみえる地域が舞台だ。その地域で、そのものたちが生きてきた姿を、そのものたちが営んできたこと、残したものを描く。そのことによって、私たちが生きてきた時代がいかなるものだったのか、私たちが雑多な存在と共に生きていることがどういうことなのかを表す。

それは、他者と分かり合う美しい共同体の姿にも、みなが同じ課題と向き合い解決するそんな成功物語にも、どちらにも当てはまらない。ただ、人や多様な存在が〝共に〟生きていることの凄みと、それぞれの存在が束の間に交わる時の熱を描く。

多くの人にとっての基準から外れたものが憎悪の対象となり、一切の敬意を払われることもなく暴力の対象となる――さらにいえばそのような存在が「不幸しか作ることしかできない」と断じられて殺傷の対象とすらなる――今という時代に必要な思想を、私はこの作業が表すと信じる。

私たちの暮らしは、私たちが見えなくしてしまったものに多くを依存している。

どんなに自分の家を美しく飾り立て、隅々まで掃除して磨き上げたとしても、私たちは便所で下着を脱ぎ、排泄する。排泄の音を消し、排泄物の匂いを消すための様々な道具が日々生まれているが、それは排泄という行為や、排泄物の存在を更に浮き立たせる。駆除の仕方が洗練されるなかで、ゴキブリやドブネズミは私たちの見えないところで死ぬ。見えないところで死ぬから安心はするが、その姿を、その遺骸の腐った姿や匂いを思うたびに、私たちは畏れ慄く。私たちの排泄や排出という行為はなくならないし、蟲や獣はいなくならない。私たちは、それをただ見えなくしているだけなのだ。流しを綺麗にする、排水溝を綺麗にする、でも下水道まで私たちが綺麗にすることはできない。

同じように、どれだけ鍛えても、どれだけ健康に気を遣っていても、老いや病、死は私たちをいつか捉える。若さや健康へのあくなき追求は、老いや死へのあくなき恐怖と裏表である。そして誰も、何も死ぬことがなければ、後から生まれてくる私たちが生まれる余地などない。圧倒的な数の死のなかで、私たちは生まれる。圧倒的な数の死の一つとして私たちは死んでいく。そして、圧倒的な数のものたちが生まれる。心臓が鼓動をやめれば、私たちの肉体は途端に腐りはじめていく。

私たちにとっては直視しがたい、淡々とした摂理のなかで、私たちが、如何に雑多な存在と共に生きていけるのか、そのための思想を粗描するのが、この本の目的である。私や私の周囲のいずれも名もなき人びとが、雑多な生きものや事物がただ目の前にある世界を生きて

いくこと、ばらばらでありながら、ときに交わる、そして離れていく有り様を凝視し、埋もれた痕跡を掘り起こしていく。掘り起こして見つけた足跡がどこからやってきたのか、どこにむかっていったのかを探る。すると、ここではないどこか、〈いま〉ではない〈いつか〉へのつながりが、少しずつ見えてくるはずだ。

この本の舞台は高度経済成長期以降の見沼田んぼと、その周りに広がる空間である。行政区分でいえば、埼玉県南部や東部のさいたま市や川口市、越谷・春日部市を指す。戦後、東京から広がっていく開発の波は見沼田んぼ周辺地域を段々と呑みこんでいくが、見沼田んぼは農的空間として残された。見沼田んぼの中心を流れる芝川は、開発の流れと逆向きに、開発された土地から集めた水を途切れることなく東京湾の方へと運ぶ。

この本は見沼田んぼと周辺地域に生きるものたちの歴史を掘り起こす。そこには人間もいれば、鶏や豚のような生きものもいる。見沼田んぼという空間自体も変わっていく。人間のなかには、障害のある人もいれば、日本が植民地支配した地をルーツにする人もいれば、野宿する人もいる。だから、この本はたとえば見沼田んぼの保全の歴史や、埼玉の障害者の歴史ではない。地域史を描くなかで、当たり前のように様々な存在が出てくる。だから複雑な構造をもつし、話はあちらこちらへと移動する。しかし、何かに特化して歴史を描くやり方では見えないものが、そのなかでこそ見えてくる。

私はそれを、私というちっぽけな存在が生きていた経験を、埋もれた部分も含めて凝視することで表してみたい。

私は見沼田んぼの周辺にある浦和という町で生まれ、今もそこに暮らしている。そこは首都圏の一部として開発され、多くの人が移住してきた。一九四九年生まれの父と母もその一人だった。兄は東京で生まれた。浦和市内のアパートで暮らしていた三人は、一九七五年にできた十階建ての団地の抽選に当選し、そこに移り住んだ。その頃には、兄は自閉症と診断されていた。私は一九七八年に浦和の病院で生まれ、この団地で育った。ハレー彗星が来る頃、私は父母に連れられて、見沼田んぼに初めて出かけた。当時の見沼田んぼは今ほど道路が走っておらず、彗星を観察するのには適した場所だった。天文学を専門にしている大叔父がくれた双眼鏡で、私はハレー彗星を探した。

それ以来、私は見沼田んぼやその周りの森、畑に時々出かけていって、虫をとったり、キャンプをしたり、畑仕事の手伝いをした。ベッドタウンに生きる私に、見沼田んぼは自然や生きものとの関わりの原体験を与えてくれた。斜面林でのキャンプの最中に雷雨に襲われ、稲光におののいたこともある。家族で借りていた畑の傍らにあった豚舎には無数のカラスが群がっていて、そこには近づきがたい恐怖を覚えた。向こう側に広がる森の先に何があるのかびくびくしながら探検した。高校時代は見沼田んぼのなかをトレーニングのために走っていた。

一九九九年に見沼田んぼ福祉農園ができ、私は段々とその活動に関わるようになっていった。この本は、私が生きてきて、今も生きている、どこにでもありそうな世界についてのものだ。

私は生まれてから、この〈世界〉にいつの間にか巻き込まれており、やがて思春期を迎える頃に、そこから意識的に身を剥がした。だから関西の大学に進学した。二〇歳になった頃に、離れた場所からその〈世界〉を振り返った時に、そこに何か語らなければならないもののある事を感じた。そして、大学で学んだ言葉や、そこで教えられた本で学んだ言葉を使って表現しはじめた。大学院に進学する頃から、私はその〈世界〉にもう一度関わりをはじめた。私はその〈世界〉の当事者として活動するとともに、それは私が学ぶ文化人類学の参与観察でもあり、だからその経験をもとにして論文も何本か書いた。

しかし、その〈世界〉に嵌れば嵌るほど、アカデミズムの言葉では表現できないもどかしさを感じた。何より、アカデミズムの言葉だけで表現したものでは、私の〈世界〉の人びとには多くのことが伝わらなかった。どこにでもありそうなものたちの、かけがえのなさを描くには、私がこの〈世界〉にどっぷりと浸かることを必要とし、そしてどっぷりと浸かった先に、私は世間で流布するステレオタイプだけでなく、アカデミズムの言葉からもなるべく遠ざかろうと、もがきはじめていた。やがて、同じことは運動が生み出した言葉についても言えることに気づいた。運動の外にいる人に言葉を届かせようとしたとき、あるいは運動のなかにいる

人の違和感に近づこうとしたとき、運動の言葉は時にその足枷になる。であればただ遠ざかるのではなく、アカデミズムの言葉も、運動の言葉も適宜出し入れしながら、表現をしていくしかない。

この本は、私が生きている、どこにでもありそうな世界が、ここでしかないことを描く。そこがもつ歴史やそこで行われる営みの〈かけがえのなさ〉を描くことに成功していれば、それはあなたが生きている世界の〈かけがえのなさ〉にもつながるはずだ。普遍性は、固有性を掘り下げた先にある。私が生きる世界とあなたが生きる世界は、それぞれ固有であると同時に、互いに相通じる歴史のなかにある(高村・猪瀬 2018: 15)。

私たちはそれぞれ単独の存在であるが、孤立はしていない。

見沼田んぼという空間

見沼田んぼは、埼玉県南部に広がる農的緑地空間である。その殆どの面積をさいたま市が占めるが南部は川口市になっている。[1] 東京都心から二〇〜三〇キロ圏内に位置し、南北約一四キロ、外周約四四キロ、総面積は約一二六〇ヘクタールに及ぶ。箱根の芦ノ湖の二倍、東京の豊島区とほぼ同面積である。見沼田んぼの東西の端には、農業用水である見沼代用水東縁《べり》・

西縁《べり》が流れる。用水から引かれた水は田畑を潤し、排水である芝川・加田屋川に集められる。東縁・西縁の外側には台地をのぼる斜面に林が拡がる。上空から見ると鹿の角のように見える、この都心から最も近い大規模緑地空間である見沼田んぼは、どのような歴史のなかで形成されたのか。

最終氷期、発達した氷河や河川は北極や南極に向けて、山から平地に向けて広がっていた。氷河は砂礫で作られた洪積層を削り、やがて河谷を形成した。最終氷期が終わり、気温が上昇すると氷河は溶けて海水となり、河谷を登っていった。

今、「見沼田んぼ」と言われるあたりは東京湾につながる入江となり、海岸沿いに人びとの集落が形成された。[2] 六〇〇〇年前を境に海が後退すると、それまで海だった場所に土砂が堆積し、沖積平野を形成した。入江だった場所の一部は、沼として残った。見沼とは、最終氷期の時代に氷河によって削られた河谷であり、縄文海進の時代の入り江であり、やがて湿地帯となった空間の名前である。雨季になると水をたたえてどこまでも広がり、乾季になると干上がって限りなく小さくなる。そんな変幻する沼は、やがて人びとの信仰の対象となった。その名残が現在、大宮の氷川神社、浦和の氷川女体神社などとしてある。二つの氷川神社が立地する大宮台地は、低湿地で人の住むのに適さなかった江戸が近世になって開発されるまで、武蔵の国のまつりごとの中心地であった(原 2001: 232)。

江戸に開かれた徳川幕府は、そのお膝元武蔵の国に立地する見沼を、水田開発に利用した。最初は、見沼の下流に八丁の堤を作った。見沼は水を満々とたたえ、下流の水田を潤すようになった。見沼溜井と呼ばれた。[3]

八代将軍吉宗の頃に、幕府は利根川から総延長八五キロにおよぶ水路を開削した。八丁堤は切り落とされ、見沼溜井と言われた場所自体が広大な新田となった。水路の開削は、江戸時代の初期に東遷した利根川の流れの一部を東京湾に戻すもので、開発された水田に水を運ぶだけでなく、利根川領域で作られた醤油や酒、米などの物資を運んだ。[4]水路は見沼に代わる用水として「見沼代用水」と名付けられた。見沼田んぼの西端を走るものは西縁《べり》、東端を流れるものは東縁《べり》と呼ばれ、今に伝えられる。

明治になり、大正、昭和となっても、見沼田んぼの風景は干拓以降と大きくは変わらなかった。一面に広がる水田に代用水の水が平等にいきわたるように、どの田も田口を代用水に接する位置に、田尻は芝川、加田屋川といった排水に接するように置かれた。そのため、短冊形の細長い田んぼが幾重にも重なっていた。

戦後になり、やがて高度経済成長期を迎えると、見沼田んぼの風景は変化の兆しをみせた。高度経済成長期、東京に隣接する埼玉の人口は急増していた。見沼田んぼが位置する浦和や大宮は、交通の便のよさに比例しながら、開発されていった。

しかし、見沼田んぼは治水機能を見出されて、開発を規制された。

風景から人びとの歴史を読み取る

ＪＲ京浜東北線などの東京にむかう通勤路線が走る浦和の中心街から、見沼田んぼに向かう。かつては駅から離れれば畑や森が残っていたが、最近は宅地に開発されて緑地は少なくなっている。台地を下って見沼代用水西縁を渡ると風景は一変し、広大な緑地空間が広がる。空が大きく見える。気温も街に比べて一、二度は低くなる。今、「見沼田んぼ」に田んぼを期待して歩いても肩透かしを食らうだろう。田んぼはほとんどなく、植木生産をしている畑地が多い。それでも、スプロール化が行き着くところまでいこうとしている住宅地を抜けてきた目には、見沼田んぼの広大さに圧倒されるだろう。

減反政策がはじまる以前、畑地への転換がなされておらず、田んぼが全面に広がっていた時代にも、多くの田んぼはズボズボと沈んでしまう柔らかい「ドブっ田」だった。耕作条件として必ずしもよかったわけではない。しかしそれは、見沼が田んぼになる以前の広大な沼であった時代を想わせるものでもあった。

現在の畑地が多くを占める見沼田んぼの風景にも読み取らなければいけないのは、これまでこの空間を生きたものたちの営為である。埼玉県羽生出身の詩人宮澤章二は、見沼田んぼについて次のような詩を書いている。

祈りへの回帰

利根川から水を引く見沼代用水は
白岡の柴山伏越で　元荒川の真下をくぐる
上尾の瓦葺掛井で　綾瀬川の真上を渡る
——この鮮やかな構図が示す　通水への意志

見沼と呼ばれる広大な溜井を干拓し
見沼田圃と呼ぶ新田地帯を開いたのも
全長六十キロに及ぶ長い水路を掘り
灌漑用の豊かな水を大利根から導いたのも
江戸期農民の生きるための営みであった

ぼくらがいま　靴履いて歩きながら

風景とか景観とか　気軽に呼ぶのも
彼ら裸足の農民たちの　血と汗と涙とが
長い歳月をかけて磨きあげてくれたものだ
朝のこころに燃えた　沃土への祈り
夕べのこころに燃えた　流水への祈り
その思いを　大地から消すことはできない

一塊の土に　愛を感ずるか
一掬の水に　愛を感ずるか

土への　水への尽きることのない深い祈り
ぼくらの精神が　その祈りを取り戻すとき
わが足で踏む大地　の意味が変わる
わが身を取り巻く景観　の表情が変わる

宮澤の詩は、私たちに見沼田んぼを作り、守ってきた農民の労苦と、そのもとにある豊かな土と水への意志を、読むものに思い起こさせる。それだけではない。この詩は、見沼田んぼをめぐる開発規制のあり方をめぐって議論が展開されていた一九八〇年代、埼玉県企画財政部によって編集された『見沼田圃論集』の第二集に所収されている(埼玉県企画財政部地域政策課 1985)。様々な見沼田んぼ論が語られる時代に、宮澤は今生きる人間が、その時代の言葉でのみ見沼田んぼを理解し、そしてその未来図を描くことに対しての違和感を表明したのだ。

重要なのは、風景のなかに、見沼に暮らしてきたものたちの痕跡を見出すことである。畑地が大半を占めるようになった見沼田んぼの風景は、一九七〇年にはじまった減反政策を受けて、ドブっ田を暗渠排水で乾田化し、稲作を畑作に転換するなかで生まれたものだ[6]。米作りに制限をかける国策のなかで、農地を引き継いだ農民たちは乾田化に道を見出した。それはまた代々引き継いできた土地の移転を伴うもので、農家は苦渋の選択を迫られた。『見沼田圃論集』に寄稿した大宮市農業協同組合長理事の柳澤明治は、見沼田んぼ北西部にある大砂土土地改良区が一九七〇年に行った「水田転換特別対策事業」としての土地改良事業について、次のように書いている。

長い間親から子へ又孫へと三代―五代―十代と承け継がれた田の所有権を移転することの如何に困難であるかを身にしみて味わった。それだけ農民の田圃に対する愛着の念の強いことを証することであろう。「不動産」、文字の上からも動かない財産を他動的に動かすのだから大変なわけで、言論の自由な民主主義のなかで共同事業を実施することはなかなかむずかしいものであった。（柳澤 1983: 53）

柳澤は「若干の無理は押し切って強行し」、一九七八年三月に換地は終了した。柳澤は全組合員に対して、「事成りて共に慶ぶ苦のお陰」という句とともに、

年ふりて変わり行くさますさまじく
見沼の主は何処に住むらん

という歌を贈った。一変した地域の風景に接して、古来より見沼の主とされた竜神を想う歌に、私は地域の代表者としての柳澤の覚悟と、そして一人の人間としての故郷への憧憬を読み取る。

見沼代用水を流れる一掬の水は、宮澤が見た時代も、今も、埼玉県北部、南部、東部で用

表１　近年の見沼田んぼの土地利用の状況[5]

区分内容		面積 (ha)	比率 (%)
田		76.5	6.1
畑		455.0	36.1
荒地		78.0	6.2
宅地		89.1	7.0
公共施設		83.0	6.6
公園・緑地等		128.6	10.2
樹林地		3.5	0.3
その他	駐車場	4.1	0.3
	裸地	23.0	1.8
	道路	137.9	10.9
	河川・水路	94.1	7.5
	調整池	88.9	7.0
合計		1261.7	100.0

水を利用する農業者の負担によって見沼代用水が維持されることで、流れ続けている。[7]

地域に暮らす人が、同じ地域に住む人びとと関わりながら、大地に根ざした生業を営む。国や地方自治体の政策の変化、経済のあり様の変化のなかで、人びとの生業の形は変わり、そして生業が作り出す風景も変わっていく。私たちはその風景の変化のなかにも、見沼を干拓した人びとから今に至るまで連綿と続く、この土地に根ざした農的な営みを見出すことができる。

排出されたものたちの蠢き――「分解」ということ

しかし、問題はそこに留まらない。

今、見沼田んぼを歩く時に目を引くのは、見沼田んぼを開拓し、営農してきた人たち――この地域の村落共同体に暮らしてきた人たちといってもいい――が残したものだけではない。かつて、そこになかったものたちが多く存在している。たとえばそれは見沼田んぼの外縁の斜面林を開発しながら迫ってくる新興住宅地であり、見沼田んぼ内を縦横に走る舗装道路であり、公園や下水処理施設、ごみ焼却場や最終処分場、学校といった公共施設であり、不法投棄されたごみであり、耕作放棄された荒地である。その存在は、見沼田んぼを美しい農的空間としてだけ描くのを躊躇わせる。

周辺地域に開発の波が襲うなか、見沼田んぼは一九六五年に埼玉県によって開発が規制された。その結果、これまで開発計画も何度も持ち上がったが、県による開発規制と農地法・農業振興法・都市計画法・河川法の規制、そして県民による開発反対運動によって、農的緑地空間としてのあり様を大部分において留めている。

一方、見沼田んぼの周りの地域は、首都圏の一部として開発され、多くのことが変わっていった。多くの人がそこに住むようになり、住宅やその生活を支える施設が作られるようになった。田んぼや畑は宅地に変わり、あちこちで建築作業が行われ、砂埃が舞うようになった。鶏や、生きものの声は響かなくなった。多くのものが、多くの人間の暮らす空間から離れた、なかなか目につかないところに追いやられていった。たとえばそれはごみであり、排泄物であり、遺体であり、障害者であり、鶏や乳牛などの家畜、様々な生きものであり、そして農的営みそれ自体であった。

開発を規制された見沼田んぼは首都圏開発の周縁であり、そこには首都圏の中心部では居場所を失ったものたちが押し寄せた。それは例えば、下水処理施設であり、ごみ焼却場だった。火葬場が計画されたこともある。[8] なかには、時間が経過していくうちに次第に風景に溶け込んでいくものもあった。たとえば、見沼田んぼ北西部にある市民の森・見沼グリーンセンターは、もともと大宮市のごみ収集場所だった。大量に捨てられるごみは埋め立てられ、そこに木々が植えられ、そして「市民の憩いの森」として整備された。

私に見沼田んぼをただ美しい農村景観として描くのを躊躇わせるのは、首都圏／東京という歪に肥大化した身体の肛門から排出されたものたちである。

そして、私が見沼田んぼに惹きつけられるのは、それらの存在があるからだ。排出されたものたちが、思わぬ形で出会い、ぶつかり、交わる、すれ違う。そこでものとものとが交わり、熱が生まれる。

見沼田んぼ福祉農園のある場所は、見沼田んぼのなかで特に水はけが悪く、耕作放棄されていた。福祉農園は一九九九年に、障害のある人たちが営農活動を行う場として作られた。耕作放棄された〈農地〉と、〈障害者〉と、首都圏という身体から排出された二つのものが交わるなかで福祉農園ははじまった。

そこに、様々な人や生きもの、ものが集まり、「連帯」や「団結」というには緩やかで、「ネットワーク」というには不均一なつながりが生まれた。[9] ふらっとやってきてそのまま留まる人もいれば、一度来て二度と来ない人もいた。濃密な関わりになったのに、様々な理由でプツリと来なくなる人もいた。開園当時は良く見られたイタチや野ウサギは見られなくなり、一方で年々畑を荒らすカラスの数は増えた。クレソンのように農園内の池に毎年繁茂していた水草が管理の失敗で二度と生えてこなくなったこともあれば、シンボルだったヤマザクラが台風によって根元から倒されたこともあった。開園当時から通っている人も年をとって、農園への関わり方は変化していった。同じ様に開園当時から生えていた木は場所を変えられたり、あるいは大きくなりすぎて農園の人びとを困惑させていたりする。今、農園で使われているラーメンどんぶりは、ある超少数派政党の党首が開園直後に農園に寄付してくれたもので、彼が潰れたラーメン屋でもらったものだという。

土壌に生息する生きものたちのはたらきのように、お互いに連動しながら、時に対立しながら、耕作放棄地だった場所で活動する。新しい価値を生み出すのではなく、すでにあるものを編みなおし、これまでつながっていなかったものをつなげ合わせる。高度成長期に肥大化した首都圏がまだまだ成長の場を探して開発を繰り返すなかで、高齢化と少子化もあってすでにそこここで朽ちはじめている。それでも、朽ちた場所が別の営みの現場になる。植物遺体や動物の死骸、糞がダンゴムシによって摂食・粉砕されるように。そして、ダンゴムシの糞と粉砕した残渣がミミズやセンチュウの餌になって、やがて土壌を団粒化させるように。そうやって首都圏の肥大化を鎮め、朽ちた部分をその先も生きるものへと開く。

本書では、このような運動を「分解」と呼び、見沼田んぼや周辺地域に生きるものたちの「分解」の様を描く。[10]

恩間新田の内奥で

見沼田んぼとともに、本書のテーマになるのは、私が子どものときから関わりを持ち続けてきた、埼玉の障害のある人たちのことである。

私の兄は知的障害がある。

彼は保育園から、小学校、中学校まで地域の学校に通い、そして地域の高校を目指した。学校も、教育委員会も、彼は養護学校でまなぶべきだとし、それに抗して地域の学校に通うことは運動にならざるをえなかった。そのなかで、県内で地域の学校に通うことを求める障害のある子や家族と出会い、彼らを支えようとする教員たちと出会い、地域で暮らすことを目指す大人の障害者やその支援者と出会った。

その運動もまた、高度経済成長期の首都圏という時空のなかで孕まれた。

一九六〇年代半ば埼玉県春日部市に、「東洋一」といわれる武里団地の造成がはじまった。近隣の農村である越谷市恩間新田に代々住んできた農家の人びとは、手間賃稼ぎのために工事に参加した。団地の造成により、風景は一変する。それまで恩間新田から眺められた東武伊勢崎線の土手や武里駅が、完全に視界から消えた。

恩間新田に住んでいた光子さん・幸子さん姉妹は、脊髄小脳変性症であった。二人は十歳前後まで、地元の小学校に歩いて通っていた。しかし「あぶないから、きなく（こなく）ていい」と教師に言われ、就学免除にされた。以後在宅で三〇代までの時間を過ごした。二人は、聴覚障害の祖母や、老化で農作業に参加できない母、知的障害のおばの五人で、農業を営む実家の一室に暮らすことになる。祖父に「みづれいから、歩くな！」と言われてからは、外出の機会もなくなった。一部屋に「つぐんで（座って）」、祖母から針をならったり、綿繰りをして過ごしているうちに、ヨチヨチ歩くこともできなくなった。

「つぐん」でいるものたちも、一九六〇年代までは、家族にとって大切な生産要員であった。

みんながザリガニのカレーライスをごちそうと感じた時代には、外に出られなくても今ほどのしんどさはなかった。豆の殻をむいたり、トマトの皮を拭く仕事がなくなるまでは。機械を操縦できない年寄りや障害者は、すべてごくつぶしと感じられるほど、農家の青壮年が働くなかでの孤立感を深めるまでは。団地や住宅地が近くに建ち、学校や町内会のつきあいを通して、農家も今風の家電製品を入れたり、住宅を建て替えたりしなければならない雰囲気が濃くなり、そのピカピカの生活に障害者がそぐわなく映ってくるまでは。（わらじの会 1996: 5-6）

武里団地が造成された時期に、一九六一年に制定された農業基本法に旗を振られて「農業の近代化」が進んだ。米、野菜、綿など様々な作物の多品種生産であった村の農業は、単一の作物を集約的に生産する農業へと転換した。圃場の整備が行われ、トラクターや田植え機などの農業機械や除草剤・農薬が導入され、作業の効率化が図られた。そんななかで、恩間新田でもこれまであったムシロづくり、綿繰りなどの農閑期の手間仕事はなくなり、建築現場や工場での労働など、街で行う賃労働が主流となった。農村の暮らしと仕事が劇的に変化していた。

光子さん、幸子さんも、一九七〇年代に入るまでは、家族にとって大切な生産要員だった。彼女たちの仕事は、そのほかに豆の殻をむく、トマトの皮を拭く、家の前の農業用水でザリガニを釣り、食卓に給するといった仕事も行っていた。確かに、結婚の対象として考えられなかったり、学校の就学を拒否されたりといった差異は存在していたけれども、仕事の面では、身体の動く人間が畑で野良仕事に精を出し、身体の動かない人間が家に残り、そこで可能な仕事をする役割分担が存在していた。

農業の近代化は、このような役割分担をなくした。農業の集約化によって、光子さん、幸子さんの家は綿作りをやめて、稲作一本に絞っていった。同時に仕事は、大きな機械に頼るようになり、その担い手は兄夫婦に限られるようになった。

働くものと、働かないものとのコントラストが、明瞭となっていった。光子さん、幸子さんは、何もせずに家に閉じこもるようになった。トイレや入浴には介助が必要であったが、それは老いた両親と祖母に頼っていた。クタクタになって帰ってきた兄夫婦にとって、そのような介助まで担わせられることは限界を超えていた。やがて、入浴の回数は減らされていった。この地方の方言で「すわる」ことを、「つぐむ」と言う。彼女たちは、次第に家の中の一間で「つぐん」で暮らすことになった。そして身体能力が衰えた祖母や母も、この部屋の中で「つぐん」で生活するようになった。

後にわらじの会の人びとが「つぐみ部屋」と呼ぶ空間が、この時、誕生した。

「おらっちの生活は自立っつうのになってっかい」

一九七六年、越谷市の市役所の若手職員たちが、自分たちの職場や働きかたを問い直していこうと、「がんばろう会」というグループを作った。その活動のなかで、これまでは「一ケース」として出会ってきた障害者を「同じ街に生活する者同士」として見直し、家の外に出ることのない障害者と一緒に花見や動物園にいくようになった。一九七八年に、共鳴する市民や近隣に住む障害者・家族などが合流し、「障害のある人もない人も一緒に生きよう」をスローガンとして、わらじの会が結成された。そして「街に出る会」を定例で開催するようになった。

家に閉じこもり、外に出ることのない、「悲惨な生活」を送る「障害者」と一緒に街に出ていこうという、都会からやってきた「意識ある」人びとの運動のなかで「発見」された「障害者」のなかの一人が、光子さんであり、幸子さんであった。そしてこの「進歩」的な運動は、農村の変化の過程との間に、奇妙なねじれを生むことになる。

設立メンバーの一人である山下浩志さんは、光子さん、幸子さんとの出会いを次のように回想している。

実際、家に行ってみて、びっくりした。むこうもびっくりしたけど、こっちもびっくりしたのだよ。飯もろくに食べていないは、風呂にも入っていないは、障害者ばっかり固まっている。「障害者だからこんな悲惨な生活をしているんだ」と、まして田舎だからこうなってしまうのか、と最初はどうしても思ってしまった。[11]

出会った当初の光子さん、幸子さんは、ほとんど自分から語ることがなかった。そのため、メンバーは彼女たちに「身体障害だけではなく、知的障害もあるのでは」、と疑った。

しかし日常的な関わりを続けるなかで、このような「農村の悲惨な生活」という認識に変化が生じるようになる。それは、彼女たちが次第に語りはじめるなかで生まれた、強烈な気づきであった。

最初に見出されたのは、彼女たちの沈黙は、語れないのではなく、自らの訛りを東京の言葉で喋る新住民に対して晒すことを恥じて、あえて語らないということであった。街の人との接点がなく、家のまわりでのみ生活し、さらに家での話し相手が主に祖母だった彼女たちは、特に訛りがきつかった。やがて、その純粋培養された強い土着性が、新住民との出会いのなかで、新たな意味をもつようになる。依頼されて会報に載せる文章にも「(合宿で)海に行って楽しかった」と書いていた光子さんは、段々と地元恩間新田のムラの話を語りはじめた。彼女の話を新鮮な驚きで聞く、わらじの会の人びとの姿勢がその呼び水になった。

たとえば光子さんは、次のような文章を残している。

> 寒いとき綿くりやってたんだ。秋終わりごろから、終えねけりゃ、二月の初午の頃までやってたな。おいらが綿くりの機械で綿のタネ取ってた。しめえには手痛くてな。綿くったのをおいらが紙の袋につめて、それを兄ちゃんだのが綿屋に持ってくの。
> 綿くんのはサチコと二人だけでやるんだよ。いっぱいあるよ。(その綿は)母ちゃんが春、畑に綿のタネまくの。それを秋になったら、こんどおばあさん獲りに行くの。帰ってきたらそれをむしろに干すの。むしろの上でよく乾いたら、ザルの中に入れといて、器械でくるの。手で回すの。歯車あんべな、そこに綿入れて。一人やってかったるくなったらまた二人、代り番こっこやんの。やりはじめたときは面白かったけんど、手に豆で

きたり、痛くなっちゃやんなっちゃうな。[12]

「つぐみ部屋」に「街」のひとたちが誘いに来る前に、「街」は別の形で「つぐみ部屋」に侵入して、生活を変えてしまっていた。だから、「つぐみ部屋」の暮らしを知ることが、逆に「街」の歴史を照らし出すことにもなった(わらじの会 1996: 6)。

やがて、彼女はわらじの会が障害のある人の仕事作りのためにはじめた畑作りや、味噌作りで指導的な立場になった。鍬を握ったことのない人びとに、彼女たちは畑仕事の仕方を口で教えた。自分たちで説明できないときは、自分の家族を連れてきて説明をしてもらった。いつしか光子さん、幸子さんは、実家から分家し、その家を生活ホームとした。オエヴィスと名付けられた。恩間新田では五穀豊穣を願い、各家には恵比寿様がまつられているが、この地域での呼称「お恵比寿さま」からとられた。ここに他の障害のある人三名が入り、近隣に住む主婦や周辺に作られた学校の学生たちが介助に入ることによって、家族や福祉や医療の専門家に頼らない、わらじの会流の「自立生活」が生まれた。排除された「障害者」が、自らを排除した街に出ていく。街の側は当初、彼女たちを拒否するのだが、その接触のなかでまた新たな出会いが生まれていった。「おらっちの生活は自立っつうのになってっかい」とは、生活ホームのシンポジウムの準備のとき、「自立生活」という聞きなれない言葉に接した彼女が発した言葉である。

光子さんや幸子さんのことを、私は〈郊外〉となったまちの分解者であると考える。つぐみ部屋とわらじの会の出会いがなければ、かつての恩間新田のなかにあった彼女たちの仕事と暮らしの記憶は忘れ去られていただろう。出会ったとしても、彼女たちの過去の暮らしに関心をもたず、ただその時の「悲惨な」状況にだけ目を奪われていたら、彼女たちはただ「遅れた農村の可愛そうな障害者」という新住民／都市住民にとって都合のいいイメージの枠内に留まっただろう。地域の記憶を身にまとって、彼女たちは新住民の前に現れた。同じように、「障害者福祉」や、「街で生きる」、「自立生活」といった言葉をもって新住民たちは彼女たちの前に現れた。両者が交わり、ぶつかり、すれ違いながら、新しくできた街は、傍らにある農村と出会いつつ、分解されていった。つぐみ部屋に溜まっていたものが、切り返され、空気が入り、そして活発に蠢きはじめ街に溢れ出していった。やがて、それは浦和にある埼玉県庁にまで押し寄せた。

一九九〇年九月、生活ホームが完成してほどなくして光子さんは亡くなった。病院に入院するまで、彼女はストレッチャーで寝たきりのまま、街に出て、介助者集めのビラをくばり、行政交渉の先頭にいた。

その年の三月、私の兄や知的障害のある受験生が、公立高校を定員内不合格にされたことに抗議して、埼玉県の教育委員会廊下への一ヶ月におよぶ座り込みが行われた。廊下には、光子さんの詩が貼られた。

おれらは　ねんきんきり　はいらねえ
だから　おやたちに　みてもらってきた

ちいさいときは　あぶねえからって
いわれて　そとにでらんねえで
うちなんかで　つぐんでた

おとなになっても　ひしら(やたら)　つかっちゃ
おえねえからって　つうちょう　もたせられねえ。

おやがとしとってからは　ねんじゅう
あにきのよめさんに　はたらけねえもんは
くわねえでいいんだって　おこられる。

でんどうに　のせるひとが　いねえんで
うちでつぐんでいると　けつ（尻）がじゅくそう（褥瘡）で
いたくてこまる

おれらも　かぞくのせや（世話）になんねえで
まちのなかで　いきてえ

いま　みんなで　まちにでたり　はたけ
やったりして　がんばってる
おれらは　いま　せいかつほーむをつくって
まちで　くらそうとしてる。

だけど　いまの　せいかつほーむせいどじゃ
おれらが　くらすに　かいごが　たんねえ。
うちなおす　かいぞうひ（改造費）もたんねえ。
おれらも　まちでくらしたい

ちじさん　かんがえてくんろ。

銀行の通帳をもつこと、好きな時に電動車椅子に乗って街に出ること、家族の世話にならずに暮らすこと――、あたりまえの暮らしを奪われてきた痛みと、あたりまえの暮らしを手に入れる意志とが入り混じった気持ちを抱えて、光子さんは地の言葉で不在の県知事に語りかけた。糾弾するのでも、批判するのでもない。知事の存在に敬意を払いながら、生活ホーム制度の拡充を求めた。都市化が進展していく埼玉の周縁から、政治的振る舞いを生み出すまでの彼女の生き様を想うたびに、私は故郷の死者を想うようななつかしさを強く感じる。

この本の構成

この本は以下のような章で構成される。

第一部「胃袋と肛門」は、見沼田んぼと周辺地域が歴史的にどのように構成されてきたのかを明らかにする。

第一章では、私が活動する見沼田んぼ福祉農園と、そこに集まる人びとの姿を描く。福祉農園では障害のある人や福祉職にある人たちだけでなく、様々な来歴をもつ人びとがそれぞれの関わり方で農園の活動に参加してきた。活動は農園内で完結せず、収穫物や加工品を販売することや、土作りのための堆肥となる馬糞を近くの厩舎にもらいにいくことなど、農園の外にも及ぶ。農園が見沼田んぼという空間にある以上、農園の人びとの活動は、天候の影響も受けるとともに、野菜や植木などとの関わりだけでなく、鳥や虫、時には野良猫などの生きものとの関わりのなかにある。そのような農園に今いる／あるものたちや、かつていたものたちのことを描く。

第二章では、高度経済成長期以降の見沼田んぼと、周辺地域である大宮・浦和の歴史を取り上げる。この時代、見沼田んぼの周辺地域の人口は増加し、急速に都市化された。その矢先に関東地方に大きな被害をもたらした台風の襲来によって、見沼田んぼは治水機能を見出され、開発は規制された。しかし、土地投機ブームがはじまる一九八〇年代に、見沼田んぼには再び開発の波が襲来し、見沼田んぼを生業の場とする農民たちや、保全を求める都市住民との間に軋轢を生み出した。開発をめぐる議論は、埼玉県庁内部にも意見の対立を生み出した。様々なレベルで展開された交渉・折衝は、やがて見沼田んぼの新たな保全政策を導き、その一環として見沼田んぼ福祉農園を実現させる。

第三章は、東日本大震災と原発事故によって可視化された、埼玉県のごみ処理のあり様を取り上げる。最終処分地であった秋田県北地域が放射性セシウムの問題で受入れを拒否したことで、見沼田んぼ周辺地域を含めた首都圏の飛灰は地域内のごみ処理施設に滞留した。このごみ処理施設の立地地域が如何なる場所なのかを掘り下げていくなかで、見沼田んぼの周辺地域である越谷市においてごみ処理場や火葬場、そして養鶏場や障害者施設が如何に立地していったのか、その歴史過程が明らかになる。この点において、本章は障害のある人の地域での暮らしを描く第二部への接続部をなす。

第二部「地域と闘争《ふれあい》」は、埼玉県において障害のある人もない人も地域で共に生きることを目指して展開されてきた、障害者運動とそれに関わる人びとを描く。

第四章は、第三章の舞台となった埼玉県東部地区である越谷市と、春日部市で活動するわらじの会のことを描く。私は、わらじの会と十歳になる前に出会った。身体障害の人たちとほとんど付き合いのなかった私は、彼らが地域で暮らす姿に触れてその濃密な雰囲気に圧倒された。そして、兄の高校就学運動に彼らは合流し、浦和にある県庁にまで大挙してやってきた。二〇歳を過ぎる頃、あのわらじの会が一体何をしている団体なのかを調べはじめたのが、私がものを考えるようになった一つのきっかけである。既存の障害学や障害者運動をめぐる議論では収まりきれない、わらじの会の活動の意味を、その傍らの地域で暮らしてきた私の視点で描く。

第五章は、私の家族のことを描く。東京出身の母と父は、埼玉の人口増加の波にのって一九七〇年代に浦和の街に暮らしはじめた。障害のある兄は保育園、小学校、中学校と地域の学校の普通学級に通い、そして地元の公立高校の定時制を受験する。この間、家族は見沼田んぼと出会い、そして障害者運動と出会っていきながら、兄がこの街で働き、暮らすための模索を続けた。[13] 私はそこに巻き込まれ、距離をおき、そしてやがてそこに戻ってきた。

第六章は、後に埼玉障害者市民ネットワークが毎年行う総合県交渉のきっかけともなった、一九八八年の埼玉県庁知事室占拠事件を描く。障害のある生徒の高校入学を目指すこの運動は、私の兄を一人の当事者とするものであり、私自身もそこに参加し知事室で数日を過ごした。多感な時期におこったあの事件は、私の原点である。そしてまたこの事件とほぼ同時期に、見沼田んぼ保全をめぐる運動が展開され、福祉農園は構想されている。

第三部「どこか遠くへ　今ここで」は、見沼田んぼと周辺地域をめぐって行ってきた考察を、他の地域や、そこで言及されなかった人びとに広げるためのものである。

第七章は、津久井やまゆり園で二〇一六年七月二六日におきた殺傷事件をめぐるものだ。二〇一六年八月の執筆時点において、この事件の被害者を知る手がかりはほとんどなかった。一方で、障害者当事者を含めて被害者に自分を同一化する語りや、事件が起きた地域を単に「山の中」や「何もない場所」とする語りが多くあり、私はそのことに違和感を禁じえなかった。そんななかで、私はあの場所の歴史を掘り下げるべきと考え、掘り下げるなかで、あの場所が見沼田んぼ周辺地域と同様に、首都圏の周縁として首都圏を支えるために開発されていたこと、およびその開発の発端である戦中の相模ダム――津久井やまゆり園から相模湖を少し遡ったところにある――の建設において亡くなった人びとのことを見出した。

第八章は、相模ダムの建設期に生きた人びとを描く。一九四〇年に相模ダム建設が着工されると、建設にあたる労働力として勤労動員学生、在住朝鮮人を含む自由労働者とともに強制連行された朝鮮人や中国人捕虜が多数動員された。同時期、中央線を利用した移動が可能なため、多くの人びとが都心からこの地域へ疎開した。後に戦後啓蒙派知識人と呼ばれる、大塚久雄や川嶋武宜、飯塚浩二もそのなかにあり、特に大塚の『共同体の基礎理論』の基盤はこの地域で作られた。戦後の大塚の議論において、疎開経験をもとにした農村共同体の閉鎖性の言及がある一方で、そこで朝鮮人・中国人と交流していた経験には殆ど触れられていない。そこにこそ、人びとのなかの本源的多様性——植民地支配される存在や、重度の知的障害者、重複障害者——に触れることなく成立した彼らの議論の限界の一つがあると指摘する。

第九章は、再び見沼田んぼに戻り、私自身の経験をもとに、見沼田んぼと在日朝鮮人をめぐって書いたものだ。二〇一七年に私は埼玉朝鮮初中級学校と出会い、その関係者が福祉農園の活動に参加するようになった。交流を重ねるなかで、私は朝鮮学校が見沼田んぼのなかに立地することに気づき、そのことの意味を考えるようになった。前章で大塚を批判したが、実は私も同じことをしていたのだと自問した。本章では、埼玉の朝鮮学校の歴史を掘り下げながら、朝鮮学校について見沼田んぼをめぐる議論のなかで殆ど言及されてこなかったことの意味を探る。そして二〇一七年の出会いから朝鮮学校関係者と、福祉農園の関係者との交流が如何に展開されているのかについて描写する。

この本は、私自身の生きた経験と、この本を書くために行った調査に基づいて書かれる。見沼田んぼや障害者運動をめぐっては、筆者がこれまでつけてきた日記や記録（映像資料を含む）、そして関係者への聞き取りや、資料調査によっている。見沼田んぼや障害者運動をめぐる過去の記録は、さいたま市立図書館や、埼玉県立図書館、国立国会図書館、明治学院大学図書館で収集する一方で、そこで所蔵されていない資料の多くは、私自身が見沼田んぼの保全運動や障害者運動に関わるなかで手に入れたものである。それとともに、この本を書くため、新たに、見沼田んぼを愛する会、わらじの会、誰もが共に生きる地域を目指すぺんぎん村、相模湖・ダムの歴史を記録する会、埼玉朝鮮初中級学校などの関係者から資料を閲覧させてもらった。だから資料調査も私がこれまで生きた経験や関係に依存するものであり、書かれている内容を解釈する際には、私の記憶が手がかりとなった。一方で、私の記憶していることを、資料が補強してくれたり、気づいていなかったことを気づかせてくれたりもした。

そうやって私が暮らす場所について書かれた本が、あなたに届いて、あなたがあなたの暮らす場所やそこにいる様々な存在のことを考える手がかりになればと願う。

■注

1 総面積一二六一・七ヘクタールのうち、さいたま市は一二〇三・六ヘクタール、川口市は五八・一ヘクタールである。
2 たとえば、さいたま市緑区三室には、縄文時代中期から晩期の集落跡である「馬場小室山遺跡」がある。
3 一六二九（寛永六）年、関東郡代伊奈忠治が芝川の流れをせき止めるため、足立郡木曽呂村と附島村との間に八丁堤を築いた。しかし、芝川上流の村々では排水難や、沼水の増加による洪水、開拓された田んぼの水没といった問題が起きた（田代他 1999: 192; 見沼土地改良区 1988: 61-66）。
4 一六二一（元和七）年から、一六五四（承応三）年にかけての工事で、複雑をきわめた利根川水系の河川は、現在の利根川の流路と、関宿（現在の千葉県野田市）から南下する江戸川にまとめられた（田代他 1999: 157-158; 松浦 2010: 34-36）。
5 さいたま市が二〇一四（平成二六）年二月に発行した『平成二五年度土地利用調査報告書』をもとに作成。なお、さいたま市域については二〇一三年時点。川口市については二〇〇一年時点のデータである。
6 乾田化以前の見沼田んぼは、籾を灰と一緒に撒く摘田方式が敗戦後一九五五年くらいまで広く見られた。また、台風が来ると水が浸かるため田んぼに稲を天日干しするハザ（この地方ではヤライ）を作らず、刈りたての稲束を家の近くまで運んだ。以上の記述は、『埼玉新聞』1992.1.29、1992.4.14、及び下記文献を参照（見沼・風の学校 2005）。
7 見沼に水田は少なくなったが、見沼代用水の流れる県北の加須や久喜などは埼玉県を有数の稲作地帯で、早期・早植栽培が行われている。
8 一九九五年、大宮市は老朽化した火葬場の代替施設の建設候補地として、見沼田んぼの加田屋地区と見山地区を検討している（『埼玉新聞』1995.3.7）。
9 この不均一な関わりのイメージは、歴史家の藤原辰史に与えられた（藤原 2013: 127）。
10 分解という言葉は、藤原が提示したものに多くを拠っている（藤原 2013）。生産（者）、消費（者）ではなく、それらが排出したものや、それらの死骸を解体・分解・修理する分解（者）という概念は、見沼田んぼとそこで生きるものたちを理解する助けになると私は考える。
11 二〇〇六年六月二三日わらじの会山下浩志さんへの聞き取りを参照。
12 引用はわらじの会の会報『月刊わらじ』に掲載されたものによっている。方言で書かれているため若干読みにくい部分を、筆者が最低限修正した。

13　障害児を普通学級へ全国連絡会の世話人である北村小夜が「良いところ探しではなく、良いところ作りだ」と語ったことが、印象に残っていると母が語ったことがある。北村は、「誰もが共に生きる地域をめざすぺんぎん村」の趣意書に「浦和の街に、誰もが共に生きるぺんぎん村をつくろう」と書かれていることについて、「浦和の街の一角にささやかなそんな場所が得られれば満足」なのか、と批判したことがある（『ＳＳＴＫぺんぎん村通信』三六号に掲載）。北村は「浦和の街で」ではなく、「浦和の街を」と言うべきであるとした。

のらんど

EVOKE CHEERS

第一部

胃袋と肛門

社会空間とは、意識的にあるいは無意識的に、それぞれの人間集団がある特定の構造を刻み込む場なのであり、そこにおいて集団や組織の価値体系を反映する固有の特性を与えられた分野や傾向といったものが識別されるのである。

クロード・レヴィ＝ストロース『サンパウロへのサウダージ』

第一章　見沼田んぼ福祉農園のスケッチ

福祉農園を構成する人びと

私はさいたま市の東部に広がる見沼田んぼにある「見沼田んぼ福祉農園」で、二〇〇二年から畑作業をしてきた。といっても今は、週末が中心である。学生の頃は平日にも農園にいき、障害者団体の人びとと一緒に畑作業していた。平日の営農は販売を意識するのに対して、週末の営農は自給がベースである。だから農業技術はあんまり上がらないが、野菜には困らない生活にはなっている。何より畑作業を通じて、この街に住む様々な人や、農園の活動とつながる現場と出会うようになった。農業は作物を作るということではなく、土壌の力をつけていくことだということを、言葉ではなく実感する。ミミズも、ハチも、クモも、ダンゴムシも身近な存在になった。

見沼田んぼ福祉農園は、次章で詳述するように埼玉県の総合政策部土地政策課（現在、土地水政策課）の見沼田圃公有地化推進事業を受けて、一九九九年にはじまった。当初は、現在の第一農園だけだったが、やがて近隣の農地が公有地化されるなか、第二農園、第三農園と広がり、今は一ヘクタール弱の土地が福祉農園になっている。畑だけではなく、井戸や農機具小屋、芝生広場、かまどなどが整備されるとともに、排水改善のための暗渠工事が農園に参加する人びとの手で進められた。

福祉農園は、参加する団体が構成する「見沼福祉農園推進協議会（以下、協議会）」が運営する。協議会の参加団体は、土地政策課の呼びかけに応じた浦和市内の障害者団体を中心とし、やがて市外の障害者団体にも広がっていった。個々の団体の判断や、農園協議会の年会費値上げをめぐる議論のなかで、参加団体の出入りがあった。二〇〇二年以降は障害者福祉団体だけではなく、ボランティア団体や地元のロータリークラブなどにも広がっていった。二〇一八年現在、「ＮＰＯ法人のらんど」と「わらじの会」、若い農園ボランティアの組織として二〇〇二年に生まれた「見沼・風の学校」、地元財界人の社会奉仕団体である「浦和北ロータリークラブ」が協議会のメンバーである。このほかにも、「誰もが共に生きる地域をめざすぺんぎん村」など、協議会には所属せず、営農活動も行わないが、収穫祭などのイベントに参加する団体も存在する。

協議会には、「見沼田圃公有地化推進事業」として公有地の管理のための管理運営委託費が出ている。これに加えて、協議会で必要と判断した費用をまかなうために会員団体からの年会費を徴収し、必要な整備を行う。

協議会に参加する団体は、自らの管理地で営農活動を行うとともに、農業体験やキャンプ、収穫祭などのイベントを行い、協議会で議論しながら共有部分の整備作業（芝刈り、木の剪定、堆肥の切り返し、トイレ掃除、着替え小屋・ビニールハウスの整備等）を行う。

それぞれの管理地に関わる経費（人件費、資材費、燃料代）などは、それぞれの団体がまかなう。たとえば、もっとも農園で活動しているNPO法人のらんどの場合、会員からの会費徴収に加えて、販売する野菜の売り上げや、地域活動支援センター農《あぐり》（以下、あぐりとする）の運営に対してさいたま市障害支援課から支給される補助金から必要な経費を捻出する。あぐりの活動の中心は、障害のある人の福祉農園での営農活動や農園整備活動、野菜などの販売活動であり、障害のある人の作業をサポートする職員の人件費などには補助金が当てられる。一方、見沼・風の学校はボランティア団体であり、メンバーからの年会費と、イベント等の収入で運営を行っている。

福祉農園ができた場所はもともと荒地だった。ごみの不法投棄も絶えず、近隣の方も散歩ルートから外していたという。繁茂した雑草の種をまき散らし、隣接する植木農家の方々も除草剤をまく回数を増やす必要があった。台風のときには見沼田んぼの排水を集める加田屋川の水は溢れる。地下水位も高く、一メートル掘れば水が出てくる。福祉農園が近隣農家と関係を作っていったのは、「障害のある人が働く農園である」ということが理解されただけでなく、障害のある人たちが中心になりながら毎日農作業をすることで、荒地を農地に変えたことによっている。[1]

退職して福祉農園の活動で参加する人びとには、若いころに首都圏にやってきた農村出身者が多い。建築士、消防士、会社員といった現役時代の肩書は捨て、子ども時代に家族を手伝った経験によって身についた技術を、障害のある人たちや若者との畑仕事に活かす。[2]

食べること、育てること——休日の食卓

福祉農園の大事な時間は、作業した人びとで飯を食べているときだ。

例えば休日多くの人が集まって作業をしたときに現れるのは、作り、食べ、片づける場面である。

農園で収穫した野菜を中心に、肉や魚、農園で育てていない材料を下ごしらえする。かまどに薪をくべて、火を熾す。私が農園で本格的に活動をはじめた二〇〇二年頃は、近隣の植木農家からもらってきた薪が主だったが、二〇一七年くらいからは間伐された農園の木や剪

定された枝が主となっている。農園で活動するボランティアは数回農園に通うくらいから焚火の扱いを覚え、段々湿った薪でも火を熾せるようになる。料理はその場その場で役割分担される。子どもも皮むきなど、できることを手伝う。男女限らず、料理が得意な人が腕を振るうこともあるし、それほど得意でない私のような人が大雑把な料理を作ることもある。初めての人は塩加減一つに気を使うが、段々なれてくると大体どれくらいの味が好まれるのかが分かるようになる。汗をかく作業が多いので、少ししょっぱいほうが好まれる。夕陽が差し込む頃になると、発電機を起動して電気をつける。灯りの多くは白熱電灯で、だからとてもあたたかい光になる。

　料理ができる。みんなで配膳する。テーブルに料理が並ぶ。料理の説明があり、「いただきます」の声がにぎやかにあがる。挨拶好きの前田直哉さんがいると、大体彼が号令をかける[3]。

「みなさーん、大変長らくお待たせしました。今日は私が焼きそばを作りました。では皆さんのお楽しみ、それではいっせいにいただきます」。

　大皿に盛られたおかずを争って食べる。早速ご飯いっぱいをたいらげた人は、かまどにいってお替りをよそう。ビールが並ぶ時は、「いただきます」より先に「乾杯」となる。ビール缶やジュースやお茶の入ったコップでの乾杯があちこちで交わされる。作業が終わった後のビールは格別だ。食べながら、呑みながら会話が弾む。その日の作業のことや、農園のこれまでの出来事、各自の近況が話題になる。若い女性への好奇心を抑えられない前田さんは、ここぞとばかり女性への会話を試みる。腹が落ち着くとギターやウクレレを弾きはじめる人もいる。焚火のために作った広場で、大きな火が熾される。火の回りに座る人もいれば、テーブルで久しぶりにあった人と会話をする人もいる。芝生のほうに一人でいって、ボーっとしている人もいる。畑の中なのでハエやカ、アリ、ハチなどがやってくることもあるが、蚊取り線香を焚くくらいしかやれることはない。根絶は不可能で、だから適当に付き合い続けるしかない。

片づけは、翌日の予定やみんなの帰りの時間を見て、阿吽の呼吸で行われる。農園の井戸は食器洗いにも使われるが、それは排水溝をつたって農園の横を流れる加田屋川に流れてしまう。そのため洗剤は使わず、かまどの灰を使って食器を洗う。灰は皿に残った油分を吸着する。それを料理の時に発生した野菜屑と一緒に堆肥場にもっていく。灰で油を落とされた皿は、バケツに溜めた水で洗う。灰のついた皿を洗うバケツと、最後に仕上げで水洗いするバケツに分ける。汚れで濁ったバケツの水も堆肥場に運ばれる。灰付けの作業をする人たちも、井戸端で作業をする人たちも、それぞれ手を動かしながら会話が弾む。

この食事の幸福感は、ひとえに皆で作り、皆で食べて、皆で片づけることにある。食材となる野菜を皆で作る。野菜を作る土を皆で時間をかけて作る。食べかすは分解されて堆肥になり、やがて土の一部となる。手や口、舌や喉を動かしながら、会話が弾む。初めて来た人にはなれしくどこから来たのか、ふだん何をしているのかを聞き、久しぶりに来た人には最近何をやっているのかを聞く。そこにいない人のことも話題になり、その人が分からない人にも解説をしながら、かつての農園の出来事が笑い交じりに語られる。野菜の出来具合に話が及ぶし、翌日の作業をどうするのかを話すこともある。時には政治的な事柄についても語られる。

藤原辰史は、資本主義が右肩上がりの発展という物語を紡げたのは、その土台に持続的な循環システムがあったからだと言う。それは、絶え間なく、労働力と自然資源という絶対に工場で作ることのできないものを市場に供給し、市場活動が廃棄物とする生物の死骸を土に戻す。仕事から疲れて帰った人びとを家庭は癒し、翌日また働けるように回復させて送り出すとともに、次世代の労働者を生み、育てる。人が排出・排泄したものは、土壌の分解力や大気や水の循環システムによって拡散・浄化されて、やがて酸素や淡水や、自然資源のように、再び人の利用可能な形で戻ってくる(藤原 2016: 421-423)。

資本主義社会はこの持続的な循環システムがあることを当然視し、その価値を正当に評価していない。たとえば家事労働は賃労働よりも価値が低いものとみなされている。土壌の分解力は、そもそものことに気づく場面がなくなっている。例え気づいたとしても、その匂いや手触り、そこに蠢く生きもの――たとえばミミズやゲジゲジ、ゴミムシやダンゴムシ

――の不気味さにすぐに目を背ける。循環システムは光の当たらない暗黒に追いやられる。一つの考え方は、市場の論理で考え抜くことだ。家事労働に対価を要求すること、持続的な循環システムの維持のために税を課すこと。そのことの重要性を私は否定しない。ただ私が農園の食事の場面で考えたいのは、市場やそれを後支えする国家の力を介さずに、その土台にある循環システムそのものとして生きられないのかということである。藤原も言う。循環システムが、一家庭、一社会の外へと拡がって別の家庭や社会と結びつき、街頭の台所が増殖し、そこで過ごす時間を資本主義の発展のために過ごす時間から奪還し、その台所からコミュニティが再生または誕生し、まったく新しい巨大な「最暗黒＝循環世界」のネットワークを紡いでいったら、そのとき、「最暗黒」と、それを照らそうとする「光」は反転するだろう、と(藤原 2016: 426-427)。

資本主義のシステムでは、子育ては労働力の再生産として位置づけられ、それぞれの家庭の領域に置かれる。手が足りない部分を国家による福祉・教育か、市場が提供するサービスが補う。子連れで電車に乗るとき、そしてそれがラッシュと重なってしまったときの周りの空気は冷淡だ。通勤電車で肩身が狭そうにしている親の姿ほど、今の時代の子育ての孤独さを物語る風景はない。彼らが子どもを産み・育ててくれなければ、システムは維持されないという単純な事実は注目されない。ただ、車内の平穏を乱すものとして扱われる。

二〇一四年に長女が生まれた。彼女が生まれて三ヶ月くらい経った頃から、日常的に、一緒に農園にいくようになった。私と妻の三人ということもあれば、私と彼女二人ということもある。もちろん、妻と彼女二人ということもあるが私と一緒のほうが数は多い。妻と比べて子育てに対してほとんど気構えのなかった私には、農園にいけば誰か手を貸してくれる人がいるのは心強かった。平日農園で作業をしている人たちも、休日農園で作業をしている人たちも彼女のことを可愛がってくれた。最初はおんぶしながら作業した。腰が据わるようになったら、地面の上に座らせ、目の届く範囲で作業をした。段々周囲の葉っぱで遊ぶようになり、ハイハイをはじめると農園の芝生広場をあちこちと歩いた。家に比べてはるかに広い空間を、彼女はハイハイし、やがて歩いて回るようになった。農園に来ている様々な人たちとも知り合い、野菜や生きものに興味をもっていった。二〇一七年に次女が生まれた。彼女も生まれて三ヶ月くらい経ってから日常的に農園にいくようになった。

長女が農園で成長していくのと同じように、私も父親として成長した。オムツを取り替え、飯を食わせ、作業を一緒にやった。彼女も段々作業を手伝ってくれるようになった。彼女一人で遊んでいる時間や、彼女が同世代の友人と遊んでいる時は、どれくらいの距離を離れていればいいのかを考えた。私が機械をいじっている時、一声かけると、他の人が彼女の面倒を見てくれた。食べこぼしても虫が食べてくれる農園は、つかみ食べの時期や、スプーンや箸の使いはじめの時期にはとても楽だった。顔も服も汚れるが、しかしこぼしたものをアリなどの生きものが食べてくれる。町で外食するとき、清潔であることを迫られて窮屈だ。

　農園にいる人や生きものの力を借りられることで、子どもとの付き合いの経験が薄い父親が孤独な子育てに陥らずにすんだ。単に子どもの面倒を見るためではなく、子どもとともに何かをする時間があり、それを支える空間があった。一方で、子どもがいることで、農園にある木登りができる低木や、排水改善のために掘られた池や、その周りの木を間伐してできた丸木橋が彼女たちの遊び場としての意味をもちはじめた。子育てを共同するということは、同じ志向をする人びとと共同するだけではなく、子育てをしていない人や、子育てをかつてした人、木や虫や人間以外の様々な生きものの営みのなかにある。だから様々な問題や葛藤も起きる。子ども同士が喧嘩するだけではない。一歩間違えば凶器になる道具を使って農作業をしているため、時に子どもやその親にきつく言うこともある。[4] それだけではない。ずっと結婚したかった七〇代の人は、時々子どもを見ると自分が結婚できなかった事実を突きつけられたように感じて苛立つ。ハチや毛虫に刺される危険もある。農園をめぐるすべてのことについて言えるが、その葛藤を回避してしまったとき、私たちは同質的な人びとの集団になり、そしてその時に農園は農園でなくなると私は思っている。

老いること、経験の循環《リサイクル》――平日の食卓

平日も毎日農園で作業している。だから農園の管理人ともいえる地域活動支援センター農《あぐ》りの人たちの昼食は、みんなでお弁当を広げることではじまる。

午前の仕事がおわって、軍手をはずし、井戸で手を洗い、ガーデンテーブルのいつもの席に座る。「いただきます」の挨拶でみんなが食べはじめる。家族が作った弁当をもってくる人もいれば、自分で買った弁当や、自分の暮らしている場所で提供された弁当をもってくる人もいる。家族が作った弁当は農園野菜を使ったものもあれば、農園野菜を一切使わず本人の好きなもので構成されるものもある。農園の野菜を使った漬物が差し入れられるときもあり、それをみんなで分けて食べる。

話が得意な人ばかりではない。食べはじめはみな黙々と食事する。私の兄の良太氏は早々と食べ終わる。食べている途中も誰かが何か分けてくれるのを淡々と狙う。食べ終わると芝生広場のお気に入りの場所で休憩時間が終わるまで休む。一方、話好きの六〇代の男性メンバーーたちは、お腹が落ち着く頃におもむろに語りはじめる。自分の家族との出来事、旅行の思い出、テレビ番組のことなど。彼らのお気に入りの男性スタッフがいるときは、同時に別々の話題を話しかけたりする。

二〇〇六年の一年間、私は平日の週三日農園作業を手伝っていたが、この時間は仕事を引

退し、ボランティアとして農園の営農指導（知的障害のある人たちに対するサポートも含まれる）や、農機具小屋の建設など農園の環境整備に尽力した藤枝孝三さんとの会話が楽しみだった。もともと建築士だった藤枝さんは、現役時代の仕事の話や、ニュースをめぐる見解、そしてやらねばならない仕事について話をしてくれた。

藤枝さんは北関東の農村に戦前に生まれた。若い頃に地元を離れてから、働きながら建築士の資格を取った。大手建築事務所に勤務し、東京ドームなど日本を代表する建築物の設計に関わった。高層建築の構造設計の第一人者として、アメリカに長期滞在したこともある。その腕を惜しまれて定年後も役員として会社に残り、図面を引いた。

そして退職を迎えた。退職してから、家庭のなかでは力をもてあました。会社時代の付き合いで出かけても、お金だけがかかる。見かねた家族が、農園で活動する障害者団体のボランティア募集に眼をつけて、電話をかけた。もともと農村出身で、退職前から家庭菜園一〇年のキャリアがある。家族は、藤枝さんをボランティアとして使って欲しいといった。「かみさんに粗大ごみ扱いされたんだよな」というのが、当時を回想する藤枝さんの言葉であった。

最初の日、藤枝さんは自転車をこいでやってきた。それから平日四日間農園に通った。当初、作業も一人で黙々と行い、お昼ご飯も、農園で作業する人びととは食べなかった。しかし日が経つに連れて、一緒に作業する知的障害のある人びとと打ち解けていった。一年が経つ頃には、休憩時間に、農作業の話や現役時代の仕事の話で盛り上がるようになった。自転車での帰り道、藤枝さんは近隣の農家の方と今年の作物の出来具合について世間話するだけでなく、農園の近くで野宿する人と話しこむこともあった。必要に応じて、その内容を農園に働く人びとと共有した。そうやって藤枝さんだけではなく、農園に関わる私たちが農園周辺の事情に通じていった。

やがて、藤枝さんは農作業だけではなく、福祉農園の様々な木造施設を建設しはじめた。たとえば雨が降っても作業ができるよう、井戸の上には屋根や棚がつけられた。かまども機能的に整備された。それればかりではない。農園のある見沼田んぼは、東京の都心からわずか三〇キロ圏内にあり、総面積は一二六〇ヘクタールに及ぶ。この広大な農的緑地空間が今まで保全されているのは、地形状の特質によって遊水地としての機能をもっていると認識されたことによる。だから、大雨が降ると福祉農園のあたりは増水により部分的に水没する。さらに、農園周辺にはほとんど街灯がないため、たびたび農機具などの盗難の被害を受けている。藤枝さんは増水時に農機具を避難させるために二階をつけ、防犯のために堅牢な壁で囲った農機具小屋を作った。更衣室にも使うプレハブが地盤沈下すると、若いボランティアを指揮して梃子の原理を使って補修した。

福祉農園は見沼田圃公有地化推進事業を受けて開園した。これは、治水上の観点で開発を

規制した見沼田んぼの地権者への代償措置として構想された側面をもつ。農家が耕作できなくなった条件の悪い土地が、農家以外の県民に開く形で活用される。福祉農園のある場所も、もともと耕作放棄された土地だった。それゆえの悪条件のなかで、藤枝さんは農作業面だけではなく、施設面の設備を通して支えた。藤枝さんは現役時代の肩書きを捨て、これまでの経験から身につけた技術を障害のある人との営農活動や、農園整備活動に活かす。街の中に居場所をなくした、あるいは家庭菜園にしか居場所をもたなかった経験や技術は、福祉農園という場所と出会うことで、現代の多様な文脈に接続されていくとともに、経験や技術自体が新しい意味を獲得していく。

見沼田んぼは周辺が開発されるなかで、治水上の観点で保全された農地が耕作放棄され、荒地となった。その場所が福祉農園となって多様な人びとが集うことで、障害のある人や若者の広い意味での仕事の場となる。老後の生活に入るなかで、居場所を失った技術や経験が現役時代の役職から分解されて、そこにやってくる人の仕事を活性化させるものとなる。

今でも時々あるが、良太氏は弁当箱を農園の脇を流れる加田屋川に投げることがある。そのため、スタッフは弁当箱をプレハブにいれて、シリンダー鍵をかける。良太氏はシリンダー鍵を開けない。しかし、スタッフのちょっとした隙をついて、弁当箱を川に投げる。

この良太氏の不可解な行動について、藤枝さんと語ったことがある。藤枝さんは、弁当を

投げる理由を「良太君は朝不機嫌だと、お弁当を投げるんだ。この前も朝から不機嫌だった」と語った。同じように良太氏はトイレに頻繁にいくのだが、これも「手持ち無沙汰なときにトイレにいく」と藤枝さんは理解していた。二〇〇六年の六月、私は良太氏と一緒に作業をしていたのだが、そのときは一度もトイレにいかなかった。私は、収穫した野菜の根っこきりという彼にとって分かりやすい、そして先の見える作業だから不安になることがなく、トイレにいかなかったと理解した。そしてその理解は、「手持ち無沙汰だとトイレにいく」という藤枝さんの理解と通じていた。長く人生を生きた人が、その経験から他者の行動を理解する。それだけではない。藤枝さんは、良太氏が弁当を投げた時のために農園の竹を切り、川を流れる弁当箱を取る竿を作った。良太氏が投げた弁当箱は何度も藤枝さんによって掬われた。

営農のスタイル

福祉農園は、除草剤や農薬を使っていない。農業機械も乗用のものはなく、最も大きいもので九・五馬力の耕運機で、主力は小型の耕運機や刈り機、刈り払い機、ハンマーナイフモアー、運搬機、チェンソー、発電機である。畝たてや播種、草取り、収穫、堆肥運びなどの

作業の大部分は、人力によっている。一年を通じて野菜を育てており、夏の炎天下の草取りも、極寒の冬の作業も大変な作業である。それだけでない。開園して二〇年が経ち、農園に植えられた木も大きく成長している。その剪定や間伐などの作業もある。台風がくれば折れる木があり、それを撤去し、燃やし、その灰を畑に投入する。農園は、日々の労働のなかで維持される場である。

　農園の活動を支えているのは、平日毎日畑作業をしている、NPO法人のらんど（以下、のらんどと略する）の人びとだ。管理面積も農園で一番大きい。のらんどは、地産地消、福祉、暮らし支援、まちづくりという四つの事業を展開している。このうち、農園での活動は地産地消と福祉に主に関わる。農園内の管理地で野菜を生産する。主力は冬に収穫し、農園に関わる飲食店に提供しているネギで、毎年一万本以上を作付ける。他に、大規模に作付している物としてはジャガイモやサトイモがある。また、商店街や県庁・市役所に販売スペースがあり、そこで毎週販売を行い、福祉施設での訪問販売や個人宅への配達も行っている。一年を通して野菜が途切れないように、多種多様な野菜を生産している。[5]

　福祉事業として、障害者の地域活動支援センター[6]「農《あぐり》（以下、あぐりと略する）」を運営しており、その主な活動として農園での営農活動を位置づけている。障害のある人たちやそれを支えるスタッフが営農活動を行うが、それだけに留まらず木の管理やトイレの清掃などの農園全体の管理作業を担っている。他の団体と違って平日毎日活動しているため、農園を所管

する埼玉県庁総合政策部土地水政策課との対応や、近隣農家との相談などの役割ももつ。あぐりは、開園当時から農園協議会を構成してきた心身障害者地域デイケア施設わくわくをベースとしながら、それまで紙すきやポスティング、ウクレレ作りなど多岐にわたっていたわくわくの活動を、農的活動に集中する形で再編成された組織である。

のらんどの営農活動は、あぐりの職員として配置されている営農サポートスタッフと、あぐりの利用者(障害のある人/メンバーと略する)、そしてボランティアによって担われている。良太氏は開園当時から平日毎日農園に通い、農作業や野菜の販売をしている。メンバーは、二〇一八年時点で全員が男性であり、六〇代以上の人が三名、五〇代以下が三名になっている。六〇代の人びとは一般企業で働いていた人、各地で建設労働・農業労働に従事していた人、家業の解体工場を手伝っていた人だ。一方、若いメンバーは良太氏など定時制高校を卒業した人もいれば、養護学校を卒業し、のらんどの前身となる作業所にやってきた人もいる。

事前に来て収穫をはじめているスタッフもいるが、全員での農作業は一〇時にはじまる。その日の作業を打ち合わせた後、作業に移る。作業は自分たちの管理する区画で行われる、除草や畝たて、播種、施肥、間引、収穫などの作業、販売のための泥落とし、根っこきり、計量、ラッピングなどの作業、そして農園全体の管理にかかわる植木の手入れ、農機具小屋の整理、トイレ掃除などに分かれる。また、販売にあたる人は、直接販売場所に出勤することもある。一二時前後に昼休憩を一時間取る。午後は一五時過ぎまで働く。猛暑の日はお昼

までで作業を切り上げる。

作業は月曜日から金曜日まで毎日ある。雨や雪の日も、野菜の収穫や市役所等での販売があるため、休みになることは少ない。一二月以降のネギなどの収穫期は収穫から出荷までの作業を、全員で行う。メンバーの個性にあわせて、収穫、皮むき、根っこきり、根っこや除かれた葉の堆肥場までの運搬を割り振る。たとえばかつて農業労働にも従事していた男性は、営農を指導するスタッフと一緒にネギの収穫作業を行う。ネギはうまく掘らないと折れてしまうのだが、若い頃に造園屋で仕事を覚えた技術で効率良く作業を進める。一方、良太氏はネギの根っこ切りや皮むき作業は開園当時から行っており、熟練の手つきで作業を進める。手先が余り器用ではないメンバーは、根っこや葉を一輪車で堆肥場まで運ぶ。

農園内での作業配置は、スタッフがメンバーにはり付くのではなく、お互いの目の届く範囲で、それぞれ自分の作業をするという形になる。スタッフが作業のなかで考え工夫した道具が、メンバーの作業を支える。

例えば、種の播き幅を示す竹の棒がある。棒の長さが畝の幅を示し、間に引かれた線が種まきの幅を示す。この棒を畝の両端におき、対応する線を両端に棒がつけられた紐で結ぶことによって、種の播き幅が統一される。この棒と、種と種との間を図る棒を使うことによって、種を蒔く作業をメンバーが一人で最後までやり遂げる事が可能になる。数センチ毎に数粒の種を蒔いていく作業は、根気がなければできない作業だ。良太氏は風が吹くと、そちらに気がとられて飛び跳ねることもあるが、またもどって決まった個数の種を正確な間隔で植え付けていく。時々、手をヒラヒラさせて気分転換をする良太氏の作業スピードは、ゆっくりとしたものである。しかし適当な間隔で発芽した、ほうれん草などの葉物野菜は、間引きの手間を必要としないし、収穫時も間に手が入るので野菜を痛めなくてすむ。このような道具はスタッフが試行錯誤のなかで生み出したものである。耕作条件や、栽培する作物によって、またメンバーの個性によっても、農作業の内容は大きく変わってくる。それぞれに合った創意工夫が求められる。その一方で、障害者メンバーの作業の仕方から、健常者であるスタッフが学ぶこともある。実際、二〇歳の頃から肉体運動をしてきた六〇代のメンバーは、スコップやノコギリの使い方に熟練しており、若いスタッフよりも畑でこなす仕事の範囲は大きい。炎天下の草取りも、彼にとっては瀬戸大橋の建設作業に参加し、一日中骨組みの上で資材を運んでいた頃に比べれば苦にならないという。かつて農園で働いていたスタッフは、スコップの楽な使い方を、良太氏のやり方をまねることで学んだ。

肥料は、後で述べる馬糞堆肥とともに、ボカシ肥を使う。「ボカシ肥」とは、有機質肥料を発酵させて作る肥料である。のらんどではこれを、米ヌカ、豆腐かす[7](おから)を混ぜて作る。この技術は、農園ボランティアをしていた藤枝さんのやり方が継承されている。作業は、米ヌカと豆腐かす、鶏糞などの材料を、農園隣の農道に広げ、スコップで丹念に何度も混ぜる。それを、ビニールの袋に入れて様子をみつつ、何週間か寝かすことによって、ボカシ肥が完成する。材料のほとんどは、農園周辺から集められる。まず豆腐かすは、付き合いの豆腐屋から頂いており、車で回収している。米ぬかはスーパーマーケットなどから調達する。

農園の土作り――馬糞のこと

農園の土づくりは、堆肥を基本にしている。畑で除草した草をあつめて、半年以上の時間をかけて分解者たちがまた土に戻す。それを畑に投入する。剪定・伐採した木、野菜の残渣を燃やした草木灰も畑に入れる。前節で書いたように、のらんどではボカシ肥を野菜に与えている。しかしもっともベースとなるのは、馬糞堆肥だ。

馬糞は、農園から車で一〇分の距離にある浦和競馬野田トレーニングセンターからやってくる。二〇一七年の冬までは、自分たちでトラックを出して取りにいっていた。馬たちが暮らす厩舎に積まれた馬糞を荷台に乗せて運んだ。その後は乗馬スクールの方が農園まで運んでくれるようになった。[8]

馬糞堆肥をもらうきっかけを作ってくれたのは、古澤建治さんだ。

良太氏は、二〇一八年現在、実家で両親と暮らしながら、平日は毎日あぐりに通っている。

月・火・水・木は農園の近くにある共同住宅に介助者を入れて暮らしている。

二〇一六年一二月から良太氏が週四日暮らす共同住宅は、農園の属する南部領辻集落にある。見沼田んぼの外であるが、市街化調整区域にあるため住宅はまばらで、農地に囲まれている。一階は内装業をやっている古澤さんの会社の木工場で、二階はその会社の経営者である古澤さんが家族と暮らしていた。

現在、二階は新しいオーナーである田巻覚さんのもと改装されて、古澤さんやフルタイムの仕事をしている人、フルタイムの仕事を今はしていない人、そして良太氏といった人びとが暮らしている。「障害者」は良太氏だけであり、だから「障害者」のために作られた施設ではない。改装作業はセルフビルドで行った。建築業に携る田巻さんと古澤さんを中心に、良太氏や住人になる人たちも加わり、深い付き合いのなかで私も数日だけ作業した。

生活がはじまってしばらく経ったある日、良太氏がダイニングスペースで突然大きな声を出す場面に立ち合い、古澤さんは思案した。彼は良太氏と介助者に「なんで大きな声を出すの?」と聞き、介助者は「新しい住まいに慣れなくて、間がもたないんだと思います」と答えた。それを受けて、古澤さんは「そっか、お腹減ってんだな」と言い、そして部屋にあった煎餅をもってきた。良太氏はそれを受け取り、うれしそうに食べた。

それ以降、もちろんたくさん食べ過ぎてしまう問題もあるのだが、一つ屋根の下で暮らしはじめた二人の関係は煎餅を介して急速に関係を深めた。単に古澤さんが障害についての理解を深めたのではない。古澤氏が良太氏という人間に向き合い、自分の経験に沿って「腹が減ったらいらいらする」と考えて対応し、それが良太氏に伝わって関係が深まった。もちろん良太氏が大きな声を出すことがなくなったわけではないが、しかし確実にその家で落ち着いて過ごすようになり、食事時間が合うときは古澤さんとうれしそうに食卓を囲んでいる。

古澤さんも田巻さんも、地元の経済人によって構成される浦和北ロータリークラブの会員である。古澤さんが初めて農園にやってきたのは、二〇〇六年六月のことだ。この年の五月一四日、農園のシャッター倉庫が壊されて、中にあった耕運機や発電機、芝刈り機がごっそりと盗まれた。夏を迎える直前に農機具がなくなってしまったことに、私たちは大きく落胆した。幸い、新聞各紙が報道してくれたこともあって、中古農機具の提供やカンパの連絡をしてくれる人が次々と現れた。そんななかで、浦和北ロータリークラブの社会奉仕委員長だった古澤さんは、家と農園が近かったこともあり、やってきて寄付を申し出てくれた。しかし、その申し出を受けた農園代表である猪瀬良一さん——良太氏と私の父親でもある——は、農機具類は寄付によって揃ってきたことを伝え、「一緒にこの農園を耕しませんか」と声をかけた。子どもや孫の世代に土いじりという概念がなく、農家への感謝の気持ちを伝えるためには実際に土をいじるところからはじめるべきと考えていた古澤さんは、この呼びかけに応えた。やがて、毎週農園に通うようになった。二〇〇七年の七月には、浦和北ロータリークラブ主催でジャガイモ掘りとバーベキュー大会が開かれた。ロータリークラブの会員で、酒の卸売業をしている人の協力もあり、カラフルなパラソルやテーブルが運ばれ、生ビールがサーバーで提供された。毎回一〇〇人以上を集めるこの会は、毎年初夏にロータリークラブ単独で、一一月二三日には福祉農園の収穫祭と共催する形で行われている。

古澤さんの木工所で出たオガクズが運ばれ、敷藁と一緒に用いられていたことを縁に、トレーニングセンターの馬と農園がつながった。三ヶ月の間農園で醗酵した馬糞は畑に投じられる。そうやって土を豊かにし、それが野菜となって人びとの口に運ばれる。

廃棄されたものを分解する

良太氏の介助者の集いに参加したことがある。そのなかで、もっとも印象に残ったのは介助者の山口裕二さんの話だった。

良太氏と彼が、共同住宅から買い物にいったその帰り道、突然良太氏が大きな声を出しはじめた。その日は山口さんも大きな声を出したい気分だったそうで、彼も大きな声を出して追随した。すると、それにつられて、後ろを歩いていた三人組の男子中学生が大きな声を出した。さらに、前から来た女子中学生も大きな声を出しはじめ……という感じで、最終的に十数人で大きな声を出し、そして最後、山口さんが「じゃあな、みんな！」と手をふってさわやかに中学生たちと別れた。二度と再現できないであろう、路上のロックな瞬間だった、と山口さんは語った。

この話を聞いていた別の介助者が、そういえばその頃、同じく買い物の帰りに中学生が良太氏をみて大きな声を出していた。当時は理由がわからず、因縁をつけられているのではないかと思っていたが、あれは「一緒に大きな声を出したおじさん」とまた出会ったことでうまれたものかもしれない、と語った。

そうやって不可解なことが、理解可能なことに変わっていくなかで、良太氏と共同住宅周辺地域の物語が少しずつ作られていく。

私は、北浦和の商店街に住んでいる。

高度成長期に人が溢れたというこの商店街は、最近は病院や薬局、健康関係商品を扱う店の出店が続く。間を埋めるようにスナックやマッサージ店、海外からやってきた人びとの経営する飲食店や、雑貨屋が並ぶ。周辺は、今も新しいマンションが建てられていく。東京へのアクセスは悪くなく、「文教エリア」とも言われる地域でもあるので、子どものいる家庭に向けた間取りになっている。新しく移ってきた人びとに向けた店はまだそれほど増えてはおらず、もともと住んでいる、だから高齢になった人びとに向けた店が多い。

この商店街の一角にあるスペース「北浦和イッカイ!」で、NPO法人のらんどは、毎週水曜日と金曜日に野菜の販売をしている。お客の多くは高齢の女性である。野菜は、この街から車で二〇分ほどいったところにある、福祉農園で自分たちが生産した野菜と、農園などの活動を通じて出会った市内の農家の方が生産したものだ。

同じスペースには、「こまどり社」が商う古本や古CDなどが置かれている。こまどり社は、私の友人である仮屋崎健さんを社主・社員とする隙間産業的小商いの名である。[9] 彼はここで、「こまど市」と称して不定期で古本、CDの販売をしている。古本もCDも元々彼の私物で、仕入れたものではない。だから、身を切っているとも言える。以前は毎週一回のペースだったが、最近は本当に思いついたような不定期になり、いつ開くのか予想がつかなくなっている。古本と野菜の取り合わせは最初あまり評判がよくなかったが、段々となじんでいった。しかし、今度は仮屋崎さんが福祉関係の仕事に正職員として就職してそちらの仕事で忙しくなり、年に数回しか北浦和に来なくなり、殆ど店は開かなくなった。

NPO法人のらんどの野菜販売を担当している男性は、毎週販売スペースの周りを掃き掃除することから仕事をはじめる。真面目な彼は、販売スペースから商店街のはずれまで二〇〇メートル近く掃いていたこともある。彼はこの街の小学校、中学校に通った。だから店番中に、学校の時代の友人に会う。

彼は、二〇〇〇年代の後半に勤めていた会社を退職してから、農園に関わるようになった。地元の小学校に通っている頃から、職業訓練のようなものを受けてきた彼は高校への進学を望んでいたが中学を出ると働きに出た。

農園に関わるようになって、障害があっても地域の公立高校への就学を目指す運動を知った。実際農園で一緒に働く人には、定時制高校の卒業生がいた。彼は同じ街にある公立高校の受験を決意し、六〇代後半で入学を果たす。入学後は農園での農作業や販売、関係団体との会議に参加しながら、無遅刻無欠席で高校に通った。補習にも学校主催のボランティア活動にも皆勤した。

自身の果たせなかった願望も含めて、街の中に溢れるようにありながら、だから油断するとすぐ忘却されてしまうことを、彼はもう一度つなげていく。それはまた、商店街での野菜の販売活動が単に売り手と買い手との間のモノとカネのやり取りではないことを教える。農地やその土壌と街を、農地や土壌をもとに生み出される農産物を介して結びつける活動であるとともに、農園に関わる人びとの暮らしのなかで、街の中で忘れられていく記憶を新たに結び付けていく活動でもある。販売をする人のこれまでと今の暮らしのなかに、農園や農園の野菜の販売活動があり、高校生活があり、その折々に結び付けられた〈もの〉たちが他者へと共有されていく。

そこに本当にあること

もともと荒地だった福祉農園は、耕作をやめればまた荒地に戻っていく場所であり、だからそこにいる多様な存在の営みと交わりによって、生き生きとした存在感をもつ。[10]逆に言えば、何の営みもなくなれば、福祉農園の存在感はなくなり、荒地に戻っていく。

人と人とがいるのではない。福祉農園があり、様々な生きものがいるなかに、人もいる。だから、自然の猛威に直面することも、思ったような収穫を得られないときもある。草取りをしなければ雑草がはびこる。でも、人の力ではどうにもならないものが時に現れるからこそ、途切れそうになった人と人との関係が再び結ばれることもあれば、ふだん饒舌に語らない人びとの姿が浮き上がることもある。

二〇〇六年にシャッター倉庫の鍵を壊され、耕運機や芝刈り機、発電機などをごっそり盗まれた時に、もっとも混乱していないように私に見えたのは、農園に平日ほぼ毎日通っている良太氏や知的障害者のメンバーだった。彼らの作業では、盗難事件の被害に遭った耕運機などの農業機械をあまり使わず、鍬や鎌、一輪車、バケツ、種植え用の定木や紐、篭や鋏を使う。これらは農業機械に比べて単価が安く、犯人にもっていかれなかった。そのため、収穫や種まき、納品などの作業は実施できた。いつもどおりに作業する障害者メンバーの姿は、盗難事件が起きても福祉農園は負けずに作業している姿として、農園関係者の目に映った。同時に、彼らの営農活動によって、福祉農園の畑は雑草が力を増していく時期なのにもかかわらず、大きく荒れることはなかった。二〇一一年三月の東日本大震災がおきたときも、停電やガソリン不足、そして放射能の不安はあったが、三月一四日から良太氏たちは営農活動を再開していた。

あたりまえのようだが、福祉農園は実際に存在する「場所」である。[11] 日常の農作業を通じて働き続ける場所であり、盗難事件が起きる場であり、メールや新聞報道を見た人や提供された農機具が集まり交わる場であり、何より放置しておけば荒地になってしまう場所である。盗難事件が起きても、知的障害のある人びとを中心に農作業が継続されるなかで、福祉農園という場所はそこに集まった福祉農園の関係者や県庁の担当者をつなぎ、新たに取材や支援に訪れた人をつなぎ、そしてそこに集まった農機具をつないだ。そこで偶発的に結びついたつながりが端緒になって、それまでなかった新たな日常活動も生まれた。例えば、盗難事件の後に、寄付をしにやってきた浦和北ロータリークラブの古澤さんは、結局盗難事件に対する寄付はせず、むしろ農園協議会に加盟し、自分たちの区画をもって農作業をするようになった。その結果、ロータリークラブ主催の収穫祭が農園で開かれるようになった。そればかりではない、古澤さんと私たちが出会うことで、本当に様々なことが生まれた。ロータリークラブの人びとが北タイの少数民族を支援することになったのも、私が北浦和に住むことになったのも、その様々なことの一つである。[12]

二〇一八年六月のある日、農園で午前中から冬に切った木や竹の移動をし、刈り払い機をかけた。この日は、二〇一九年度から福祉農園協議会に本格加入する埼玉朝鮮初中級学校の関係の方々もやってきた。そのうちの三人は、初めて農園に来た人で、学校開設当時に、子どもを通わせていた七〇代の人たちだ。一人の方は、畑で育っている作物に対する見方も、土の触り方もずいぶん年季がある事を感じさせる佇まいだった。

この日の昼飯は、朝鮮学校の方々が用意してきた焼肉だった。牛の内臓は油があってとてもうまく、私の子どもたちは準備の段階からニンニクをむいたりして手伝い、肉が焼けるとよく食べていた。

食べながら自己紹介した。畑作業の時から気になっていた方に、農業経験があるのですか、質問した。すると、

「生きるために子どもの頃から鍬をもっていますよ」

と答えた。その人は戦後すぐの時期に西日本で生まれ、育ち、荒地を耕して食べるものを作っていたという。

埼玉朝鮮初中級学校が見沼田んぼのなか、大宮の堀の内にあるのを私は二〇一七年まで知らなかった。在日朝鮮人が生きるために農作業をしてきたことを何となく知識としては知っていたが、そのことの意味を深く考えたことはなかった。ただ、インタビューをするのではない。福祉農園で一緒の時間に農作業をし、昼飯を一緒に食べる。畑があり、仕事があり、飯があり、会話がある。そこで、いつもは語られないことが語られ、そして未来に何かが伝えられる。

■注

1　福祉農園が元々荒地だった場所を耕作することによって、土壌がどのように変わったのかについては石井秀樹の論考を参照(石井・斎藤 2011)。造園学の研究者として農園に関わりはじめた石井は、福祉農園において多様な主体が多様な形で関わることによって生まれることを、ケアの観点から探求している(石井 2008; 石井・斎藤 2011; 石井・斎藤・猪瀬 2006)。

2　福祉農園では、農家出身の若者もボランティアとして活動してきた。彼らの大半は実家の作業を手伝っていたわけではない。機械化や大規模化する中で、農家の子どもであっても参加する仕事が限られる場合も多い。中には、学校や地域の中に居場所をもたなかった人もいるし、卒業・就農しなかった人もいる。都市に住みながら農作業を行う人びとと関わる中で、彼らは農業や農村と出会い直し、家族がもっている知識や技術、自分が学んだ知識や技術、そして農業に対する想いを、都市出身の仲間に伝えるようになった。卒業してからも関係は続く。

3 前田さんは一九七三年生まれ。知的障害のある彼は、地元の小学校、中学校を卒業し、高校も定時制高校を卒業した。卒業後、福祉農園推進協議会の構成団体でもあるわらじの会（埼玉県東部の越谷市・春日部市が拠点）で活動していたが、一九九九年に農園が開園した頃には一時離れて浦和市にあった小規模作業所「地域デイケア施設わくわく」のメンバーとして農園で活動していた。二〇〇二年に、私が農園で活動するボランティア団体である見沼・風の学校を同世代の仲間と作ると、彼もこの活動に加わり、農園での活動や農園外の会議に参加していた。その後も、不定期に農園で活動していたが二〇一六年ごろから農園に来る頻度が多くなっている。わらじの会、ＮＰＯ法人のらんど、風の学校といった複数の団体をまたにかける人物である。

4 二〇〇二年から環境教育に関心のある風の学校の仲間と一緒に、「のうぎょう少年団」という活動をしていた。最初は月一回子どもを集めて農園で子どもと一緒に作業をするイベントをしていたが、二〇〇三年頃からその参加者の一部だった小学校高学年の子どもたちが、仲間とつれだって毎週農園に来るようになった。そのため、団員制度を作って彼らを受け入れた。二〇〇四年になってその多くが中学校に入り、農園に来なくなった。新たに団員に入ることを希望したのは、小学校低学年の子どもや、未就学児を抱える家族だった。その頃、週末活動をしているメンバーには子育て世代はおらず、また彼らの受け入れについての全体としての確認が不十分で、焚火など安全面で問題になる場面が多くあった。また、彼らの面倒をみるため作業が進まないという事態にもなった。そのため、内部で話し合い小学校低学年以下の子どもの受け入れは、月一回のイベントのみに限定し、それ以外の日は作業に集中することにした。農園に来るのを楽しみにしていた親子にこのことを告げるのは苦渋の判断だったが、しかしその結果大学生や二〇代の若者との新たなつながりが生まれて、次の展開がはじまった。

今、子どもを受け入れることができるようになったのは、私を含めて週末活動している人たちの子育てがはじまったからである。子どもと一緒でなければ、私は農園に来られない。だから連れて来る。そんななかで、彼女たちと同世代の子どもの参加は少しずつ広がっている。私の頭の中には安全を確保しながら、農園作業をする必要があるという二〇〇四年の議論がある。それと共に、小さい子どもも含めて農園活動をどう続けていくのか、そのための意識の共有や、より開かれた農園の将来像をめぐる議論の必要性を感じている。私は、平日活動している障害のある人が仕事として農園整備を担い、彼らが整備した農園を多様な人たちが多様に活用し、そして農園に関わる人全体で、経済面を含めて農園を整備する障害のある人たちを支えていくというイメージをもっている。

5 それ故、生産・収穫に手間がかかるため、作付けをもっと集約的に行うことが検討されている。

6 地域活動支援センターは、障害者の日常生活及び社会生活を総合的に支援するための法律(障害者総合支援法)にもとづき、障害のある人が地域で自立した日常生活又は社会生活を営むことができるよう、日常活動や社会との交流の機会を提供する通所施設である。

7 おからは窒素、リン酸、カリウムを多く含み、肥料効果の持続性が大きい。

8 農園の堆肥は、開園当時は東京湾岸部で作られる堆肥をダンプカーで運んでもらって使っていた。その後、さいたま市の公園の剪定材をチップ化して作られる堆肥をもらっており、馬糞堆肥と併用していた。しかし、二〇一一年三月の東電原発事故によって堆肥プラントが止まってしまった。トレーニングセンターで暮らすサラブレットの餌は、主に海外から来る飼料で放射性物質による汚染の懸念がないと考えられた。そのため、二〇一一年以降、福祉農園の堆肥は馬糞堆肥が主たるものとなり、堆肥プラントが操業を再開したあとも、そのままになっている。

9 こまどり社については、筆者の書いた論考を参照(猪瀬 2013)。

10 松村圭一郎は、家族や地域などの人びとの共同性は、所与のモノとして存在するのではなく、人びとの振る舞いや、関係性のあり様がそれにリアリティをもたらすとする。そして、その振る舞いを生み出す空間の配置や、習慣のあり様の重要性を指摘する(松村 2009)。

11 地理学者の原口剛は、メディアとしての場所について次のように語る。「場所というメディアに特有の性質は、共に在ることを可能にし、また共に在るという地点から出発するしかない、というところにある。そこで人びとは、土地を共有することで、そして土地の物語を媒介することで、隣人とも、まだ見知らぬ他者とも、何度でも出会いなおすことができる。そこには、唯一不変の信念や、絶対的な価値観といった類のものはいっさい存在しない。土地に刻み込まれた数々の日常生活から成る物語、翻って私たちの日々の生活こそ価値や信念を生み出す源泉であることを、絶えず想起させるのである」。(原口 2008: 204)

12 このような関係のあり様は、　方でなかなか農園自体の方向性がどこにあるのかを把握するのが難しいという問題を孕む。だから、はじめて農園に来てまだ日が浅い人が、といってもう何年にもなっていたりするのだが、なかなか自分のやりたい事を言いだせないという問題も起きる。私自身振り返っても、農園で大事な仕事をしてくれている人を、農園に現れて数年殆ど意識していなかったことが一度ならずある。

第二章　首都圏の拡大と見沼田んぼ
――福祉農園の開園まで

首都圏という歪な身体

この章では、首都圏が肥大化していく様を、その周縁部である見沼田んぼと、そこに棲むものたちの姿を通じて描く。

首都圏の拡大は、国や県の政策と絡まりながら、見沼田んぼにも影響した。高度経済成長期、住宅やごみの埋立地、し尿処理施設が見沼田んぼ内に作られた。しかし、猛烈な勢力の台風が首都圏を襲った時、見沼田んぼの低地という地形的特性によって見沼田んぼが多くの水を集めて、下流域の被害を軽減したと人びとに認識された。そこから、県は開発の規制をかけ農地として保全した。国策が減反に舵をきると、農民は圃場《ほじょう》整備によって田んぼを畑へと転換し、見沼田んぼは植木や花卉、野菜の生産地となっていった。その一方で、耕作放棄地も増えていった。やがて見沼田んぼの内側からも外側からも開発圧力が高まり、ゴルフ場などの開発計画が出された。これに対して、反対する人びとが運動を起こした。そんななかで、知事の足元で汚職事件が起き、いくつかの開発計画は白紙撤回された。やがて行政関係者、地権者、見沼保全を叫ぶ都市住民の議論の場が生まれて、見沼田んぼに関わる新たな基本方針が生まれた。

見沼田んぼのなかで人と人、人以外の関係が途切れることなく続く一方で、見沼田んぼの外で政策や経済の変化が起きる。内と外の二つの異なる位相は、時に軋轢を生み出すこともあれば、拮抗することも協調することもある。そんななかで、新たな生業や風景の変化が生まれ、人びとの認識も変化していく。それが、さらに政策を変化させ、経済にも影響を与えていく。福祉農園はこの延々たる折衝のなかで構想され、そして実現した。前章で描いた様々な存在の蠢きは、この章で描く歴史のなかにある。

高度経済成長期の首都圏は、地方から労働力を集めて巨大化していった。一九五〇年、首都圏人口が日本の全人口に占める割合は一五・五%であった。それが一九八〇年には二四・五%となった。農村部でも変化が起きていた。一九六一年の農業基本法の成立によって、農政の主眼は食糧不足の解消から、生産基盤の整備へと転換した。そして、作業効率をあげる圃場整備や農業機械の導入、作物の選択的拡大を進める農業の近代化が進んでいた。農村において余剰となった労働力は、大都市を目指した。首都圏は、人間の手と足と頭脳が増え、労働力が増えた。[1]

胃袋も子宮、生殖器も増えた。労働者の疲れた体を休ませる家や、次世代を担う子どもたちを育てる場、病にかかったとき、老いを迎えたときに過ごす場、通勤や物流を支えるための交通も整備されていった。肛門も膀胱も増えた。高度経済成長期の首都圏は、労働力と食料、エネルギーを地方に依存しながら、空前の大量生産、大量消費、大量廃棄の時代に突入した。廃棄されるごみも、排出されるし尿も、そしてかつて生きていたものたちの屍体も増えた。労働力の再生産や、経済活動や人間の生活によって発生する廃棄物の処理は首都圏の周縁/辺境になった地域が担った。

そんななかで、見沼田んぼは、高度経済成長期を経ても、宅地や工場用地として大規模に開発されることはなく、東京都心からもっとも近い大規模農的緑地空間として残った。

東京は、明治以来、日本の首都として、政府の中枢機能の立地点としての役割を担った。大正に入ると大田・品川などの城南、墨田・荒川・江東・江戸川などの城東を中心に、労働者が集住する商工業都市としての性格を強めていった。敗戦後、都心部に大企業の本社などの管理部門や、マスメディア・研究開発機関などが置かれ、情報・科学技術においても中枢となっていった(柳沢 2010:108-109)。

東京の中枢としての機能が広がるなかで、周辺都市のベッドタウン化が進んだ。一九六五年の国勢調査によれば、東京都区部に東京都区部以外および他県の市町村から通勤・通学してくるものは一三九万人に及んだ。一九六〇年は八一万人であり、五年間の増加数は五八万人であった。一九六五年において、一三九万人の住まいを見ると、神奈川県が三九万人、埼玉県が三五万人、区部以外の東京都三多摩地域が三四万人であり、千葉県が二五万人で続いている(柳沢 2010:147-148)。人びとは都心から放射状に拡がる鉄道網に沿って住まいを手に入れた。上下水道やごみ処理、道路、公園など生活に関わるインフラは未整備なのに、宅地は増加していた。都心部の人口増加が緩やかになるなかで、住宅貧困や環境汚染、通勤ラッシュといった問題の解決は、ベッドタウンとなった地域に求められた(柳沢 2010: 150)。

朝鮮戦争の特需景気のなかで埼玉県も工業誘致を積極的に推進するため、一九五二年に工業誘致条例を公布し、県内各市町村でもこれにならった誘致条例の施行が相次いだ。その結果、埼玉県において一九五〇年に全体の六割を占めていた軽工業の比率は、一九六〇年に重化学工業に逆転されて三割弱となった。一九五六年、鳩山一郎内閣は、首都圏整備法を制定した。この法に基づいて策定された首都圏整備計画は一九五八年に発表された。東京から二〇~四〇キロ圏にあたる浦和(一部地域を除く)・大宮は市街地開発区域として指定され、浦和は住宅行政都市、大宮は工業都市と性格づけられた。一九五六年に埼玉県知事に就任した栗原浩は、二期目の一九六三年に第一次「埼玉県総合振興計画」を出し、県政の計画的運営を図るとともに、大規模工業団地の造成、工業誘致による「埼京工業地帯」形成、幹線道路整備、人口拡大、大規模団地造成という開発優先の政策をとった[2]（浦和市総務部行政管理課 2001；埼玉県 1991；進藤 2010；田代ほか 1999）。

人口急増期の埼玉県南部――大宮市長秦明友の時代

東京と埼玉をむすぶ京浜東北線沿線である川口・浦和・大宮の人口は急増した。次の表は、敗戦時から浦和・大宮・与野が合併してさいたま市が生まれる二〇〇〇年までの浦和、大宮の人口の推移である。両市は戦後一貫して人口が増えていることがわかる。一九五〇年に一〇万を若干超えていた人口は、一九六五年には二倍以上になり、一九七五年には三倍に達した。

この人口急増期の一九五九年、浦和・大宮・与野の三市では革新市長が誕生した。県庁所在地である浦和では教員組合出身の本田直一、大宮では国鉄労組出身の秦明友、与野では自動車部品を製造する日本ピストリング株式会社与野工場の従業員組合出身の白鳥三郎が、ともに社会党の公認を受け、自民党公認の現職市長を破った。県南三市での勝利について、当時の社会党県連は、京浜東北線沿線にある浦和・大宮・与野の人口増は勤労者階級の増加を意味し、彼ら知識労働者・肉体労働者は岸信介内閣の重圧にあえいでおり、その不満を爆発させたと分析した。[3]

一般に革新自治体の誕生が社会現象となったのは、都市問題や環境問題への関心の高まりのなかで展開された住民・市民運動を背景にした一九六三年のことだ。同年の統一地方

表2　浦和・大宮の人口の推移

	浦和		大宮	
	人口	面積（km^2）	人口	面積（km^2）
1945年	93,696	36.81		
1950年	115,019	36.81	100,093	38.75
1955年	143,044	56.58	148,016	88.85
1960年	168,757	58.96	173,347	88.87
1965年	221,337	71.03	217,201	88.88
1970年	269,397	71.03	269,474	88.88
1975年	331,145	71.03	328,914	88.88
1980年	358,185	71.03	352,551	88.88
1985年	377,235	70.67	371,416	88.91
1990年	418,271	70.67	404,779	89.38
1995年	453,300	70.67	434,682	89.38
2000年	484,834	70.67	457,343	89.37

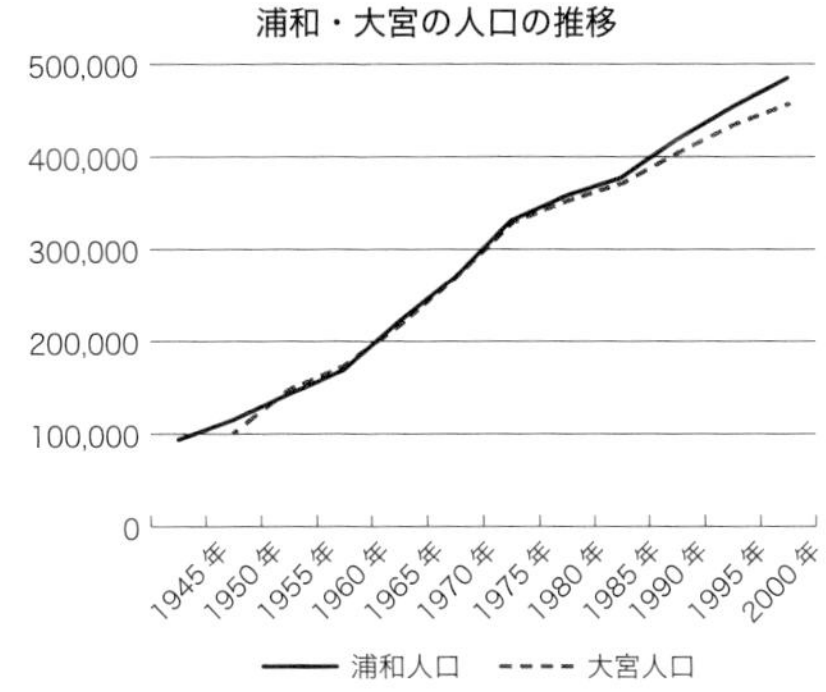

『浦和市統計書』および『大宮市統計書』より作成。

選挙で、横浜市、京都市、北九州市で革新市長が誕生し、翌一九六四年に全国革新市長会が創設された[4]（井手 2014: 13-14）。これに対して、埼玉県南三市の革新市長の誕生は、所謂「革新自治体ブーム」に先立つものであり、基盤は労組にあった。特に大宮市は一八九四年、日本鉄道（一九〇六年に国有化）業務部汽車課が設立された以降、「鉄道の町」として発展し、一九五九年時点でも従業員だけで四〇〇〇人を数えた。彼らは東北地方の農家の次男、三男が主であり、退職後も市内に居住した。国鉄従業員を親戚にもつ市民は多数になり、これが秦の当選の原動力の一つになった。[5]

秦明友は一七三センチと当時としては長身だった。一九〇五（明治三八）年に大宮市二ツ宮（現在のさいたま市西区）に安藤松太郎の三男として生まれた。父を七歳でなくしたため、進学をあきらめ、一九二二（大正一一）年に一七歳で鉄道省の大宮工場に就職した。その後、関東大震災を経て、一九二五（大正一四）年に働きながら乙種工業（大宮工業高校の前身）に入学し、一九二八（昭和三）年に卒業した。再び在職のまま一九二九年には中央大学専門部法学科に入学した。一九二八年、二四歳で秦まつと結婚し、秦姓となった。一男一女に恵まれたが、一九三四年に夫人を亡くす。再婚はせず、男手一つで二人の子どもを育てた。[6]

太平洋戦争が開戦した一九四一年、秦は鉄道省の職員を中心に編成された第五特設鉄道隊に軍属として入隊し、フランス領インドシナ、タイ、マレー、ビルマで鉄道作業に従事した。敗色が濃厚になるなかビルマでは、ラングーンとマンダレー間六〇〇キロを何回となく往復しながら、前線における被爆車両の復旧にあたった。一九四五年四月に敗走し、クアラルンプールで八月一五日を迎えた。後に秦は、当時の経験を「インパールで九死に一生を得ました。鉄道隊も至当の中にありましてネ」と語っている（第五特設鉄道工作隊行動記編集委員会 1977: 257）。

ビルマの経験を、後に秦は回想した。たとえば、市長になって一五年目を迎えようとする一九七四年、近年にない長雨つづきの梅雨に接して、秦はビルマの雨を想った。

> 長雨といえば、私は昭和一七年六月から二〇年四月まで、ビルマにいましたが、ビルマのことを思えば、梅雨の長雨など比較になりません。しとしとと雨が合間なく何ヶ月も降り続くのです。いつ頃になったら雨が止むのかと現住民に尋ねると、十月中旬ごろになるだろうとのことでした。（秦 1974: 144）

インドネシアのレンパン島での抑留を経て、一九四六年六月に復員し、大宮工場に復職した。当初は仕事がなく、復職後一年経って工場労組の役員として迎えられた。一九四九年、ようやく現場に復帰し仕上げ職場長となった。この間、一九四七年に社会党に入党し、一九五一年には埼玉県議会選挙に右派社会党の候補として立候補して、初当選した。四六歳だった。県議を二期勤めた後、一九五九年の市長選に臨んだ。

市長に当選した後は、人口急増のなかで、京浜東北線の複々線化推進、東北本線東大宮駅新設、大宮民衆駅(大宮ステーションビル。国鉄と地元が共同で建設)や市庁舎、市民会館の建設、芝浦工業大学の誘致、肢体不自由児通園施設ひまわり学園の設立などを行った。一九六九年に区画整理事業をめぐる市職員の汚職事件、市議会議長選挙をめぐる市議会議員の贈収賄事件が起きた。秦自身はこれらの事件には関与しなかったが、市民の市政に対する批判が高まるなかで、市長を辞職するとともに、市議会の解散も迫って、出直し選挙を行った。この選挙においても自民党系候補と共産党系候補に競り勝ち、市長に返り咲く。

革新市長として登場した秦だったが、自民党系議員が議会の多数を握るなかで、対話を通じた市政の運営に向かい、次第に革新色は薄れていった。[7]「国鉄租界」とも言える大宮において、自民党候補も票をえるために労組の締めつけの強い国鉄関係者に遠慮して無所属で立つ必要があった。このような保守と革新、与党と野党との区別がなくなるなかで起きたのが、一九六九年の汚職事件だった。[8]

ごみとし尿が流れ着く場所

鉄道の町大宮に生まれた秦明友は、鉄道省大宮工場の工員としてアジア太平洋戦争の時代を生きた。戦後は工場の組合理事になり、県議会議員になり、やがて大宮市長となった。大宮市長としての仕事でも鉄道との縁は切れなかった。秦は、「近代都市の建設をめざして（昭和四一年度施政方針）」のために、鉄道、道路、都市計画などの都市基盤を整備した。やがて、秦は東北上越新幹線の開通に道をつけた。市長就任当時の人口は一六万六〇〇〇人。一般会計の規模は八億四六〇〇万円。秦の任期中に人口は倍増し、市予算は四〇倍以上となった。

秦は「緑につつまれた文化的な健康都市（昭和四九年度予算編成の基本方針）」を目指して、小中学校の建設、市立高校の新設、市民会館の建設、そして生活環境の整備のための道路、下水、ごみ処理場の建設、市営と畜場の移転・新設に邁進した。

しかし、人口が急激に増加することによってもたらされる問題に、秦は追いつくことができなかった。そして任期満了を待たない辞職に追い込まれた。

彼が辞職を余儀なくされた事件は、見沼田んぼで起きた。

一九四七年に生まれ、一九八〇年代に埼玉県の企画財政部土地対策課の見沼担当として、保全に尽力した北原典夫は、秦に言及しながら、人口急増期の埼玉を次のように語っている。

埼玉県は元々、二百万人程の人口でした。それがこの三〇年で五百万人も増加し、今では七百万人を超えています。五百万人もの人口増加は、欧州のデンマークに匹敵する人口が移住してくるようなものですから、道路や学校、住宅と下水道といった社会的インフラの整備が進みません。当然、ごみ処理も追いつかないのです。そこで生ごみや不燃ごみを見沼田んぼに埋め立てて、そこに木を植えて「市民の森[9]」と称したのです。それは酷い状況で、屎尿《しにょう》処理もしきれず、バキュームカーで運んできた屎尿を、大宮市は闇夜に紛れて、見沼田んぼの中央に流れる芝川に、そのまま放流していました。
しかし芝川は一級河川ですから、当時の市長さんが河川法違反で刑事告発され、それで失職しています。当時はなりふり構わず何でもやってしまう、そんな状況でした。(見沼学編集部 2007: 19)

一九六二年のし尿処理問題について、県内自治体の首長や役所の職員、県議会議員等を集めて埼玉新聞が開いた座談会に、秦も参加していた。座談会は、これまで肥料として利用されていたし尿が農業の近代化で化学肥料に代わり、県南地区では人口の急増も加わって処理が追いつかないという危機感で開催されたものだ。この座談会において、秦は、連携してし尿処理にあたっている与野市は、市の面積が狭いため捨てる場所がない。大宮市の処理能力は九万人分になっているが、実際はそれを越えて一三〜一四万人分に達している。そんななか、工費一二〇〇万円で下水道終末処理場に着手していると話した。

生ごみやし尿は、都市と農村の間において、あるいは農村内部で資源として循環していた。このような都市と農村の資源循環は「農村還元方式」とよばれる。たとえば、浦和市が一九五五年六月に埼玉県に提出した計画によれば、市が一九五四年に施行した清掃法に基づき収集したし尿は、近接する農村で肥料として処理されていた。[10] しかし、高度経済成長期になると、都市化の進展と農業の近代化によって、農村還元方式と農村内の自家処理はほぼ崩壊した。[11] その結果生ごみやし尿が社会的損失として扱われるようになり、その処理のための社会的費用の増加を招いた。モノの流れは、生産、流通、消費、廃棄とつながるモノとつながっているが、それぞれの担い手は異なる。生産を担うのは生産者、流通は流通業者、消費は消費者が担う。これらはそれぞれ別の目的で行動する。生産者はできるだけ儲けを大きくするように生産し、流通業者も利潤を優先して流通する。消費者も消費で得られる満足度をできるだけ大きくするように行動する。その結果として生まれたのが、大量廃棄社会である。一般廃棄物の排出量(清掃法において定められた「特別清掃地域人口」での排出量)は、一九五五年度全国で一日当たり一万七〇二二トンから、七〇年度七万六九九八トンへと約四・五倍となった。自治体は増大する廃棄物を処理するために、焼却施設やし尿処理施設、最終処分場を建設した(八木 2004; 八木 2007; 八木 2014)。

資源循環を生み出してきた農村の生活と生業の体系が崩れることで、生ごみやし尿は廃棄物となって市場の外部に排除される。日本のごみ処理の特徴は高い焼却率にあり、それは高度経済成長期にはじまった。大量に発生するごみを処理するためには大型の焼却施設を必要とし、立地は自ずと土地の安い周辺地域が選ばれた。有害物質の発生もあるため処理は適切に行う必要があり、多額の設備投資が自治体の財政を圧迫した。人口の少ない自治体では広域連合を作って共同でごみ処理施設を設置するようになった。その結果、大量生産、大量流通、大量消費によって生み出された大量のごみは、地域の住民からますます離れていった(八木 2007: 15)。この点は、分解という概念に注目する私たちにとって重要である。地域内や都市と農村の間で分解されていた生ごみやし尿は、もはや分解されることなく、巨大な施設で焼却されるものとなり、残った燃えカスはもはや生物による分解も不可能なほど圧縮されて最終処分場に埋め立てられるものになった。この点は、障害のある人の仕事と暮らしの変容とつなげながら、次章で詳しく述べる。

大宮のし尿処理施設は、一九六一年一〇月に操業をはじめた。座談会で秦が言及した下水道終末処理施設は、し尿処理施設に隣接する場所に一九六六年に完成した。両施設は見沼田んぼ内のそれぞれ上山口新田(現在見沼区)、および大原(現在浦和区)にある。大宮市は、一九六八年ごろから、バキュームカーで運び込まれたし尿のうち、貯留槽の処理能力一日二五〇トンを超えた分を、夜間四時間にわたって脱臭剤を混ぜただけで芝川に流した(一九七六年四月一日から一九七七年六月二日までの間で七万二八七四トン)。汚水のBODは一万PPMに達した(環境省の許容範囲はおおよそ一六〇PPM)。芝川沿岸住民は、夏になると臭くて窓を開けられず、汚物が流れるのも何度も見たという。[12]

この問題は、一九七七年五月三一日の市議会一般質問における質問によって表面化した。当初、市幹部は事実を否定したが、六月二日には不法投棄を認めた。当初は全く関知していなかったと言っていた秦も、六月一五日にし尿処理場長から不法投棄の改善を要求する具申書を受けたことを認めた。ただし、生のし尿ではなく、化学処理をしたものと考え、違法性の認識はなかったと語った。

二〇年間市長を勤めた秦は、市議会でのきびしい追求にさらされた。そして、九月二一日市議会に出された辞職勧告は、賛成多数で可決された。一九七八年三月三日、浦和地方検察庁は秦を河川法違反などで起訴、元衛生部長を略式起訴、他環境衛生部職員数名を起訴猶予処分とした。これを受けて秦は三月一三日に辞意を表明した。一九八〇年四月二四日、浦和地方裁判所は、就任以来二〇年の間に改善する充分な時間があり、また財政的余裕もあったと、秦に罰金二〇万円の有罪判決を下した。その一方で、事件の背景として人口の増加、農村部での水洗化などでし尿量が急増したこと、大宮市が荒川左岸広域し尿処理の完成を待っていたこと、処理場建設をめぐる住民の反対があったことは認め、任期途中で辞任し内外からのきびしい批判にさらされて社会的制裁を既に受けたとして、浦和地検が求刑した懲役刑を退けた。秦も浦和地検も控訴せず、刑は確定した。

秦は、高度経済成長期に、鉄道の町大宮の市政を担った。彼が市長の職にある間、大宮市は人口も財政規模も急増した。そして、一九八二年の東北新幹線、上越新幹線の開通という鉄道の町としての隆盛をもたらした。

しかし秦は、人口急増のひずみに足を取られた。失意のうちに市長の職を辞し、そして法の裁きを受けた。一九八三年一二月五日、秦は衆議院選挙(同年一二月一八日投票)に立候補した国鉄労組出身の社会党代議士である沢田広の選挙応援に走り回る最中に、大宮駅構内で転倒した。頭部を強く打ち日赤大宮病院に運び込まれたが、すでに手術はできない状態になっていた。一二月一〇日に脳挫傷で秦は死んだ。七八年の生涯だった(市民と共に生きた秦明友を偲ぶ編集委員会 1985)。


大宮市民の森(現、市民の森・見沼グリーンセンター)は、一九七四年まで、広さ約六万八〇〇〇平方メートルに及ぶ、大宮市のごみの埋立地だった。秦が六選(一九六九年の出直し選挙を含む)を果たした一九七五年、市民に「憩いの場」を提供するため、市民の森の造成工事がはじまった。昭和五一(一九七六)年度にツバキ、モクセイ、サルスベリなど二五〇〇本が植樹されたが、このうち五〇〇本が枯死した。専門家の土壌調査によれば、水はけが悪く、生ごみなどで埋め立てられたため悪性ガスが発生していたためと分かった。そのため、新たに一・五メートルの盛り土をし、植樹時の客土も二〜三倍にするなどして新たに六〇〇〇本の苗木が植樹された[13]。

秦の市長辞職の翌年である一九七九年一〇月一五日に、市民の森は開園する。造成を担当した農政課が「一〇年たてば、高木類も育ち、うっそうとした森ができあがるはず」と語ったように、今訪れれば、ここがかつて田んぼであり、そしてごみの埋立地だった過去を想像する手がかりはない。毎年さいたま市農政課が主催する農業祭は、市民の森を会場とする。見沼田んぼ福祉農園の人びとも、農園の野菜を使った食品の販売や、農園の植物を使ったワークショップを行うために出店している。

都市化・近代化のなかで、見沼田んぼの一画はごみの埋立地に変わり、やがてそれに覆いかぶせるように客土され、木が植えられた。市民の憩いの空間になるまで、植えられたツバキやモクセイなどの多くが枯死した。美しい森も広場も表層をはがすと、そこにはその地域で起こったことが層をなしている。その層の上に、今を生きるものたちがあって何事かをなしている。

同じように、今は汚れて見向きもされない場所が、かつてはとても美しくなつかしい場所だったこともある。福祉農園の傍らを流れる加田屋川もかつてはウナギがうじゃうじゃといる清流だった。福祉農園のある、南部領辻で暮らす厚澤正栄さんは次のように語る。

加田屋川の下は、今みたいにヘドロじゃなかったんだ。川底は粘土質でツルツルしていて、長い藻がいっぱい生えていて、魚もいっぱいいた。川底に穴があいて、ここにはウナギがいっぱいいたの。そいで手でウナギを排出した。うまい人は手づかみでウナギ

を獲った。（見沼・風の学校事務局 2006: 4）

一九六〇年代の中頃に加田屋川の上流に住宅団地ができ、雑廃水が流れるようになった。加田屋川は変わっていった。下まで澄んでいてごくごくと水が飲めた川にはヘドロが溜まり、水は澱んでいった。

高度経済成長期の見沼田んぼ――狩野川台風から見沼三原則へ

埼玉県南部の人口が急増するなかで、宅地開発の波は見沼田んぼにも及んだ。しかし、結局、見沼田んぼは開発の波に飲み込まれることがなかった。歯止めになったのは、一九六五年に埼玉県が制定した見沼田圃農地転用方針（通称「見沼三原則」）であった。

見沼三原則は、関東地方を直撃した台風と、それがもたらした水害によって生まれた。一九五八年九月二五日から二七日、狩野川台風は埼玉を襲った。熊谷地方気象台の発表によれば、二五日、二六日の二日間で、山間部の秩父市裏山で三五三ミリの降水量を記録したのをはじめとし、平野部では、上尾二九六ミリ、浦和三六四ミリ、川口三九二ミリの豪雨となった。この時、秩父を水源として埼玉県を貫流する荒川の流域は大洪水となった。芝川は見沼田んぼを南北に流れ、川口市南部で荒川と合流する。荒川の水位は芝川よりも高くなった。水が芝川を逆流しはじめたため、芝川から荒川への排水口は閉ざされた。芝川流域の雨水は都市化で排水路が整備されたこともあり、短時間で芝川に注ぎ込んでいた。排水路が閉ざされて流路を失った水は、川口市内や見沼田んぼに流れ込んだ。川口市内は九割におよぶ約三万戸が浸水し、見沼田んぼは全域が数日にわたって水が引かなかった。浸水は後に大宮市民の森が後にできるあたりは一・二メートル、浦和南部領辻の国昌寺で一・四メートル、川口市役所付近は七〇センチだった。[14]

台風が去った後、満々と水をたたえた見沼田んぼが、洪水の被害を軽減したと考えられるようになった。周辺地域に住み、この時の見沼田んぼを見た人びとは、ここに住宅を建てて住もうなどとは思わなくなった。狩野川台風後も大宮市天沼、堀の内、浦和市大原などで散発的な住宅開発は進むが、それは見沼田んぼ周辺域に住まない人たちを相手にするもので、住宅業者も買い手がついたらさっさとどこかに去っていった。[15] 何も知らずに移り住んだ人たちは数年に一回はある床上浸水に悩まされた。

狩野川台風の直後、当時の栗原知事は、「このまま宅地開発すると、その下流域の住民はどうしても洪水の災害から免れない」「宅地開発は芝川の遊水機能を減退させ、下流市街地は再び、あるいは以前以上の水害を強いられる」と語った。[16] 知事は、河川課に対して芝川改修計画の再検討と工事の推進、農政課に対しては見沼田んぼの宅地化を抑えるため、農地から宅地への転用を不許可処分するように指示した（村上 1990: 62-63）。このような農地法による規制に加えて、埼玉県は狩野川台風から七年後の一九六五年三月の県政審議会において、「見沼田圃農地転用方針（「見沼三原則」）を制定した。同審議会では、人口増加を受けて見沼田んぼの開発を進言する委員が多数を占めたが、知事は開発の規制を決断し、自ら素案を策定した。

見沼三原則は、次のような内容になっている。

一　八丁堤以北県道浦和岩槻線、締切りまでの間は将来の開発計画にそなえて現在のまま原則として緑地として維持するものとする。

二　県道浦和岩槻線以北は適切な計画と認められるものについては開発を認めるものとする。

三　以上の方針によるも芝川改修計画に支障があると認められる場合は農地の転用を認めないものとする。

企画財政部土地対策課によれば、三原則は①芝川改修計画を最優先策としてふまえ、それとの整合性を保持することを条件とし、②八丁堤以北県道浦和岩槻線、締切りまでの間は、芝川改修の進展による将来の計画的な開発を想定したうえで、暫定的に現状の緑地として維持し、③県道浦和岩槻線以北は、主要道路沿いはすでに宅地化が進んだこと、あるいは公共施設が随所に設けられたこと等をふまえた上で、妥当と認められるものについては開発を認めるものと解説される[17](埼玉県企画財政部土地対策課 1983: 140)。

さらに、一九六八年に従来の都市計画法が廃止され、新しい都市計画法が定められた。これに伴い、見沼田んぼの遊水機能の保全と開発の規制を強めるために、一九六九年一一月の県政審議会で、更なる補足が策定された。ここにおいて、見沼田んぼ全域を市街化調整区域とすること、八丁堤以北県道浦和岩槻線及び締切りまでの間は、行政指導及び土地の買い取りにより緑地を保全すること、県道浦和岩槻線以北は、可能な限り緑地を保全する方針で、都市計画法及び農地法により規制することが規定された。見沼田んぼ開発の可能性については、今後の検討課題とされた。さらに、一九七一年には、見沼田んぼ全域が農業振興法に基づく農業振興地域に指定された。一九七五年一二月の埼玉県の関係課長会議で、見沼三原則における「緑地」を「治水上支障をきたさない永続的空地」と定義し、芝川改修計画に支障をきたさないこと、土地でも水面でも永続的に建ぺいされない空地であることが規定された。同時期、見沼田んぼの開発行為について三原則に抵触するかを審査する「見沼田圃開発規制審査会」が県土地政策課を事務局に設置された(埼玉県企画財政部土地対策課 1983: 140; 村上 1990: 62-64; 見沼土地改良区 1988: 832-834)。

三原則は一九六五年規定に加えて、一九六九年の補足、そして一九七五年の緑地定義によって完成した。重要なのは、治水開発である芝川改修計画の進展をにらんでいた点である。一九七六年に建設省が認可した芝川改修計画は、狩野川台風の被害を踏まえて策定されたもので、見沼田んぼに設ける洪水調節池の整備を柱とした[18]。計画された七つの調節池の総面積は二一〇ヘクタール、総容量は狩野川台風で見沼田んぼに湛水したのとほぼ同量の一〇〇〇万トンであった。しかし、実際に着工されたのは、見沼田んぼの北部である一九八二年に完成した第七調節池と、南部さいたま市緑区、川口市で建設が進む(二〇一八年八月現在)第一調節池のみである。これは用地買収に多額の費用がかかるためで、一九九二年段階において、完成目安とされたのは一〇〇年後となっていた[19]。

芝川改修計画が遅々として進まないなか、本来、公共セクターが担うべき治水は、三原則やそれに付随する規定によって、見沼田んぼの地権者である農家に委ねられた。一部の地権者は不満の声をあげた。

一九七一年に米の生産を制限する減反政策が本格的にはじまった。これを受けて見沼田んぼ内の各地では、水田から畑地への転換を主たる目的とする圃場整備が行われた。一九九一年度末の段階で県営水田転換特別対策が四地区、二八三・一ヘクタール。団体営土地改良総合整備事業が七地区、二〇一・九ヘクタール。両事業の合計一一地区、四八一ヘクタール。見沼田んぼ全体の三分の一以上の土地が圃場整備されたことになる。事業に関わる費用は、農道の整備、農村環境整備など関連する事業を含めて合計で九一億円に達した。それまでの圃場は、代用水から排水である芝川・加田屋川にむけて短冊状に細長く延びていた。幅は狭いもので一・五間（約二・七二メートル）、広いものでも（九・一メートル）であり、それが用水から排水まで数百メートルの長さで伸びていた。機械を入れるのも難しく、労働効率は悪かった。圃場整備によって長方形の畑地に転換した農家は、消費地に近い強みを考えて植木や施設園芸による花卉・野菜栽培をはじめた。[20]

見沼第一土地改良区理事長をつとめた石川喜八郎によれば圃場整備は、客土すると水を溜める機能が薄れるため、道路も畑も土を寄せ集めて作った。彼が地域の古老に聞いたのは、次の言葉だった。「見沼の土地改良をやっても開発だけはするなよ。われわれの先祖は見沼のおかげで暮らしてきた。先祖にそむくようなことはするなよ、見守れよ[21]」。

今、見沼田んぼを歩くと植木畑が多く、福祉農園の周辺も植木畑である。この風景は、狩野川台風とそれによって策定された見沼三原則、そして国の減反政策に直面し、この土地に生きる人びとが土に根ざして生きていくなかで生み出したものである。

開発と保全をめぐるせめぎ合いから、保全・活用・創造の基本方針の策定へ

一九八〇年代半ばになると、見沼田んぼの開発規制を緩めるため、三原則の見直しを求める声が高まっていった。

その背景には従来からあった芝川下流のための治水を、見沼田んぼの地権者である農家にのみ委ねることへの不満があった。減反によって畑作への転換を迫られるなか、後継者がいない、土地の耕作条件が悪いといった理由で耕作放棄地が広がっていった。そこに不法投棄がされ、産廃置き場になるといった問題が一九八〇年代に入る頃から深刻な問題となっていった。そんななかで、見沼田んぼの地権者で構成する「見沼総合対策協議会」は一九八六年一一月、県に対して、①見沼三原則の撤廃、基本的治水対策の確立、②見沼の総合対策と農業以外の有効な土地利用を図ること、③都市農業の振興と農業のもつ社会的役割の思い切った施策を要望した。[22] 要望書提出の背景には、農家の見沼保全政策への不信があった。見沼田んぼの農家は治水の担い手になっているが、冠水被害についても、農業共済組合や県の補償・補助は他の農地と変わらず、固定資産税・相続税の優遇などの代償措置はなかった。三原則補足で土地の買取りに言及しているが、実際には一箇所も買取りが行われていなかった。水田や転作作物も、人件費の高騰等があってなかなか収入が上がらないなか、実際に農地で汗

をかくことのない都市住民が緑を残せと声を上げていた。[23]

このような地域内部の声の一方で、規制緩和を求める外部の声も高まっていった。一九八二年に発足した中曽根康弘内閣は規制緩和、民活、民営化を推進した。同時に、一九八五年のプラザ合意によって円高不況に陥るなか、日本銀行は公定歩合を引き下げ、それが土地ブームを引き起こした。[24]土地の投機ブームが起き、見沼田んぼ周辺地域の地価が高騰するなか、いつしか県庁内部から見沼田んぼにゴルフ場を作る構想が生まれていった。

埼玉県では一九八一年から、見沼の土地利用状況、仮登記の農地の状況などの調査が行われ、一九八二年には「見沼田圃保全方策策定に関する調査——その基礎的検討」がまとめられた。一九八三年に埼玉県は、県、関係三市(浦和、大宮、川口)、学識経験者からなる「見沼田圃保全検討委員会」を設置した。[25]二年間の検討を経て、見沼田んぼを農的な土地利用を中心とした大規模緑地空間として保全・活用する」という報告書をまとめた。[26]これらの調査・検討の結果をもとに、一九八六年六月に県の委託を受けた財団法人埼玉総合研究機構(以下、埼総研と略する)が「見沼田圃土地利用基本計画策定調査報告書」を作成し、緑の保全を重視した見沼田んぼ保全の基本計画の素案をまとめた。ここにおいて、緑の保全が重視されるとともに、三原則が行政による「規制」にのみウェイトをおき、地権者である農家の負担に頼ってきた現状を反省し、財政を含めた行政の支援、指導による保全を目指した[27](北原 2009; 村上

1990: 79-82, 96-97)。

しかし、知事と企画財政部は規制緩和に急旋回していった。一九八六年一〇月、企画財政部は「県案」として「見沼田圃土地利用方針案」を、関係三市及び地権者代表などに提示した。そこで示されたのは、従来、遊水機能を保全していた盛土規制を緩和するほか、圃場整備ずみ地域での農地転用基準を緩和し、個々の開発を容認するなど、見沼三原則による開発規制の骨抜きを図るものであった[28](北原 1987)。畑知事も埼総研がまとめた素案を、「書生論」であり、「(今後の県の政策が)拘束されることはない」と断じ、ゴルフ場開発への意欲を見せた。[29]そして「見沼田んぼの北半分は開発容認、南半分は、ゴルフ場開発を中心として緑地を残す」という方向での見直しがはじまった(北原 2009; 見沼・風の学校事務局 2007)。

これに対して、水害リスクの高い芝川下流域の川口市は強い反発を示し、市議会は全会一致でこの基本計画案の撤廃要望を決議した。県庁内でも国庫補助金の交付を受けても圃場整備された優良農地の開発は認められないとする農水省の後押しも受けた農林部や、治水対策に責任をもつ土木部から強い反発が起きた[30](北原 1987)。

そんななかで、見沼保全を目指す市民/都市住民も動きはじめた。一九八四年、浦和市が見沼代用水東縁沿い国昌寺北側にある斜面林に市立霊園の造成を計画した。行政主導によって見沼田んぼと周辺地域の開発が進んでいくことに危機感をもった人びとは、墓地計画の反対運動をはじめ、計画を白紙撤回させた。この運動によって守られた斜面林は、一九九二年に埼玉県が助成して設立された「さいたま緑のトラスト基金」が取得し、今も保全されている。[31]

この運動がきっかけとなって、見沼田んぼを愛する会(以下、愛する会と略する)が結成された。メンバーは「見沼田んぼを愛し、その価値を市民に知らせる」という思いを共有し、研究者や市議会議員、写真家、学習塾主催者など様々な背景をもつ人たちによって構成された。会長の白井法は、埼玉県庁在職中に環境部長などの要職にあった人物である。愛する会は、結成後、見沼代用水の三面護岸工事の問題やごみ最終処分場建設の問題に取り組んだ。[32] 見沼田んぼの存在を多くの人びとに知らせるため、見沼田んぼの情景を撮った写真展や、見沼田んぼの新米を食べる会、見沼サマーキャンプなどを開催した。私の父は愛する会のメンバーであり、小学校低学年だった私は、兄妹や友人たちと一九八六年に初めて行われた見沼サマーキャンプ(浦和市上野田のさぎ山記念公園青少年野外活動センターで開かれた)や、同年一一月二三日に上野田自治会館で初めて開かれた見沼田んぼの新米を食べる会に参加した。

一九八五年、愛する会は、埼玉県野鳥の会や、生活クラブ生協など関係一〇団体と合同で、「子どもたちに残そう見沼田んぼ!」をスローガンに、見沼田んぼ保全を県知事に呼びかける署名を集めた。四万四〇八人に及ぶ署名は、同年一二月一三日に知事に届けられた。[33] さらに翌一九八六年、乱開発案ともいえる企画財政部の見沼田圃土地利用方針案が公表されると、これを阻止すべく県知事に対する緊急の申し入れを行った。

一九八七年二月二六日、「知事のふところ刀」と言われ、見沼田んぼのゴルフ場開発に道を開く「見沼田圃土地利用方針案」策定の統括責任者であった県企画財政部地域政策監の栗田三郎が、埼玉県大里郡江南町に建設予定のゴルフ場の開発許可をめぐってゴルフ場開発会社から賄賂を受け取ったとして逮捕された。革新系を基盤とし、清潔な県政をモットーにしていた畑知事は側近の逮捕によって、県議会多数派の自民党ばかりではなく、社会党、共産党からも追及を受けた。これに対して見沼田んぼを愛する会は、栗田が中心となって策定し、ゴルフ場開発に道を開く「見沼田圃土地利用方針案」についても同様の疑惑があるとして、その廃棄を知事や企画財政部長らに対して求めた。[34] この汚職事件のなかで、県庁内の見沼田んぼのゴルフ場開発熱は急速にしぼんでいった[35](見沼・風の学校事務局 2007：29)。

見沼三原則に変わる、新たな見沼田圃土地利用方針を審議するため、一九九一年一二月、見沼田圃土地利用協議会が開かれた。メンバーは、埼玉大学教授の窪田弘を会長に、関連三市の助役、市議会代表、農協組合長、土地改良区長、地元地権者代表、学識経験者、そして環境保護団体の代表の計二二名だった。この協議会は、見沼田んぼをどうするのかを行政が一方的に決めるのではなく、地域の住民が中心になってあり方を決めていく実質的な議論をするために設立された。協議会の議論の内容は逐次公開された。これまで同じテーブルにつくことのなかった人びとが議論を繰り返すなかで、合意点が探られていった。そんななかで、例えば地権者は開発規制の撤廃に積極的であるという保全派の市民の思い込みも変わっていった。開発容認派もいる一方で、先祖伝来の土地を守り、農業を継続し、急激な変化を望まない人びとも確実に存在していた（見沼・風の学校事務局 2007; 見沼・風の学校事務局 2009; 村上 2003）。見沼の農業はほかの地域に比べて恵まれているという認識も、県の担当者のなかにはあった。県の調査によれば収入、後継者、土地整備とすべてが県の平均をはるかに上回っており、これは東京から二五キロ圏という立地を活かして、花や植木、野菜など市場評価の高い作物を導入し、市民農園の経営も取り入れてきたからだと分析されている[36]。

　農家は一枚岩ではなく、一人ひとりがそれぞれの考えをもっている。私の父である猪瀬良一は、見沼田んぼを愛する会が見沼田んぼの新米を食べる会をはじめたときに、米を譲ってくれる農家を探していた。当時は食糧管理制度があり、米を直接買うことができなかった。その時に出会ったのが、後に見沼田圃土地利用協議会メンバーとなる地元農協の組合長だった。彼は開発容認の急先鋒と見られていた。そんな彼が、父に見沼田んぼで稲作をしている人を紹介してくれた。話題が見沼田んぼ保全に及ぶと、「世の中変わるんだ」と開発を認める意見を語った。しかし、話し込んでいくと、組合長は見沼田んぼ周辺で開発が進んでいる地域では親子喧嘩が絶えないという話をした。そして。「重々しいのはいやだ。こっちは、ゆったり暮らしているのだ」と語った。そのとき初めて、父は組合長が地域のなかで暮らしながら、これまで続いてきた暮らしを守ろうとしていることを知った。保全運動が見てきた、ただ開発を求める地権者像とは違っていた(見沼・風の学校事務局 2009: 22)。

一九九二年に県知事が革新系を母体とする畑和から、保守系を母体とし、参議院議長を務めた土屋義彦に変わった。環境庁長官も経験した土屋は、一九九三年四月に県内の新規ゴルフ場の立地申請を一切受け付けないという方針を打ち出した。[37] 見沼田んぼについて開発容認の姿勢はとらず、大規模緑地空間として保全・活用するものとした。

見沼田圃土地利用協議会は、一九九五年に、四年におよぶ議論を経て、埼玉県、浦和市、大宮市、川口市によって見沼田んぼ全域を農地・公園・緑地等として恒久的に保全していくことを基本とする「見沼田圃の保全・活用・創造の基本方針」を策定した。見沼田んぼは治水機能だけでなく、首都圏のなかで貴重な緑地であること、効率的・安定的に農業経営が行えるように整備していく場であることが確認されていった。そして、見沼田んぼの保全・活用・創造の基本的方向として、「見沼田圃を人間の営みと自然が調和を保つ地域として、また、市街地に隣接した緑豊かな空間として、効率的・安定的に農業経営が行える場として整備するとともに、ライフステージに応じた自然とのふれあいの場として整備するなど、治水機能を保持しつつ、農地、公園、緑地等として土地利用をはかるものとする」ことが明文化された。

ここで、農地、公園、緑地「等」となっている点は重要である。当時、埼玉県企画財政部土地政策課長として基本方針の策定にあたった稲葉喜徳によれば、「グレーゾーン」として敢えて残し、そのときどきで必要な審査をすることを制度化することで手続き上の担保を行い、見沼田圃土地利用協議会の合意を取り付けたとする(見沼・風の学校事務局 2009: 18-19)。実際、基本方針について重要な案件については見沼田圃土地利用連絡会議の議論を経た後に、見沼田圃土地利用審査会の意見を踏まえて審査するという手続きになっている。地権者のなかには、「緑地等」のなかにゴルフ場を含めるという声もあがったが、県の担当者は実際にゴルフ場を計画するには、関係する地権者すべての同意が必要であり、後継者がいて、営農意欲も高い地権者もいる以上、実現はむずかしいとしている。[38] 国や県による、見沼田んぼや農業をめぐる政策転換に対応しながら、この土地に根ざして営農活動をしている農業者の存在が、ゴルフ場開発の歯止めの一つになったのである。

地権者である農家に対する開発規制の代償として、農地を公有地として保全するための公有地化基金も作られた。県と浦和・大宮(浦和・大宮は二〇〇一年から与野市を含め合併しさいたま市)・川口の三市が一二八億円を供出した。[39] この基金を基にしてはじまった「見沼田圃公有地化推進事業」において、農地を公有地として買取る条件は、「具体的に土地利用申出がされているもので、諸法令により許可を受けられる見込みがあるにもかかわらず、基本方針により土地利用を著しく制限され、土地所有者の希望を達成することができない場合」、および「相続の開始などにより基本方針にそぐわない土地利用が行なわれるおそれがある場合」である。一方、借受けの条件は、「耕作放棄等により荒れ地化した農地で、農家の担い手不足等のため、適正な管理が見込めない場合」である。[40]

都道府県が農地を取得して、道路や公園、学校にするケースは多く存在するが、農地を農地のまま保全するために取得するのは公有地化推進事業が全国で初めてであった。見沼田んぼを巨大な公園にして保全する場合、農地からの転用が必要であり、用地取得に多額の費用がかかる。また公園の敷地に入る／入らないで、地権者がもっている土地の価値にも大きな格差が生まれるばかりか、投機目的の取得も広がることになる。一二八億円の基金をもとに、地権者が耕作できなくなった土地の買取りや借受けを行い、農家ではない都市住民の力も借りながら農的な活用を図るものである。[41]そのため公有地は点在する形になり、大規模な土地に集積できないが、その土地と活用する団体の特性によって全体としては多様な農的実践が生まれることになる。実際、市民団体や農業振興公社によって水田やソバの栽培、市民農園の開園、景観作物の植え付けなど、公有地は様々な形で活用されている。二〇一八年四月一日現在、公有地として買取った土地が二四・七ヘクタール、借受けが七・一ヘクタールで、合計が三一・八ヘクタールとなっている。[42]

私たちの活動する福祉農園も、この公有地化推進事業によって実現した。

見沼田んぼ福祉農園の開園
——シュレッダーの手前、荒地からのはじまり

「見沼田んぼに福祉農園を作る」という要望は、二つの源流をもつ。

一つは見沼田んぼを愛する会に代表される見沼田んぼを開発から守る運動である。もう一つは、障害を理由に、保育所や学校から排除されることなく、あたり前に地域で暮らすことを目指す「普通学級就学運動」であり、「共育共生運動」であった。その中心を担ったのは、私の母である猪瀬佳子が仲間たちと作った「誰もが共に生きる地域をめざす ぺんぎん村」だった。彼女たちは、子どもたちの活動の場として見沼田んぼと出会い、そのうちに保全運動にも合流していった。そのなかで、私の家族や友人など、障害のある子やその兄弟姉妹、友人たちも見沼キャンプや、新米を食べる会などのイベントに参加していた。

見沼田んぼの保全に障害のある子どもたちが参加したことは重要である。ぺんぎん村のメンバーたちは見沼保全運動にも、障害のある人もない人も地域で共に生きる理念を広めたいという想いをもっていた。それは、見沼田んぼで活動する市民に、障害の有無を超えた共生を訴えるものであったとも言える。たとえば、一九八七年に浦和市野田の見沼田んぼ斜面林にある白鷺記念公園で開かれた第二回見沼キャンプには、ぺんぎん村のメンバーで、重度の知的障害のあるT君（当時一七歳）が参加していた。当時の彼は要求が通らないと、ものを投

げる、家具を倒してしまうということがあり、両親は疲弊していた。ぺんぎん村では彼と彼の家族を支えるため、見沼キャンプを彼とじっくり付き合う場と位置づけていた。キャンプに一人で参加した彼は、なれないキャンプ生活、そして母親のいない生活に戸惑い、延々と自分の要求を大きな声で叫び、夜も眠らずテントの外に出てしまう。キャンプに参加した人たちは、ぺんぎん村のメンバー以外の人びとも含めて、彼と向き合い、二日間を過ごした。見沼田んぼを愛する会で活動するキャンプの実行委員たちも、彼を排除せずに向き合った。小学三年生だった私の幼なじみは、彼に「どうしてわがままばっかりいうの、だめじゃないの」と怒鳴り、その姿を見ていた青年は前の晩大人が一晩T君と付き合う姿を見ていたこともあり、「そんなに怒鳴ったってわからないよ。びっくりするだけだよ」と助言した。それを聞いた私の友人は、「ウンやさしくすればいいんだ」とT君と手をつないで散歩に出かけた。[43]

一九八六年一二月、「ぺんぎん村」は埼玉障害者福祉研究会らが作る国際障害者年・サイタマ五年目のつどい実行委員会の構成団体として、見沼田んぼ内に放置された不法盛土の上に、障害者福祉会館(現埼玉県障害者交流センター)を作るという埼玉県の開発計画について、「福祉の名を借りた乱開発を許さない!」とする知事への申し入れを行った。以下はその抜粋である。

表３　公有地基金の推移

（単位：100 万円）

		平成９年度	平成 11 年度	平成 21 年度	平成 29 年
		(1998 年３月末)	(2000 年３月末)	(2010 年３月末)	(2018 年３月末)
各団体の拠出額（累計）	川口市	680	1,360	1,700	1,700
	さいたま市	1,360	2,720	3,400	3,400
	埼玉県	6,700	7,550	7,710	7,710
計		8,740	11,630	12,810	12,810

平成 14 年度以降の新規積み立てはない。

表４　公有地の利用状況（2018 年４月１日現在）

１　埼玉県農林公社への管理委託	
就農予備校研修農場	2.2
体験農園	0.6
花畑等	1.7
除草等継続管理	7.1
見沼ふれあい農園（市民農園／５ヶ所）	0.9
見沼農業センター	0.1
合計	12.6
２　市民団体による農地の管理委託・利用状況	
見沼ファーム２１（水田の体験農園）	2.4
見沼福祉農園推進協議会（見沼福祉農園）	0.8
見沼田んぼくらぶ（見沼田んぼ普及啓発）	0.5
グラウンドワーク川口（みぬま自然学校）	5.5
地域人ネットワーク（菜の花農業体験教室）	0.3
見沼保全じゃぶじゃぶラボ（見沼保全不耕起田んぼ体験）	0.3
見沼田んぼの花と実りと自然を青少年とともに楽しむ会（ソバづくり体験）	0.3
INAKA　PROJECT（花いっぱい農業体験）	1.1
合計	11.2
３　さいたま市の利用状況	
合計（三浦運動公園、三崎公園など）	2.2
４　農業者の貸与	
合計	5.0
５　利用調整中	
合計	0.8
総計	31.8

不法盛土による自然破壊と、洪水による周辺住民の生命財産を脅かしかねない遊水機能の破壊。こうした条件を前提に障害者福祉会館の建設が行われるのだとしたら、障害者福祉の名の下に埼玉県は自ら乱開発の尖兵になることになります。障害者福祉とは、障害者を社会から隔離して保護することではなく、障害のあるものも、ないものも共に暮らしていける環境を作っていくことにほかならないからです。私たちは、この計画の全面的な見直しをお願いしたいと思います。

埼玉県障害者交流センターは建設されたが、この運動の成果もあって、地下には貯水用のプールが作られた。

やがて、ぺんぎん村として、あるいは私の家族として見沼田んぼのなかや隣接する農地を借りて、畑もはじめた。ぺんぎん村としてはじめて借りたのは、見沼田んぼ内の川口市行衛にある見沼自然の家のすぐ脇一〇〇坪ほどの土地だった。一九八五年に行った見沼田んぼへのハイキングで地主を紹介され、その好意で借りたこの畑は結局長続きしなかった。私の印象に残っているのは、片柳にあった畑だ。父の仕事仲間の関係で借りた畑に、私は兄や妹、友人たちと一緒に通った。父と友人は二メートル近い深さの穴を掘り、そこに材木を渡して簡易の小屋を作った。兄は父の穴掘りを手伝い、そこでスコップの使い方を覚えた。まだ小学生だった私は、手伝いはそこそこで、後は畑とその周りを友人たちと遊んで過ごした。当時の片柳は、見沼田んぼと同様に小川が流れて、雑木林も残っていた。農機具はホームセンターで買った小さな物置にしまっていた。桃やカキなどの果樹も植えた。冬には、クズなどの雑草が茂っていた畑で野焼きをした。父は焚火が好きで、いつも火を熾していた。そうやってはじめた畑は、何年もしないうちに道路の拡幅工事があって、借りられなくなった。

ぺんぎん村は、見沼田んぼのなかに耕作放棄地が多くある現実を知るなかで、地権者と話し、資金を準備して農地取得にむけて活動してきた。やがてぺんぎん村のなかに、障害者のための農園ではなく、「誰もが共に自然とふれあい、農を楽しみ、人と出会い、関係を広げていける場、そして障害をもつ人びとの自立の足がかりとなりうる場というイメージ」で福祉農場の構想が生まれた。同時に、個人や団体として土地の取得をしようとしても農地法の規制があり、県や市の協力が不可欠であると考えられるようになった。そして一九八六年一一月に、ぺんぎん村として、「障害者や高齢者が工場のなかなどで低賃金の単純労働にのみしばられるのではなく、都市に隣接した緑の見沼田圃で、生産活動に加わり、豊かな実りの緑の見沼田圃を守る担い手となれるよう」、「見沼田圃に障害者や高齢者が学び働き遊ぶことのできる福祉農場を設置してください」という要望書を、県知事、県生活福祉部長、農林部長、企画財政部長宛に提出した。[44]

要望書には次のように、耕作放棄された土地を障害のある人とない人、そして人間以外の生きものが共生する場に変えていくという思想が示された。

（ぺんぎん村）の運動をすすめるなかで、「緑」＝自然を守り、草や木々・鳥や昆虫・小動物などを守り愛することは弱者の立場を守ることにつながっているということがわかりました。このため昨年見沼田圃保全の署名運動にも参加し、今後も障害者団体としての立場から積極的に関わっていきたいと考えています。しかしながら、ただ外にむかって自然を守れというだけでなく、具体的に何をしていくことが、自然を守り、かつ障害者と私たちが共に生きることになるかを考えた時、障害者やその家族が農業と触れ合い、学び、生産し、遊び、集える「福祉農場」ができればと願っておりました。

この要望書に、何の返信もないままに一〇年以上が経った。

公有地化推進事業がはじまる頃に、埼玉県総合政策部土地水政策課担当者がこの要望書をたまたま手にした。そして、見沼田んぼ福祉農園は実現することになった。

以下、当時の埼玉県総合政策部土地政策課専門調査員で、公有地化推進事業をはじめる際に尽力した沼尚司の証言である。

福祉農園を作ろうと思ったのは、平成一〇年四月頃から借りはじめて、夏ごろに六ヘクタールほど公有地化できた時でした。公有地化した農地の活用を考え、市民農園や福祉農園として活用することにしたのです。

偶然、部屋の片隅から「見沼田んぼ福祉農園構想の図」が出てきた。そこで、どんな福祉農園を作ったらいいか聞いてみようということで、県庁に猪瀬さん（筆者注　私の父で、福祉農園代表になる猪瀬良一）に来てもらいました。

その後一二月に、浦和市を拠点に活動する福祉団体に呼びかけて、福祉農園の説明会を企画しました。当時、浦和には三二の福祉団体がありました。全ての団体に通知を出したのですが七団体しか来てくれなかった。私はどうしても福祉農園をやりたかったので「私の思いを叶えてくれ」と涙ながらにその場で訴えのです。

私が突然泣き出したので困ったのだろうと思うのですけれど、猪瀬さんが「沼さん、大丈夫だから。みんな、分かっているから」と。そういうことで福祉農園がはじまったのです。（見沼・風の学校事務局 2005: 20）

浦和市内の障害者団体に呼びかけが行われ、参加表明した団体によって見沼福祉農園推進協議会が作られた。そして。見沼田んぼ福祉農園は一九九九年五月に開園した。

農園になった土地は、もとは荒地だった。台風が来ると水が溜まる耕作の条件の悪い場所で、地権者の管理は追いつかなかった。雑草が生い茂り、無数のごみが不法投棄されていた。見沼田圃公有地化推進事業によって開園が決まると、県の担当者はトラック数台で不法投棄されたごみを撤去した。開園前の冬、更地になった土地を歩くと、酸性土壌を好むアカネがあちこち生えていた。交流スペースのために芝生が張られ、木が植えられた。植え付けを待つ畑に生えるアカネの姿は、これからはじまる草との長い戦いを予感させた

■注

1 一九六〇年代半ばから七〇年代にかけて水田整備率が上昇し、反対に農作業における労働時間は急激に減少した(井出 2012; 柏・坂本 1978)。

2 関東大震災後東京に近い工業地帯として発展していた川口は、埼玉県下ではもっとも早く人口の急増が起き、一九五〇年ごろからその対応に追われ、首都圏整備法で規定されるグリーンベルトの整備などままならない状態だった(埼玉県 1991:762-763)。

3 『埼玉新聞』1959.5.2 を参照。進藤兵はこの社会党埼玉県連の分析を批判し、三市の市長選挙が、岸内閣が進めていた教職に対する勤務評定の導入、小選挙区法の成立、警察官職務執行法(警職法)改正、日米安保条約改定に反対する地域共闘的とりくみの一環として闘われた記録はないとする(進藤 2010: 75)。

4 一九六七年には、東京都でも美濃部亮吉が知事に当選する。

5 『埼玉新聞』1959.5.2 および 1969.9.27 を参照。

6 以下秦明友についての記述は、埼玉新聞記事(1963.4.2; 1964.2.14; 1971.4.19)および下記文献を参照(秦 1970; 秦 1974; 第五特設鉄道工作隊行動記編集委員会 1977)。

7 一九五九年の市長就任一ヶ月後のインタビューで、秦は「市政というのは直接地元につながっている問題が多いので政党が違うからといってそうむやみに反対できるものではありません。市会議員も地域代表的な性格を帯びていますから、道路とか、学校とかいう問題で地元の利益に反して反対することはできないでしょう(『埼玉新聞』1959.6.7)」と語っている。

8 『埼玉新聞』1969.9.27 を参照。なお、県都浦和市では本田宗一が二期市長を勤めたあと、一九六八年に代々続く米

穀商で自民党公認の相川曹一に破れている。一九八〇年まで続く秦市政、および一九八三年まで続く与野の白鳥市政と対照的である。

9 市民の森・見沼グリーンセンターは当時の大宮市の施設として一九七九年に開園した。ここに開設されたリス園が大宮のマスコット的存在になり、後にサッカーチーム「アルディージャ大宮」のマスコットのモデルとなった。

10 浦和市の人口の六二％が居住している特別清掃地域で一日に想定されるし尿は四六五・六七一石であり、一四人の取り扱い業者がほぼ全量を処理していた(浦和市 2001: 184-185)。

11 農家還元が浦和でなくなったのは、一九六六年である(浦和市総務部行政管理課 2001: 187)。

12 大宮市し尿処理問題についての記述は『埼玉新聞』1977.6.2、1977.6.4、1977.6.5、1977.6.16、1977.7.21、1977.8.6、1977.8.10、1977.9.2、1977.9.4、1977.9.9、1977.9.14、1977.9.22、1978.3.12、1978.3.14、1980.4.23、1980.4.25 を参照。

13 『埼玉新聞』1978.2.16 および 1979.10.13 を参照。

14 以下の資料、および『埼玉新聞』1992.2.11 を参照(埼玉県企画財政部土地対策課 1983; 村上 1990)。なお、当時川口市に住んでいた村上明夫によれば、川口市内の水は一週間以上ひかなかったが、浦和市内には浸水の被害は出ていなかった(村上 1990: 60-61)。朝日新聞によれば、九月三〇日朝に元郷町三丁目、領家町の一部をのぞいて水は引いた(『朝日新聞』1958.9.30)を参照。

15 たとえば、埼玉新聞は一九六四年に「悪徳不動産」にだまされて見沼田んぼ内の大宮市上山口の土地と購入した男性の証言を報じている(『埼玉新聞』1993.4.20)。同記事によれば、上山口水田で一九九一年九月一九日の台風一八号によって床上浸水したのは三四軒、床下浸水はこの世帯をふくめて二六八軒(全世帯数は三〇七軒)である。また、大宮第二公園にある第七調節池竣工後も下山口新田の見沼田んぼ内にある住宅は、床下以上の浸水が毎年襲ってきたとしている。

16 『埼玉新聞』1992.2.11 によれば、栗原知事の発言は『見沼三原則とその制定の経緯』の資料に記録があるとされる。なお、栗原は一九七一年に埼玉県がシンクタンクに委託してまとめた、調節池の沿岸にニュータウンを建設する「芝川上流水田地域土地利用基本構想」についても、「あそこはそのままにしておこう」と拒否をしている(『埼玉新聞』1992.4.2)。

17 一九六五年五月の県政審議会では、首都圏整備法の一部改正と、近郊整備地帯の整備に関する法律の施行等のため、見沼田んぼの開発方向が決定されるまで、暫定的に、「1、大宮駅から二キロメートル、与野駅から一・五キロメートルの開発をしても比較的支障の少ない地域については、農地の転用を検討する。2、その他の地域については、昭和四〇年(筆者注　一九六五年)の七月三一日までに農地転用の申請を受理したものに限り、農地転用を検討する」という三原則補足を策定した。

18 他に、河道改修に加えて、新荒川放水路(一九六五年通水)、荒川からの逆流防止の芝川水門(一九七九年完成)ポンプ排水機場の整備で対応することが計画された。

19 『埼玉新聞』1992.4.7を参照。

20 減反政策が契機となって本格化した見沼田んぼの植木栽培は、見沼田んぼに近接する台地である川口市安行の伝統が活かされている(『埼玉新聞』1992.12.7を参照)。福祉農園では、農園近隣の植木農家である清水日出男さんに対する聞き取りを行っている(見沼・風の学校事務局 2009)。

21 『埼玉新聞』1992.4.15を参照。ただし、耕土を作るための「客土」が本当に行われていなかったかについては留意する必要がある(見沼学 2009: 17)。

22 『埼玉新聞』1992.2.11を参照。見沼総合対策協議会の会長は小築秀雄浦和市野田農協組合長で、会員は五八〇人だった。

23 『毎日新聞』埼玉版 1986.11.21を参照。同記事では、生産意欲のある農家にとって、開発規制が緩和されると、土地代が上昇し規模拡大ができなくなることが危惧されていると伝えられている。

24 プラザ合意によって円高不況に陥る国際情勢の中で、当時の政府は財政再建も志向していた。この二つの課題の解決のために、公定歩合を引き下げることで民間の活力を活性化し、内需拡大を図るという手法がとられた。リゾート法や民活法、規制緩和といった内需拡大のための諸政策が実施されるなかで、土地ブームがおき、やがてバブル経済に突入していった(野口 2014: 24-25)。

25 見沼田圃保全検討委員会の検討に資するため、見沼田んぼに関わる学識経験者、農業関係者、マスコミ、関係自治体職員の寄稿によって『見沼田圃論集』が一九八三年と一九八五年の二回刊行された(埼玉県企画財政部土地対策課 1983; 埼玉県企画財政部地域政策課 1985)。

26 報告書では、保全の方向として、「①個性ある地域づくりを進めるためには、地域の農的環境、及び身近な自然の価値を活かしつつ、その保全・活用を図っていく必要がある。②大都市圏において過密市街地に隣接して位置する大規模緑地空間としての見沼田圃の存在は、全国的にみても類例のないものであり、今後の地域づくりにおいてはこのような地域の固有性に基づく、個性ある地域づくりを積極的に進めるものとする、③見沼田圃のもつ地形的特性は、斜面林、水路の存在とともに埼玉のふるさと景観を構成しており、周辺地域の社寺等の存在と相俟って、個性ある地域づくりを象徴するための、文化、歴史性を内在しているのでこれらを活かした保全・活用を図る」としている。

27 当時、県の地域政策課にいた北原典夫の証言によれば、見沼田圃保全検討委員会の報告書がゴルフ場開発を企てる県幹部によって全面否定されたため、具体策の検討を避難港として埼玉総研に託した(見沼・風の学校事務局 2007: 22)。

28 基本方針案では、「見沼三原則補足」「同緑地規定」の廃止と、①東北本線北側、②東北本線から旧国道一六号まで、③旧国道一六号から県道浦和岩槻線まで、④県道浦和岩槻線から県道浦和越谷線まで、⑤県道浦和越谷線以南の五区分の土地利用方針が示された。このうち①②③では学校などの公共施設、病院などの公益施設の建設を可能とし、④⑤を含めた全域でドライブインなどの沿道サービス施設の立地を認めた。盛り土については、道路面から三〇センチを容認した。農地については、圃場整備事業を実施した地区では事業終了後八年経過したものについては、開発の対象になりうるとしている。以上は、『埼玉新聞』1986.11.5 を参照。

29 「見沼田圃　知事も開発に意欲　ゴルフ場を検討　「遊水機能低下せず」」『朝日新聞』1986.11.11 を参照。

30 土地改良の受益地転用に伴う補助金の返還要領では、「やむを得ない社会情勢の変化」などで土地改良された受益地を再び転用する場合、補助金返還上の例外規定がある。これは工事完了公告のあった日の属する年度の翌年度から起算して八年未満の受益地の転用を対象とするもので、整備計画案はここに抜け道を求めた。これに対して、農林部は「八年を経過すれば直ちに転用してよいものではない。土地改良は農振農用地域(農振法に基づく)に実施され、将来とも農業基盤として確保するために行っている」ものであり、農政の根幹に関わるとして譲らなかった(『埼玉新聞』1992.4.11 を参照)。

北原典夫は、「ゴルフ場の開発、農地に関する国の規制からみても、事実上無理でした。なぜなら、税金を投じて農地改良事業を行った優良農地のある見沼田んぼは、ゴルフ場のレジャー施設への農地転用は、まず一〇〇%、関東農政局が許可しないからです。二ヘクタール以上の農地転用の権限は、関東農政局にあり、農地転用の許可が出ないのは、皆知っていた」と証言している(見沼・風の学校 2007: 22)。

31 取得金額の約七億一六〇〇万円のうち、さいたま緑のトラスト基金が三分の二、浦和市が三分の一を負担した。公的なトラスト基金が土地を取得したのは、全国ではじめてのケースである(小林 1993: 55)。

32 一九七九年にはじまった埼玉合口二期事業は、見沼代用水を全域にわたってコンクリート護岸することで合理的に管理し、農業用水として利用されるものの余りを東京や埼玉県南地域の上水として利用することを目的に実施された。これに対して、『埼玉新聞』は一九八一年に「隔離される川」の連載を行い、用水と人とが作ってきた関係性がなくなることや、生態系への影響について警鐘を鳴らした。この連載が一つの契機となり、三面護岸工事に反対する運動が起った。その結果、現在、国昌寺北部の見沼代用水の一部区間が原型保存されている。

33　知事には、①農地、斜面林、用水、河川等見沼田んぼを特色づけている環境・景観の有機的一体性を損なわないこと、②都市の中の緑の空間としての自然度を現況より低めないこと、③見沼代用水の未改修部分（さぎ山付近、国昌寺付近、差間付近、氷川女体神社付近）を原形保存することが要請された。

34　「畑県政、汚職で大揺れ　幹部逮捕に衝撃走る　〝クリーンの看板〟打撃　緊急部局長会議で善後策」『埼玉新聞』1987.2.28、および『埼玉新聞』1987.3.1、1987.3.2、1987.3.3 などを参照。

35　ゴルフ場計画がなくなった後も、国昌寺北部など見沼代用水の三面舗装に対して原型保存を求める運動や、大宮市加田屋新田でのごみの最終処分場建設、浦和市のごみ処分場の建設反対運動などが見沼田んぼを愛する会や、見沼田圃保全市民連絡会、おおみや・市民の会、財団法人埼玉県野鳥の会などによって展開されていった（村上 1990）。

36　『朝日新聞』1993.3.2 を参照。この記事によれば、耕地面積が一ヘクタール以上あり、農業で自立しようとする意欲が高い農家に対して、県が一九九〇年度に実施した調査によれば、農業所得が一〇〇〇万円に達している農家が五八・一％（県平均二八・〇％）、そのうち後継者がいるのは三四・四％（県平均二二・六％）、農振農用地域のうち圃場整備がすでに施されているのは、九二年三月時点で六八％（県平均三七％）になっている。

37　土屋義彦のゴルフ場開発規制については、土屋本人の著書を参照（土屋 1997：120-122）。土屋はゴルフ場の新規受付を全面停止するとともに、既存のゴルフ場の無農薬化にも取り組んだ。

38　『朝日新聞』1993.3.3 を参照。

39　稲葉喜徳によれば、一〇〇億円の基金が実現したのはバブル景気の余韻もあって地方税収にまだ余裕があったからだという。もしこれが数年遅れていれば、これだけの基金は積まれていなかった（見沼・風の学校事務局 2009: 14）。

40　埼玉県ホームページ https://www.pref.saitama.lg.jp/a0108/minuma/908-20091216-173.html（二〇一八年九月一七日取得）を参照。

41　この基金は、「水と緑に恵まれた良好な環境の確保並びに環境保全に関する知識の普及及び地域における環境保全のための実践活動の支援等を図り、もってゆとりと潤いのある快適な環境を創造するために要する経費の財源に充てる」ために設置された、「さいたま環境創造基金」の見沼分として位置づけられている。

42 埼玉県総合政策部土地水政策課提供のデータより。なお、二〇〇八年三月末の段階では買取った土地が一九・四ヘクタール、借り受けが七・三ヘクタールで、合計が二六・七ヘクタールである。

43 『SSTKぺんぎん村通信』一八、二九、三〇号を参照。

44 具体的な要望として、「見沼田圃の遊休農地を借り上げ障害者や高齢者のための福祉農園を作ってほしい」、「福祉農園で農業を学び、生産し、集い、遊ぶことができるよう、必要な指導者、生産設備、集会所、レストハウス、広場などを作ってください(建物は見沼田圃の周辺の台地に作る)」、「借地料などに見合った費用は、参加する私たちにも負担する用意があるので、現在のレクリエーション農園のようなせせこましいものではなく、グループで〝生産活動〟ができるぐらいのゆったりした規模の農場を作ってください」、「耕作を希望するグループが、抽選方式などで落選させられたりすることがないよう何ヶ所も何十ヶ所も作ってください」、「福祉農園の周囲には草木や花木・果樹などでかこみ、見に来るだけでも楽しいような〝公園農園〟とすることができるように援助してください」といったことが記されている。
また、要望書提出にあたり、埼玉総合研究機構が示した「見沼邑構想」において、障害者・高齢者などのための福祉農園の設置が提案されていることを知ったことが大きな喜びであったとも記されている。なお、既に記したように埼総研の見沼保全に関わる構想は、開発規制の緩和に動く畑知事によって書生論と断じられて日の目を見なかった。

第三章　灰の記憶——越谷市の三・一一

中心のなかの辺境という問題

この章は、東日本大震災と原発事故が起きた年に、埼玉のごみをめぐって起こった問題を取り上げる。この時、私たちが出しているごみが地域のどこに集められているのか、そして最後はどこにもっていくのかが明らかになった。さらに、ごみが集められる場所の地域の歴史を掘り下げていくと、そこには肥沃な畑地や養鶏の盛んな地域としての姿が浮かび上がってくる。都市化と人口増加のなかで、畑や鶏の姿は見えなくなっていった。この一連の過程のなかに、第二部で論じる障害のある人の仕事と暮らしの変容も起こった。

東京電力福島第一原発の一号機が水素爆発した二〇一一年三月一二日から、首都圏で暮らす多くの人びとにとって、東日本大震災は地震や津波よりも放射能災害になった。次々と原発が爆発するなかで、放射性物質は広範囲に広がった。やがて首都圏にも及び、そこで暮らす人びとも被災の当事者であるという意識をもつことになった。原発への危機意識も強まった。より西へ避難する人びともいた。ガイガーカウンターは日常の物になり、シーベルトやベクレルといった言葉が人口に膾炙した。そんななかで見えるようになったものがあり、そしてずっと見えないままのものがあった。

この章が主に取り上げる埼玉県南東部、見沼田んぼから見ると東側にある地域は、千葉県北西部東京都北東部に広がる関東の「ホットスポット」を一部に含んでいた。放射性物質の存在は、人びとの不安をかきたてた。どこか遠くの土地を襲った災害について、安全な場所から同情する身振りは成り立たなくなった。自分たち自身が放射能汚染の被災者になったのだ。そんななかで、これまで見えなかった首都圏と東北の不均衡な関係が束の間に可視化された。それは首都圏に住む多くの人がこの国の開発の歴史を振り返り、本来ありうるべき姿を想像する契機となりえたかもしれない。しかし、結局そうはならなかった。あくまで「首都圏に住む住民」としてのみ放射能被害に向き合い、東北との不均衡な関係について考える契機は失われていった。

巨大都市は、その外側だけではなく、内側にも辺境／周縁を作る。

中央‐辺境という概念は実体ではなく、関係のなかで作られ、だから、「辺境」は地理的な意味での東京にも存在する(赤坂・小熊 2012: 3-5)。戦後、一極集中によって膨張する首都圏にとって、東北は外側の辺境として食糧・都市労働力・鉱物資源そしてエネルギーの供給地であり続けた。一方、し尿処理場、屠畜場、ごみ処理場、火葬場といった施設は、そこで行われる事柄の必然性から、首都圏の内側に作られた。外側の辺境が地理的遠さによってその存在を目立たなくされているように、内側の辺境は人があまり立ち入らない場所にされたり、人が目を背けるように否定的な意味づけをされたり、あるいは一見のどかな装いをまとわされたりしながら、いずれにしろ人びとが素通りするように開発されていった。そして内側の辺境と外側の辺境とされた場所を、まさに辺境に押しやる構造を見えなくしていった。

見沼田んぼも内側の辺境として位置づけられた。第二章で論じた市民の森や、し尿処理施設だけでなく、見沼田んぼ南部にあたるさいたま市緑区大崎には、クリーンセンター大崎というごみ焼却施設がある。[1] 見沼田んぼの加田屋川を遡って北端にある七里総合公園には、環境広場と称される、さいたま市のごみの焼却灰を埋め立てる最終処分場がある。[2]

この章において、外側の辺境とは東北に作られた最終処分場であり、内側の辺境とは東京の郊外に作られたごみ処理場である。そして、外側の辺境と内側の辺境が結託してしまう可能性をもった時間に着目する。

二〇一一年七月一一日——千葉県流山市のごみ焼却施設で排出され、秋田県大館市にある廃棄物処理場で処理される予定の焼却灰に、基準の三・五倍の放射性セシウムが含まれていたことが判明した。この事件が、廃棄物をめぐる、首都圏と東北との非対称な関係を可視化した(原山 2013)。

●東埼玉資源環境組合の飛灰問題

二〇一一年一一月、埼玉新聞は千葉県流山市に隣接する埼玉県東南部のごみをめぐる状況について、次のように報じた。

> 県東南部の五市一町で作るごみ処理の広域組織「東埼玉資源環境組合」(管理者・高橋努越谷市長)の第一工場(越谷市増林《ましばやし》)に、放射性物質の暫定基準値以下なのに運び出せないごみ焼却灰約二五〇〇トンが一時保管され、仮置き場が来年一月末にも満杯になることが九日、分かった。これまで焼却灰を埋め立てていた秋田県大館市の最終処分場が、県外からの受け入れを停止したためだ。このまま焼却灰がたまり続ければ、ごみ収集ができなくなる可能性も出てきた。組合は新たな処分場を見つけるため、交渉を続けている。
>
> 東埼玉資源環境組合は草加市、越谷市、八潮市、三郷市、吉川市、松伏町の五市一町(人口約八九万人)から排出されるごみを処理している。七月~一〇月の測定では、焼却灰の放射性セシウムは国の暫定基準値(一キログラム当たり八〇〇〇ベクレル)の半分以下の一キログラム当たり二五〇〇~三六〇〇ベクレルで埋め立てが可能な数値だった。

だが、同じ処分場を利用していた千葉県流山市が大館市内に基準値を超える焼却灰を運んだことをきっかけに、業者が七月一四日から受け入れを停止。そのため基準値以下でも焼却灰を搬出できなくなってしまった。同工場でごみを燃やす際に出る廃ガスに含まれる焼却灰は一日当たり約三〇トン。組合は灰を袋詰めにし、工場内の空きスペースに保管するという綱渡りの対策を取っている。

九日現在で一時保管されている焼却灰は約二四九八トン。工場内の車が走る通路脇や作業スペースにはシートに覆われた袋が所狭しと並ぶ。ごみ収集車を洗う場所さえも保管所としたが満杯となり、隣の堆肥を作る施設にまで仮置き場を拡張した。だが、ここも「一月末にはいっぱいになる」と担当者は頭を抱える。[3]

この記事によれば、東埼玉資源環境組合の担当者は、焼却灰を一次保管できるスペースが限界に達しつつあると認識しており、ごみ収集自体ができなくなるのを危惧していた。そのため大館市の業者に受け入れ再開を要望する一方で、新たな受け入れ先を探していた。住民に対して、放射性物質が蓄積されている草や枝などのごみの抑制をよびかけた。記事は、「最悪の事態を避けるため必死に努力している。国や県はこの現状を認識して、基準内であればきちんと受け入れるよう指導してほしい」という、担当者の言葉で結ばれる。

埼玉新聞の記事が報じるように、埼玉県東南部の市町村とそこに暮らす人びとは（この頃の首都圏の他の多くの自治体と同じように）混乱していた。東埼玉資源環境組合は、行く場を失った焼却灰をもてあまし、保管スペース探しに追われていた。住民は剪定した庭木の始末に窮していた。住民も担当者も、当初問題にされた千葉県流山の焼却灰と違い、自分たちの出す焼却灰が国の基準値以下であることを頼りに、受け入れ先の秋田県大館市の業者に対して、受け入れ再開を要請するとともに、国や県へ適正な指導を求めた。

　大館市の業者に対する国・県の指導を求める彼らには、大館市を含む秋田県北鹿《ほくろく》地域の人びとの姿は思い浮かんでいたのだろうか。国が基準として設定した廃棄物八〇〇〇ベクレル／キログラムが、原発事故後に受け入れ先の不安を無視して決定されたことを考えれば、基準値以下であるから受け入れ再開を要請することは、ごみを出す首都圏の住民・行政側のエゴとも断じられるだろう。

　このような状況のなかで、焼却灰の受け入れ先がなくなった問題について、同年一二月の埼玉県越谷市議会定例会において、一人の市議会議員が次のように発言した。

　飛灰の関係でございますけれども、今回の飛灰の問題は、もちろん原因は福島第一原発から飛んできた放射性物質ではありまして、特に越谷市の責任でもありませんし、また東埼玉資源環境組合の責任でもないということはもちろん言うまでもないというふうに思います。しかし、この飛灰問題のことが起きて、改めてこの地域のごみ処理の仕組みが循環型になっていないのだなということがよく見えてきたというふうに感じています。つまり焼却をすれば当然灰が発生をしまして、その灰というのはこの地域内では循環をしないのですね。つまり東北地方にもっていってお金を払って埋め立てをしてもらっているという構造が、なかなかふだんは意識していないのですけれども、自分たちの出したごみが遠く東北地方まで運ばれて、そこで埋め立てられているなんていうことは意識しないのですが、飛灰問題で改めてそれが可視化されたわけです。私たち首都圏の人間が大量生産、大量消費して大量廃棄した末に発生した危険な灰をお金を払って東北地方に引き取ってもらうということで、これは電力でいえば、電力を首都圏の人たちが大量に消費して、そしてそこの発電される原発のリスクとか、核廃棄物の処理なんかは東北地方にお金を落としてやってもらうというその構造と似たものがあるなというふうに今回改めて感じております。[4]

焼却灰のうち、飛灰とはろ過集じん機などで捕集した排ガスに含まれるダスト（ばいじん）であり、主灰とは焼却したごみの燃えがらで、焼却炉から排出される灰のことである。いずれも埋め立て処分される。主灰は高温で溶融してガラス質の粒状物質である「溶融スラグ」にされる。東埼玉資源環境組合には溶融スラグの埋立施設としてエコパーク吉川「みどり」（埼玉県吉川市）がある。エコパーク吉川「みどり」は、環境面において安定した溶融スラグのみを受け入れる。一方、飛灰の埋立施設は東埼玉資源環境組合内にはなく、大館の最終処分場に持ち込まれていたと考えられる。[5]

この議員の発言にあるように、原発事故とそれに伴う焼却灰の放射能汚染によって、埼玉県南東部の五市一町の住民は、自分たちのごみの焼却灰を、お金を払って秋田で処理してもらっていたという事実を知る。同時にこの議員は、そこに原発を地方に押し付け、発電した電力を首都圏が利用するのと同じ構造を見出す。単に受け入れ再開を要請するのとは違った認識が、ここでは示される。

●自区内処理の陥穽

事態はさらに別の構造を露わにしていく。翌日の議会では、前日の議員の質問を受けて、別の議員が、「自区内処理」という言葉を次のように質問する。

> 今回の原発事故をきっかけに、遠く秋田県まで毎日三〇トンもの飛灰を運んでいたことが白日のもとにさらされてきたというものでありました。この毎日排出される三〇トンの飛灰は、単純に計算すると一年で一万トンを超えることになりますが、これをどこに埋め立てるのか、自区内処理の原則から言えば、その半分ぐらいは越谷市でも埋めていかなければならなくなってまいります。そのとき、また増林に埋めてくれというので

は踏んだりけったりであります。どこか違った地区で引き受けていただきたいと思うところでありますが、さてその場合に、どこが引き受けてくれるのでありましょうか。[6]

埼玉新聞記事にもあるように、増林とは東埼玉資源環境組合の第一工場ごみ処理プラントが立地する土地の名前である。「増林の視点」から語っているというこの議員の発言は、次のように整理できる。自区内処理の原則に従えば、東埼玉資源環境組合に属する自治体内で処

図１　文部科学省
「放射線量等分布マップ航空機モニタリング」

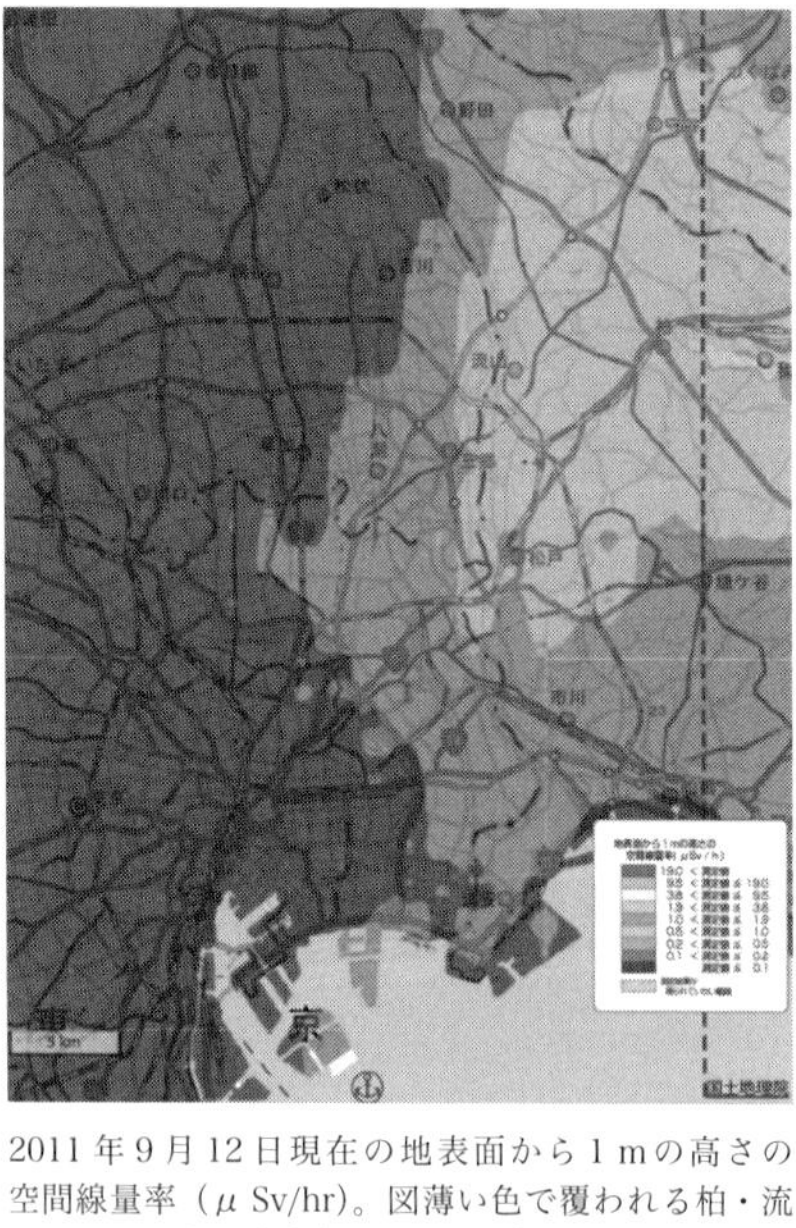

2011年9月12日現在の地表面から1mの高さの空間線量率（μ Sv/hr)。図薄い色で覆われる柏・流山、そして吉川南東部と三郷市（千葉県との県境エリア）が0.2～0.5。吉川中央部、三郷市の大部分が0.1～0.2。越谷市は0.1以下になっている。(http://ramap.jmc.or.jp/map/mapdf/ より作成)

理する必要がある。草加市柿木町の第二工場の建設が完了していないこの状況で、飛灰が増林にそのまま埋められてしまう可能性がある。つまり彼の発言は、ごみを出す側の自治体と受け入れる側の自治体の不均衡を是正するための「自区内処理」の原則には、自区内のなかにあるごみを出す側と受け入れる側の不均衡を再生産する構造があるのを明らかにする。

農村から郊外へ

●越谷の都市開発

それでは、増林と言われる地域にはいつからごみ処理施設が作られてきたのか。これを探るためには、埼玉県南東部が東京の郊外として急速に開発されていく過程を見る必要がある。

首都圏近郊の農村の一九六〇年以前の地形図と、一九七〇年以降の地形図を重ねれば、眼を疑う変化がある。農地だった場所が市街地に変わり、農業用水は暗渠となった。溜池は埋め立てられた。風景が激変するだけではない。風景がもつ意味すらも変わってしまった。生業が生み出してきたその土地の風景は、そんな長年の営為を読み取ることができない人びとが増えるなかで、更なる開発を待つ「未開発地」になるか、新しく住みついた人びとに癒しを与える「緑地」となっていった。

大都市やその周辺で第二次産業、第三次産業が大規模に展開されるようになり、そこで働く人びとは職場から交通の便の良い場所に住みついた。首都圏においては、中心から放射状に広がる鉄道に沿って、まず工場が、次に住宅地が、郊外へと広がっていった。その波は、東京都内から神奈川、そして千葉や埼玉へと広がっていった。埼玉県には東京の東部、西部からそれぞれ国鉄、私鉄の線路が伸びている。開発はまず川口・浦和・大宮に至る国鉄(現JR線)京浜東北線沿線地域に広がり、県西部の東武東上線、西武線沿線地域に広がり、やがて県東部の東武伊勢崎線沿線へと広がっていった。

増林のある越谷市は東京都心から三〇キロ圏内に位置し、東京から東北に向かう鉄道や道路が南北に走っている。国道四号線は東京から埼玉、栃木、福島、宮城、岩手を経て、青森を結ぶ日本一長い国道である。越谷市中心部を南北に走る伊勢崎線(現在、スカイツリーラインと通称される)は都内では北千住駅で東京メトロ日比谷線、曳舟駅では東京メトロ半蔵門線・東急田園都市線と乗り入れる。一方、東北方面では栃木県新今市駅で鬼怒川線になり、新藤原駅から野岩鉄道会津鬼怒川線と乗り入れ、福島に入り会津高原尾瀬口駅で会津鉄道会津線に乗り入れる。時代をさかのぼれば、奥州街道の三番目の宿場町が越ヶ谷宿でもある。越谷の開発はこの南北に走る鉄道と道路沿いになされ、次第に東西へ広がっていった。

越谷市域は埼玉県のなかで、県南部や県西部に比して開発が遅れた地域であった。東武伊勢崎線が一九六二年に日比谷線と直通運転することによって、東京都心への利便性は向上した。それまでは北千住で常磐線、浅草で銀座線への乗換えが必要だった。直通運転により銀座や霞ヶ関まで乗り換えがなくなり、上野、御徒町、秋葉原で山手線への乗り換えも可能になった。日比谷線乗り入れまでの伊勢崎線沿線の開発は一五キロ圏内の足立区西新井までに留まっていた。しかし直通計画が一九五七年に発表され、実際に着手されると沿線開発が活発化した。日本住宅公団が竹ノ塚、松原、武里にマンモス団地を造成し、民間のデベロッパーや不動産業者も住宅開発を活発に行った。宅地開発が手つかずの広大な農業地帯は、それだけ大規模な開発を可能にする余地を残していたのである。伊勢崎線の北千住駅から杉戸(後に東武動物公園と改称)駅間の沿線人口は一九六二年に五九万人だったのが、一九七〇年に九五万七〇〇〇人、一九八〇年には一二五万三〇〇〇人で二・一二倍になった。越谷と春日部だけをみれば、二〇年間におよそ四倍になった(越谷市 1972: 998-1025; 東武鉄道社史編纂室 1998)。

●ごみ処理場の立地過程

一九五四年に南埼玉郡越ヶ谷町、大沢町、新方村、桜井村、大袋村、荻島村、出羽村、蒲生村、大相模村、増林村が合併して生まれた越谷町は、一九五八年に市制を施行した。市の人口は一九六七年一一月に一〇万人を超えた。同年、国の首都圏整備計画構想が明らかにされ、首都圏三〇キロ圏内に位置する越谷は東京への通勤地域として明確に規定されるようになった（市制25年史刊行会 1985: 113）。当時、全国トップクラスの人口急増のなかで、越谷では保育所や学校、病院、保健所、道路、上下水道といったインフラの整備は追いつかなかった。当然、人口増加に対応できる規模や内容を備えたごみ処理場も存在しなかった。この頃、首都圏の中規模自治体は財政負担面もあり、ごみ処理広域連合を作り、共同でごみ処理場を設置するようになった（八木 2004: 108）。越谷市もこの流れに乗り、草加市、八潮町（後に市へ移行）、三郷町（同上）、松伏村と共同で、一九六五年に広域組合「埼玉県東部清掃組合」を設

図２　越谷市の概要

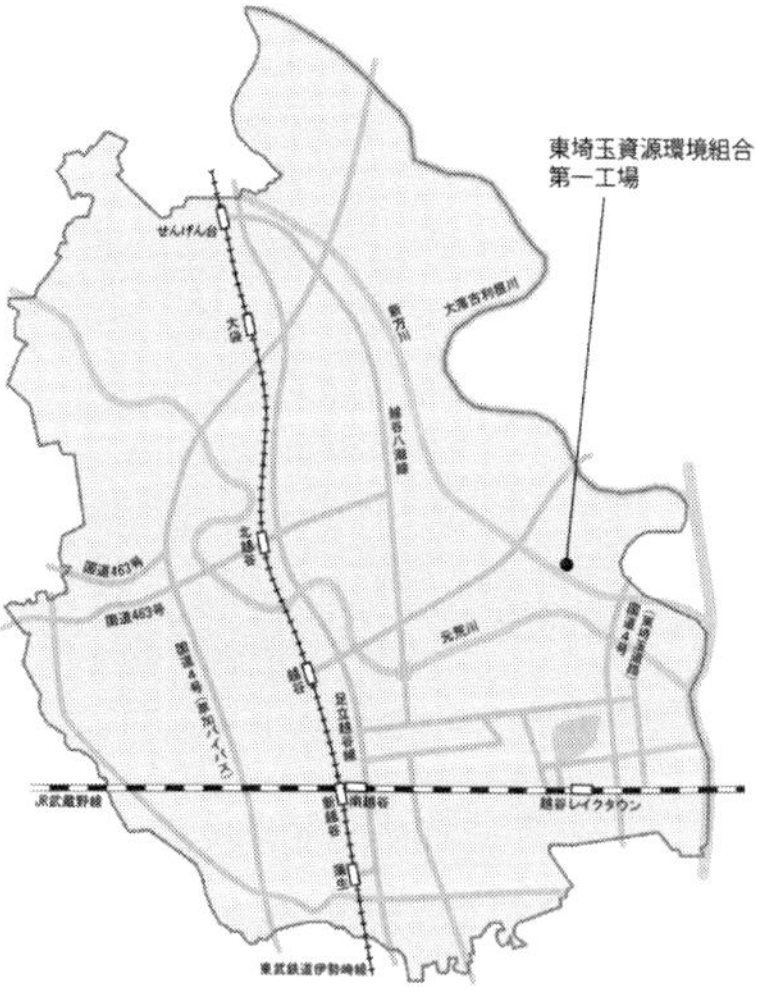

（越谷市ホームページ「越谷市の幹線道路、河川、鉄道路線の概略図」https://www.city.koshigaya.saitama.jp/kanko/kosigaya/index.files/koshigayaryakuzu.pdf（2016年12月20日取得）をもとに作成）

置した。組合はし尿処理場、ごみ処理場などを設置し、清掃に関する仕事を関係市町村が共同で処理した。第二章で八木信一の議論を参照に説明した大量廃棄社会の到来による問題は、越谷にも起こった。当時越谷市長だった大塚伴鹿は次の様に振り返っている。

> しかし、先にいったように、屎尿の処理も、遂に農家の自家処理だけにまかせておくわけにはいかなくなってきた。当地方の人口の急増のためではなく、自然肥料主義者の有吉佐和子さんが慨嘆しているように、農家が急速に人糞を敬遠して科学《ママ》肥料一辺倒となりはじめたからである。こうして近代的な清掃処理工場の建設が当地方でも必要欠くべからざるものとなってきたのである。
>
> 折から〝広域行政〟のキャッチフレーズのもとに、いくつかの市町村による共同経営がこの方面でも唱道されるようになってきた。そこで私が先達となって、草加・八潮・松伏はもちろん、中川を越えた三郷・吉川にも呼びかけて、都合六か市町村を一つにした東部清掃組合ができたのが昭和四〇年（筆者注：一九六五年）のことである。（故大塚伴鹿初代越谷市長の遺稿を出版する会 1995: 208-209）

実際にどこにごみ処理場を作るかは難問だった。大塚によれば、この問題を解決に導いたのは、旧増林村出身の市議会議員であった。

しかし、幸いに、市議会議員で増林土地改良区の理事長をしていた須賀定吉さんが地区内の萌坪というところを進んで提供してくれることになったので、どれほど助かったかわからない。それも地元民の理解ある協力があったればこそで、文字どおり頭を下げるほかなかった。ここは千間堀(新方川)に沿っていて排水にきわめて便利であったから、まさに打ってつけの場所であった。むろん改良区に対しては将来隣接地にグリーンベルトを作ることや綜合運動場を作ることなどを約束したほか、改良区の事業に対しても年々清掃組合から助成金を出すことにした。だいぶ後のことになるが、昭和五四年(筆者注:一九七九年)三月、須賀定吉さんの議員隠退の慰労会が催されたとき、私は須賀定吉さんや関係地区民の好意に感謝して増林の方角には足をむけて寝たことはないと挨拶をして、同氏の苦労を犒ったのである。私に言わせれば、越谷市民はもちろん、関係市町村の住民も、増林地区住民の恩恵と寛容さに対しこれを一時たりとも忘れてはならないと思うのである。(故大塚伴鹿初代越谷市長の遺稿を出版する会 1995: 208-209)

大塚は「千間堀に沿っていて排水にきわめて便利であった」と書いているが、水郷と言われる越谷には排水に便利な土地にはことかかない。むしろごみ処理場の立地した場所は、東武伊勢崎線から離れ、一九六〇年代からの人口増加と工場進出によってはじまった土地ブームから取り残された増林地区は、ごみ処理場をもっていくにうってつけの土地だったと考えられる。伊勢崎線沿線に近い増林地区の西部が次第に都市開発されていくなかで、増林地区の東部は伊勢崎線沿線からも遠く、都市開発が及ばなかった、元荒川、千間堀、そして古利根川の合流する地域である。[7]

一九六六年九月に着工した第一工場第一次ごみ処理施設は、一九六八年三月に完成し、一日最大六〇トンのごみ焼却処理をスタートさせた。県内では初の機械によるごみ収集が行われるようになった。その後、増林に一日最大三〇〇トンを処理する第二次ごみ処理施設が一九七三年に完成した。同年第一次ごみ処理施設の増改築も行われ一日最大一八〇トンの処理が可能になった。一九八五年三月には、草加市内に第二工場ごみ処理施設が完成した。しかし、ダイオキシン類の排出濃度が厚生省の定める「ごみ処理に係るダイオキシン類発生防止等ガイドライン」における恒久対策基準値(二〇〇二年一二月から一ｎｇ-ＴＥＱ/Ｎ立方メートル)を超えたことから、一九九八年で休止した。二〇一一年時点で東埼玉資源環境組合(埼玉県東部清掃組合から名称変更)で稼働しているのは、一九九一年から一九九五年までの増改築によって一日の処理量を最大八〇〇トンまで拡大した増林の第一次工場のみであった(東埼玉資源環境組合 2005)。それ故、二〇一一年七月以降、東埼玉資源環境組合埼玉県東部県東南部五市一町に由来する飛灰は行き場を失い、増林に留まることになる。

●越谷レイクタウン計画の余波

二〇〇五年、増林には越谷市・吉川市・松伏町の広域斎場である越谷市斎場も、越谷市内大相模地区から移転してきた。そもそも大相模地区に越谷市営の斎場が作られたのは一九七三年。一九六四年に伊勢崎線沿線地域の蒲生地区に建設されたものが、農業地帯の大相模に移転した。斎場ができた一九七三年、国鉄武蔵野線が開業し、大相模地区を東西に横断するようになった。その後も大相模地区は農業振興地域として水田が広がる地域だった。

この大相模地区が、一九八八年頃、建設省の提案を受け、埼玉県、越谷市が中心となって構想された「レイクタウン」の計画地となった。レイクタウンとは、低湿地につくる遊水地を町の中心部に積極的に取り込み、水辺環境に商業、業務、レジャー、そして住宅地を配置した「内陸型ウォーターフロント構想」である。大相模地区は元荒川、古利根川、中川が合流する地点にあり、もともと水害リスクが高い。それに加え、三河川の上流の田畑が宅地化され、保水力が落ちたことで水害リスクが増すなかで、水田を中心とする農地二三五ヘクタールが調節池をもった「レイクタウン」として造成されることになった。当時の様子を新聞は以下のように伝える。

綾瀬川、元荒川など大小の川が流れ、「水の街」だった越谷市が、急激な都市化で緑などが減り、保水力が落ちたことが、構想のきっかけとなった。一九八八年から取り組んでいる。

構想では、水田を中心とした市東南部の約二三五ヘクタールを造成し、中央部に広さ五三ヘクタールの人造湖を造る。元荒川の水を引き込み、下流の中川に放水する調節池で、大雨に備え、最大一六六万トンの貯水能力をもつ。普段から水をたたえ、市民が釣りやボート遊びなどを楽しめるようにする。

ＪＲ武蔵野線が人造湖を横切るように走り、中央の人工島に新駅を設ける。島は商業地区、住宅地区、緑地など用途別に大別して住み分ける。小中学校も開校する。湖の周囲の大半が、住宅地となる計画だ。[8]

計画はバブルの崩壊や、地権者組織である「レイクタウン事業連絡協議会」の不祥事によって難航したが、二〇〇〇年に計画面積を二二五ヘクタールに縮小させながらようやく着手され、二〇〇八年に街開きを迎える。ＪＲ武蔵野線の新駅「越谷レイクタウン」を中心に、一六万平方メートルを誇る国内最大級の大型ショッピングモールが作られた。ＵＲ都市機構を中心とする住宅開発により、計画人口は二万二〇〇〇人を超える。

西側の伊勢崎線沿線の地域が都市開発され、二一世紀になる頃から南側の大相模地区の大規模開発が続いていくなか、増林地区は農村の景観を残すとともに、ごみ処理施設や斎場が立地する地域となった。そして二〇一一年三月以降もごみが処理施設に集められ、焼却されていた。七月に飛灰が行く先を失うと、施設内に一次的に貯蔵されることになった。貯蔵は一二月に飛灰の受け入れ先が決まるまで続いた。放射能に汚染された飛灰の受け入れ先がどこなのか、「受け入れ先自治体に配慮し」、公表されていない。唯一確かなのは、二〇一一年一二月までどこにあったのか、ということである。増林は、この時も越谷市の辺境として位置づけられたとも言える。

下妻街道の傍らで

●ある老農の記憶

増林は、一貫して越谷市の辺境であったわけではない。東京一極集中に伴う都市開発が、通勤・通学手段としての伊勢崎線沿線で展開されるなかで、増林は「中心のなかの辺境」として開発されていく。

それ以前から、増林は農業地帯だった。越谷市史は増林村公民館が刊行した雑誌『こうみん』に、村の農民が寄せた「農業委園蝶編」と題する記事を紹介する。増林村公民館は、村人の力で一九五二年に設置された。

我輩の生い立ちは荒山育ちよ。あの山、此の谷、あの川と、総ゆる処をとんで来た暴れん坊よ。しかし給方の花だ、此方の花だと生きんがために見付けて歩くことがなくとも、我輩には農業委園があり温室も有る故、月給草の甘い汁を戴かなくても、まあまあ何とか暮らせるよ。だから彼方此方ととんで歩いて平気さ。それに一寸、見た丈でも恐ろしいほど強そうにみえる体だ。その他の蝶々達もよけて通るね。第一月給案ばかり当てにしなくとも済むので、他の蝶々達より威張って居られるよ。唯どうも時折悪いくもの巣があるので、これには我輩も引っ掛かって仲々脱出するには気骨がおれるよ。兎に角、此の世は我儘な我輩でも自由にとんで歩けぬ事もある。(越谷市教育委員会 1972: 957)

戦後直後、己の田畑で農業生産をし、街に食料を供給する農民の力強い語りがここにある。敗戦直後から一九四九年頃まで、越谷を南北に走る道路や鉄道を使って東京から買い出し部隊が押し寄せた(越谷市教育委員会 1972: 740-745)。越谷駅には一日平均七〇〇〇人が下車し、その大半は増林村に向かい、農家のなかには芋成金が続出したという。[9]

筆者が話を伺った川合忠夫(仮名)は、市街化調整区域に指定され、増林地区の今も農村的景観を残す土地に暮らしている。ごみ処理施設までは歩いてもそう遠くない距離である。大正から昭和に変る頃、農家の長男として生まれ、一町数反の土地を基盤に、生計を立ててきた。川合はごみ処理場や斎場の受け入れなど、この地域の歴史を聞きたいという筆者に対して、古利根川沿岸に広がる自分の集落のことを、次のように語った。

なぜ、この辺が開発されなかったというと、ホウレンソウとか野菜をやっていたので、裕福だったのですよ。ホウレンソウ、今は石灰入れて中和するとできるようになったけれど、当時は知識がなかったので、酸性土壌ではなかなか作れなかった。この辺はアルカリ性土壌で、ホウレンソウがすごくよくできました。ホウレンソウ以外には、サントウサイとかハクサイ、ダイコンを作りました。もともとは田んぼの方が多かったのだけど、畑の面積が増えていきました。下妻街道がここから吉川を抜けて、足立までいきます。リヤカーを引っ張って、足立の千住の方に野菜の問屋があって、そこまでもっていったのです。

「越谷の辺境」を生きてきた経験を聞こうとした筆者のもくろみに対し、川合は増林の豊かさと、東京の市場へのアクセスの有利さを語った。川合の話を聞きながら、私自身が増林を単に「ごみ処理場が立地する地域」としてしか見ておらず、そこに生きる人びとの生業や生活が織りなす地域史を見ていないことに気づかされた。

川合の家は、一九三五年頃に田んぼだった土地の一部で、ホウレンソウやネギ、ハクサイ、サントウサイの栽培をはじめた。元荒川の自然堤防の傍らで、ホウレンソウはよく育った。それだけではない。川合の暮らす集落だけでなく増林地区全体が、養鶏の盛んな場所だった。一九七〇年の世界農林業センサスによると、四〇万羽以上の鶏が飼育される全国で有数の養鶏産地越谷市のなかで、増林では半数近い一九万三〇〇〇羽の鶏が飼育されている。川合の父親は、一九二〇(大正九)年、集落で最も早く養鶏をはじめた一人だ。平飼いではなく、屋根を葺でふいた三段の立体バタリー鶏舎だった。一九三七(昭和一二)年頃には一二〇〇羽の鶏を飼い、満州で生産されたトウモロコシを飼料として与えた。戦中、鶏卵は地元の業者が買いに来て、柏の陸軍病院へ供給した。戦後、供給先は進駐軍関係に変った。川合は生産した野菜や卵を載せ、下妻街道をリヤカーで運んだ。下妻街道は、戦国時代、下妻を拠点とする豪族である多賀谷氏によって武蔵と常陸を結ぶ道として開かれた。古利根川の自然堤防に沿いながら増林を東側に進み、吉川から中川沿いに東京方面に南下し、やがて北千住の市場まで至る。卵は地元の鳥屋も買いに来た。卵は「都会に近い」、「交通の便がいい」という地の利もあり、「兎に角もうかった」。増林中で養鶏がはじまり、各農家は競い合い、五〇〇〇羽、一万羽と経営規模を拡大させていった。土地を売って宅地に変える必要などなかった。川合の弟も旧制中学を経て新制高校を卒業した後大学には入らず、分家して養鶏をはじめた。分けられた土地にもバタリー鶏舎が立ち、一五〇〇羽の鶏が飼育された。

そんな養鶏がピークをむかえるのは、川合によれば、一九六〇年ごろだったという。農業基本法が制定されようとする時代、養鶏農家は大規模化して価格競争に挑むか、やめるのかのどちらかの選択を迫られた。世界農林業センサスで増林地区の全集落を合算すると、鶏飼養羽数は一九六〇年に五万一一六四羽、一九七〇年に一九万三四〇五羽でピークを迎え、一九八〇年に一一万五四八三羽、一九九〇年に七万二〇〇〇羽になっている。農家数は一九七〇年に六八戸、一九八〇年に二六戸、そして一九九〇年にはわずか二戸となっている。

川合は大規模化の道は選ばず、一五〇〇羽から二〇〇〇羽の範囲の経営規模を維持した。一九六五年頃から多頭化に伴ってニューカッスル病などの伝染病が広がるなか、川合は一九七八年に養鶏をやめた。飼育する鶏は二〇〇〇羽になっていた。ワクチン代などがかさみ、がんばるほどに赤字になる構造を見て取った川合は、養鶏に見切りをつけた。集落で最も早い判断だった。

●養鶏場が移転した後で

養鶏が頭打ちになった一九六五年頃、増林には越谷市を含む埼玉県東部の自治体連合のごみ焼却施設建設が計画された。建設地は水はけのよい土地で、麦や馬鈴薯がよく取れた場所だったが、驚くほどの高値で売却されることになったため、地権者からの不満はでなかったという。行政が主催する説明会には、予定地の地権者でないとよばれなかった。千間堀に近い建設地は水はけが良く、米の裏作で麦か馬鈴薯の二毛作ができる土地だった、と川合は語る。同じ土地を、当時の越谷町長が「排水に極めて便利だから(ごみ処理場を作るのに)まさに打ってつけの場所」と考えたのと比べたときに、土地の特性に対する捉え方が対照的である。

一九六五年頃になると、市街地住民が「養鶏公害」という言葉を使い、臭いやハエ・蚊などの発生についての苦情を言うようになった(越谷市教育委員会 1975: 987)。増林地区内で市街地に近く、宅地化が進み農家率の低い西部地域では、一九七〇年には養鶏農家は数軒を数えるだけになり、一九八〇年には一軒もなくなっている。そんななかで人びとの仕事と暮らしは変容していく。増林の周辺地域の養鶏業者の娘で、脳性麻痺の林田和子(仮名)の仕事と暮らしも大きくかわった。

朝早く起きて、つぶれた卵(液卵)をビニール袋に集めるのが、彼女の仕事だった。結婚した兄たちとその家族も一緒に住んで、みんなで鶏舎を守っていたので、幼い甥っ子や姪っ子の世話も家族の役割だった。しかし、周辺が都市化し、鶏舎の臭いが「公害」とみなされはじめた時期と、跡取りの兄がアメリカに留学して、コンピューターで管理された大規模養鶏を学んだ時期が一致し、兄は鶏舎をたたんで他県で機械化された大規模養鶏場を立ち上げた。鶏舎のあった土地は新設高校の敷地として売られ、自宅は残ったが、彼女の仕事はなくなってしまった。彼女はそのころ開所した市立の通所授産施設に通うようになったが、長年やってきた仕事と、生活リズムと、家族・地域での役割をなくした喪失感は、何によっても埋められない。早起きで勤勉、そして世話好きな性格は、対象を見出せず、空回りする。仕事もないのに暗いうちから起きてうろうろされることも、もう中学生、高校生になった甥っ子や姪っ子を子ども扱いして面倒をみようとする行為も、すべて「迷惑」になる。それをたしなめられ、怒られて、精神的に不安定になる。通所施設も休みがちとなり、やがて退所となる。体の動きもどんどん重くなる。（山下 2010: 19）

鶏舎がさらに遠くの地域に移転していくなかで、障害のある人たちは周囲の人間から「迷惑」な存在として括り出され、鶏舎と同じように隔離されていった。そんななかで、伊勢崎線沿線が越谷の人の流れの中心となり、「都会に近い」、「交通の便がいい」増林は辺境にされていった。増林の農民がホウレンソウや卵をリヤカーで運んだ下妻街道も、二毛作ができる排水性の良い土地も、ただそこに生きた人びとの個人の記憶のなかにだけ存在するようになった。ごみ処理場ができると、専業農家をやめて、関連する仕事や、都内を含めた近隣地域でごみ収集関係の仕事に就く人が増えたと川合は言う。その家では妻が農業をやり、夫は農繁期以外手伝わなくなった。地区外に働きに行くことを、川合は「出稼ぎ」と呼ぶ。

●ここではないどこかへ

ごみ処理場ができた頃、家の周りに灰が舞うようになった。川合はそれを報告しに、市役所に出かけた。あえてごみ処理場には触れず、「出所不明の灰が舞っている」ことを訴えたが、「そんなことはありえない。ごみ処理場も灰が飛ばないような対策をしている。そういうことはむやみに口外するものではない」と取り付く島もなく追い返されたという。彼が感じた「異変」は人びとと共有されることはなく、あくまで個人の記憶に留められた。ごみ処理場が稼働することによって、異臭が発生したことを記憶している元住民もいる。当時の焼却炉は低温で燃焼するため、悪臭や有毒ガスが発生しやすい状況にあったことが原因として考えられる。同じく多くの住民を悩ませた悪臭の対策のため、清掃工場に脱臭装置が設置されるのはようやく一九七七年四月五日のことである[11]。

ごみ処理場を受け入れることで発生するリスクの計算を、完全に行うことは不可能だ。にもかかわらず交渉は土地取引として地権者だけに対して行われ、彼らが同意することでごみ処理場は建設される。いったん建設されてしまえば、当初想定していなかった問題が発生しても、それを不可視化するメカニズムが働く。住民が「灰が舞っている」と語っても、それはあり得ないこととして片づけられる。逆に言えば、ごみ処理場などの施設は、声の挙げる人の少ない、有力者に話をすればことが済んでしまうように見える土地に立地することになる。

見返り施設として、運動場や公民館などの公共施設が作られることもあるが、それが取引に見合ったものなのかは永遠に分からない。

同じ構造は原発立地についても言える。むしろ同じことが原発では言われ続けてきた(鎌田 1982; 鎌田 2001)。しかし原発は全面廃止するべし(=廃止が可能である)という話で、原発立地を認めない立場の人びとはリスクを別の意味で不可視化できた。つまり、彼らは「原発なくても電気は足りる/そもそも原発はいらない。だから立地なんて考える必要がない」、と安全な距離を取って語ることができた。

一方、ごみ処理場をなくすことは今のところ想像されておらず、(どこかに)なくてはならないものとして了解されている。立地地域を身近に感じることのない場所に住む人びとは、ごみを排出する恩恵だけを享受しようとする。ごみ処理場という存在に私たちが感じる居心地の悪さは、自身はその恩恵にあずかっているという、この距離の取れなさに起因する。そして、ごみ処理場が立地する中心のなかの辺境を、自らの住む都市部と比較して、「辺境」や「田舎」とネガティヴに意味づけることで居心地の悪さから脱しようとする。私たちは、中心のなかの辺境が抱えさせられる問題を不可視化し、その地域自体を自らに都合の良い形で表象していく。外側の辺境が地名すら与えられない「ここではないどこか」にされるように、中心のなかの辺境も「ここではないどこか」にされ、その土地の記憶はいずれもいつしか忘却されていく。それはまた、障害のある人を地域の生業や生活から切り離し、もはや迷惑をかけようも／かけられようもない場所へと押しやっていく一連の過程にもつながるだろう。
問うべきなのは、まさにこのことなのだ。

灰の記憶

二〇一一年七月以降、行き場を失った東埼玉資源環境組合に所属する五市一町から発生するごみの飛灰は、この年の一二月に新たな受け入れ先が見つかり、問題は「解決」したことになり、私たちの感じてきた居心地の悪さは解消された。

二〇一二年三月二七日の東埼玉資源環境組合の議会において、ある議員は次のように発言する。

このたびの原発事故の影響によって、あらゆるものの放射能汚染が心配されるなか、この第一工場でも国基準の八〇〇〇ベクレルをはるかに下回っている、三〇〇〇ベクレル以下という数字にかかわらず昨年七月から受け入れを拒否された焼却灰はどんどんたまってしまい、一時はどうなることかと心配いたしました。昨年も一二月に全員協議会のなかで、新しい受け入れ先のめどが立ったという説明を受けておりましたが、その後、改めて二月二七日に飛灰の処理、処分に係る経過報告をいただきました。報告には二三年度内に発生する飛灰の見込み量四〇〇〇トンのうち新たな民間施設に二五〇〇トンを搬出を開始し、残りについては協議中である。一二月議会で説明を申し上げたが、残りについても二月二五日から搬出を開始いたしました。ご心配をおかけいたしましたが、年度内に発生する飛灰については全部処分の見通しがつきました。

今後については平成二四年度における処分の協議を引き続き進めてまいりますと書かれてありましたので、本当にほっといたしました。

昨年の七月以来、焼却灰の搬入先を求めて大変なご苦労があったと思います。昼夜を分かたずご苦労された職員の皆様に心から感謝申し上げたいと思います。これからも予断を許せませんので、どうぞよろしくお願いいたします。[11]

この時点において、飛灰の搬出先は明らかにされていない。基準値以下なのにもかかわらず――しかし、その基準値は果たして妥当なのだろうかと問われることもなく――、受け入れに反対する秋田北鹿地域の人びとの姿は、この時点で発言者には見えていない。焼却灰の行先が地名すらない「ここではないどこか」に決まったことに安堵し、そのために奔走した職員たちを労う。自らの安全な暮らしの場が確保される一方で、辺境が〈外側〉にもう一度生まれた瞬間である。

同じように地元の古老が麦や馬鈴薯の二毛作ができると語った土地は、中心のなかの辺境として「ここではないどこか」に変えられていった。その傍らで、この土地は豊かな土地であると考えながら、野菜を作り、鶏を育て、自給のための米を作り続けてきた人がいる。毎朝早く起きて、家族の営む養鶏場の廃卵を集めてきた人がいる。増林地区は農家の二種兼業化や農地の転用が進む一方で、農業振興地域に指定された東部を中心に、ネギ・サントウサイ・コマツナなどの野菜やブドウやイチゴなどの果物、花卉生産が盛んであり、観光農園や直売所などを含めて、傍らに消費地がある利点を活かした農業が現代も営まれている。

灰に翻弄され、そしていつしかその灰をどこかに押しやり、押しやってしまったことすら忘却していく私たちは、同じように彼らの生きてきた経験の都合の良い部分だけを消費した上でどこかに押しやり、押しやってしまったことすら忘却しようとしている。

■注

1 クリーンセンター大崎の前身になる大崎事業所は、一九六九年に同じ場所に建設された。建設地の決定は、埼玉新聞によれば一六六八年三月であり、見沼三原則が施行された後である（浦和市総務部行政管理課 2001: 385）。見沼田んぼ内での建設ができたのは、見沼三原則の「八丁堤以北県道浦和岩槻線、締切りまでの間は将来の開発計画にそなえて現在のまま原則として緑地として維持するものとする」の、「原則として」が例外の存在を許す規定であったからだと考えられる。

2 現在のさいたま市見沼区大谷にある最終処分場の建設をめぐっては、一九八八年に、大宮市まちづくり研究会、見沼田んぼを愛する会、埼玉県野鳥の会大宮支部などが反対運動を行った。最終処分場は一九九六年に当初計画よりも縮小した形で完成した。

3 「たまる焼却灰　県東南部、放射能問題で搬送停止」『埼玉新聞』2011.11.1 を参照。

4 越谷市議会会議録 http://ssp.kaigiroku.net/tenant/koshigaya/pg/index.html（二〇一七年一月一二日取得）を参照。

5 グリーンフィル小坂の情報公開 http://www.dowa-eco.co.jp/assets/files/admin/GFK/201411.pdf（二〇一七年一一月一七日取得）によれば、二〇一五年一一月四日時点で、東埼玉資源環境組合から秋田県小坂町のグリーンフィル小坂へ主灰と飛灰が持ち込まれており、二〇一一年時点でも同様に主灰と飛灰の両方が持ち込まれている。

6 越谷市議会会議録（二〇一七年一月一二日取得）を参照。

7 当時のことをよく知る地元住民によれば、ごみ処理場の用地として売却された土地の値段は、相場よりもかなり良いものだったという。

藤田直晴と小川洋一は越谷市の都市化について分析し、都市化の進展は鉄道駅からの距離の関数として把握でき、その広がりは市街化調整区域にさえも及び、政策誘導に優越する点を明らかにしている（藤田・小川 2004）。一九八〇年の世界農林業センサスによれば、増林地区西部の大淵、野中、根郷などの集落の農家率はそれぞれ二一・一%、二・二%、五・三%になっている。一九七〇年段階ではそれぞれ八三・三%、七八・三%、六一・九%と比較すると劇的な変化である。一方、ごみ処理施設が立地する東部地区の農家率は一九八〇年段階で平均して六〇パーセントを超えており、藤田・小川の主張は増林についても、おおむねあてはまると考えられる。

8 「人造湖に「未来都市」越谷市のレイクタウン構想」『朝日新聞』1996.3.31 を参照。

9 「慌てた増林村　じゃが芋の闇売で割当完納危し」『埼玉新聞』1947.7.14 を参照。当時増林村内には「芋成金」が続出したという記事もある（「闇から闇へ五萬貫　増林村に芋成金」『埼玉新聞』1947.7.12 を参照）。

10 「臭気ほとんどなし　脱臭装置が完成　越谷市増林の清掃工場　来月からスタート」『埼玉新聞』1977.4.5。

11 東埼玉資源環境組合会議録（二〇一七年一月一二日取得）を参照。

HONDA

国産ハチミツ
大 1200
小 600

150円

福祉農園産!
朝採り野菜
NPOのらんど
つる
むらさき
150円

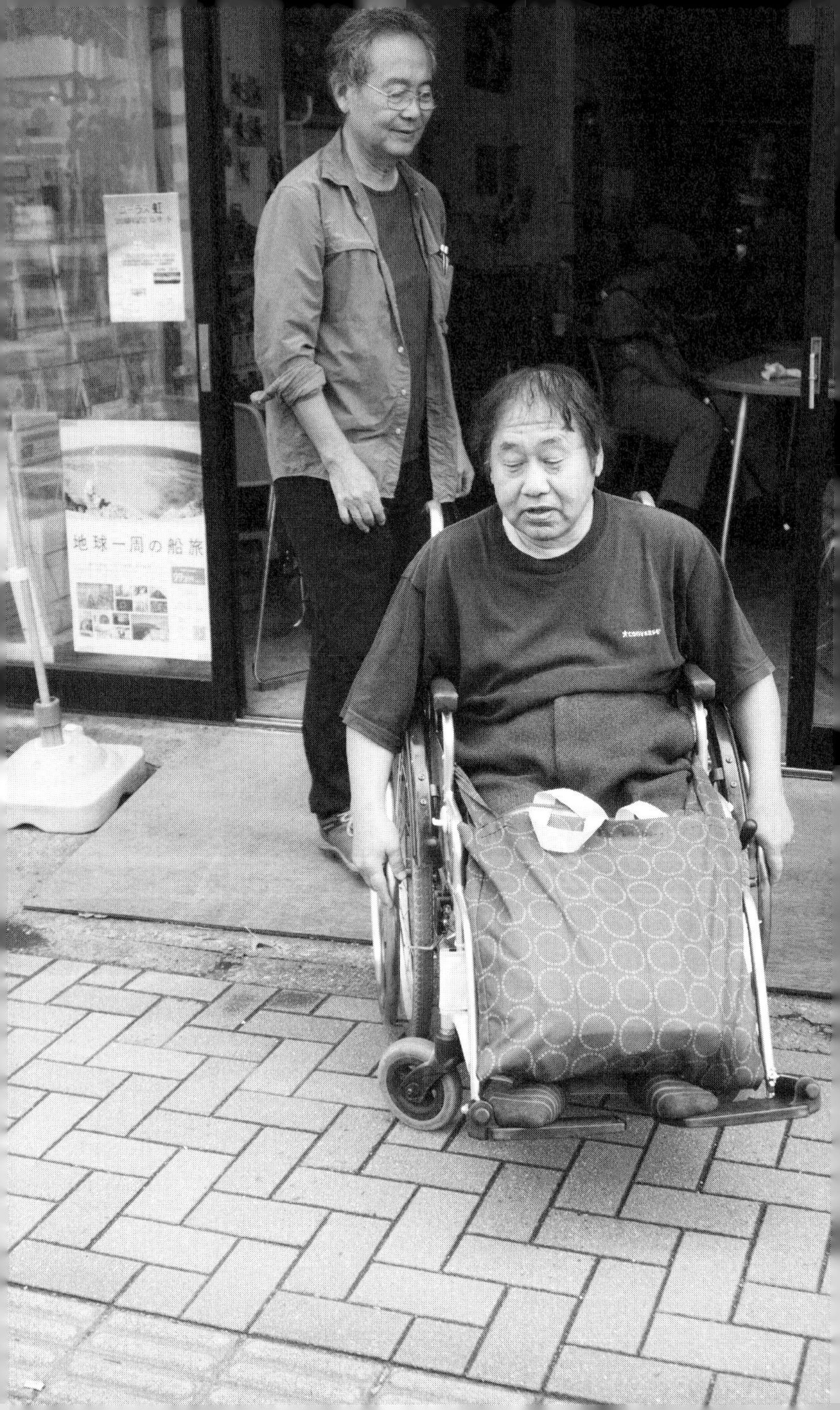
地球一周の船旅

広辞苑
活動日誌No.99
わらじの会
活動日誌No.64

活動日誌
わらじの会

第二部

地域と闘争《ふれあい》

障害者と健全者の関わり合い、それは、絶えることのない日常的な闘争《ふれあい》によって、初めて前進することができるのではないだろうか。

横田弘『障害者殺しの思想』

第四章　〈郊外〉の分解者——わらじの会のこと

両親に連れられてはじめて越谷・春日部にいったのは、八歳か九歳の頃だ。見沼田んぼの傍ら、片柳にあった畑にいく時に乗っていたクリーム色のバンに乗っていった。山下浩志さんと水谷淳子さんが暮らす家の一角にある、埼玉社会福祉研究会の事務所でもあった「黄色い部屋」に着いた。水谷さんが自宅でやっている診療所の駐車場には、二階建てのプレハブ小屋があり、障害のある人たちの集まる場所になっていて、パタパタと名づけられていた。親元から家出して一人暮らしをしている野島久美子さんの家にもいった。当時、野島さんは平屋の家に住んでいた。わらじの会の人たちは味噌を作っていて、野島さんの足で踏んだ味噌は美味しくなるという話を聞いた。

わらじの会のそれぞれの場所には、ふだん見慣れない車椅子の人、大人の障害者がいた。プレハブの中の雑然とした雰囲気、「黄色い部屋」や「パタパタ」、そして「わらじの会」というネーミングセンス、そして障害のある人のよだれの匂いや、言語障害の人の発する言葉が、子ども時代の私に強烈な印象を残した。

やがて、兄の高校入学問題が本格化し、わらじの会の人たちとは度々県庁で会うようになっていった。

平穏なベッドタウンで

高度経済成長期、地方から大都市に人びとが移動した。埼玉の農村は、次第に〈郊外〉に変わっていった。団地や一戸建ての住宅が建てられ、風が吹けば土埃が舞う道は次第にアスファルトで舗装されていった。

この時期、人びとの仕事と暮らしは変容するなかで、「障害者」たちは障害者となったことはすでに序章や第三章で論じた。

同じ時期、障害者と共に地域で暮らす運動を立ち上げる人びともこの街にやって来た。越谷・春日部で活動するわらじの会の設立以来のメンバーである山下浩志さんは、全日本医学生自治会連合の委員長として、学生運動や七〇年安保闘争の中心にいた。その後七〇年代前半を通して、警察の監視を逃れ都内を転々とした。パートナーである水谷さんが耳鼻科の診療所を開業したのを契機に、一九七〇年代中頃に春日部のマンモス団地である武里団地に移住した。

東京／中央の運動の真っ只中にいた山下さんは、やがて地域のしがらみに取り込まれる。当時の団地では月一回、棟ごとに芝生の草取りや階段の清掃を住民みんなでやっていた。運動や仕事の付き合いしかなかった山下さんは、何気ないご近所の会話が苦痛に思えた。参加もしぶしぶだった。共同作業が終わると、毎回芝生で軽い飲み会をした。その飲み会のときである。最上階の消防庁に勤めている人が山下さんに言った。「この前、警視庁の人がうちに、お宅のようすを聞きに来たんですが、知らないと言っておきました。うちが消防庁だから、警視庁の親戚みたいに思ってたんでしょうかね」と。山下さんは驚く。周りの人間がすべてスパイかもしれないと警戒する、これまでの孤立した暮らしからは、まったく想定できない出来事だった。たんに隣近所というだけ、たんに一緒に草取りをしただけという関係が、こんな重たい意味を担うこともあるのだ、としみじみ思った。それから草取りと飲み会が楽しみになった。「しがらみの甘い誘惑」に負けた瞬間だった（わらじの会 2010: 27-28）。

その後、山下さんは越谷に総合養護学校を作る運動に参加し、障害をもつ子どもの親たちと出会った。運動は「成功」し養護学校ができると、地域の普通学級で学ぶ障害をもつ子どもたちに転校を求める圧力が強まった。山下さんの視線は、次第に普通学級に通う障害のある子どもへ、やがて大人の障害者に向かった。同じころ、越谷市の若手の職員がグループを作り、これまで書類上の「ケース」としての関わりしかもたなかった障害者たちの家に出かけ、声をかけ、一緒に花見や東京タワーの見物に出かける活動をはじめていた。山下さんらは彼らに合流する。そして障害者たちが町に出て、町に生きる人びとと触れ合うことから、「地域福祉」の実現を目指す運動の中で、一九七八年に「障害のある人もない人も一緒に生きよう」をスローガンに、わらじの会が生まれた。

街を耕す

わらじの会では、どんなことが起きたのか。たとえば、わらじの会の初期メンバーである肢体不自由、聾唖、最近は弱視も進行している橋本克己さん。わらじの会と出会うまでほとんど家の外に出ることのなかった橋本さんは、二〇歳になる頃にわらじの会と出会い、やがて「迷惑」を基調に町を分解し、人とものを循環させていった。

彼の存在を有名にした最たるものは、交通渋滞だ。チェーン式車椅子の後部に普通の手動車椅子をひっかけて街を行く。駅で手動車椅子に乗り換えて、電車に乗る。昼に出て、深夜に帰宅。これが、ある程度視えていたころの日課だった。特に昼に出かけるとき、家と駅を結ぶ片側一車線の幹線道路は、約二キロの区間が大渋滞になる。ホーンや怒声が飛び交っても、聴こえない彼は悠然とこいでゆく。毎日のようにあちこちで彼に遭遇するタクシー運転手の間では、「車椅子のアンチャン出現！　迂回必要です」という無線が飛び交うようになる。しかし、いくらホーンを鳴らしてもニタニタ笑いながら脇に寄ろうとしない彼を、確信犯の車椅子暴走族と思い込んだトラック運転手からは、夜中に激しい蹴りを入れられるといった「被害」にも遭遇する。彼にはなんのことか理解できないのだが、世の中は不条理であると受け入れつつ、この出来事を翌日の月刊わらじ「克己絵日記」に描けばみんなが驚き喜ぶに違いないという作家魂もまた刺激されるのだった。さまざまな人びととのキャッチボールのなかで、「迷惑」は地域を耕していく。（山下 2010:38-39）

同じく初期メンバーの藤崎稔さんは、脳性麻痺で、言語障害がある。四肢が自由に動かせない彼は、一九九〇年、二七歳のときに新坂光子さん、幸子さんが世話人／大家となって生まれた生活ホーム・オエヴィスの住人となって、介助者に支えられる暮らしをはじめた。彼は、電動車椅子を足で操作し、町のあちこちを回った。[1]

スーパーマーケットでは、かごの前にじっとしていると、他の客がかごを膝の上に載せてくれた。ほしいものの前でじっとしていると、また他の客がどれを欲しいのかと聞いてくれる。ほしいものになると大きくうなずいた。ある日ファストフード店でアルバイトの女の子に「こちらでお召し上がりですか?」と尋ねられた彼は、満面の笑みで頷いた。ハンバーガーを用意した女の子は、彼が自力で食べられないことに気づいた。そのまま放置することもできず、結局食事介助をする破目になった。

そうやってあちこちで人びとを巻き込みながら、街を耕した。そこに権力や差別と対峙する自立した主体は存在しない。むしろ権力が用意した差別をそのまま生きてしまいながら、傍らの人びととも、制度ともせめぎ合いつつ、多様な存在が生きる場を作りだしていく運動がある。硬く踏み固められた地盤を、ワラジムシや、オカダンゴムシ、ミミズなどの分解者が豊かな土壌に変えていくように。わらじの会の人びとは「ノーマライゼーション」すらも、「分けられたところから一緒に」という発想であり、障害者と健常者を線引きした上で対等だと言っているに過ぎないと断じる。そして、「分けずに一緒に」と叫ぶ。それは、学校、職場地域で、一緒にということであり、級友・担任、同僚・上司、隣人が生活を共にするなかで、結果的に援助もできているような関係をめざす。福祉的支援は、この関係を支える限りで意味があると考える。だからこそ、障害者と支援者を分けた上で成り立つ福祉制度の拡充には一線を引く。

生活ホームは、昭和六三(一九八八)年度にはじまった埼玉県独自の事業で、四人以上の障害者が一軒の家、あるいは近隣の数軒の家で相互に助け合いながら暮らすものである。多くの都道府県の同様の事業が入居者を知的障害者に限定していたなかで、身体障害者にも開かれていた点が特徴である。[2] 当初案では、入居要件に「身辺自立が可能」という表現があった。しかし、原案を見た埼玉障害者福祉研究会からの「重度の障害者を排除する要件」という批判を受けて、事業要綱には盛り込まれなかった（本田 2010:318-319）。

生活ホーム・オエヴィスの住人たちは、国民年金の一種である障害基礎年金（子どもの頃から支給される）や、二〇歳以上で常時特別の介助を必要とする人に支給される特別障害者手当だけでは生活ができないため、生活保護を申請した。生活保護には他人介護加算があり、これが介助する人への謝礼として使われた。[3]

有償介助は、オエヴィスができる前に、一人暮らしをはじめていた野島久美子さんが生活保護の他人介護加算を出し、自宅でも入浴介助が必要だった新坂光子さん・幸子さんが特別障害者手当を出して作った、「ケア基金」が先駆けとなった。わらじの会の事務所にある風呂に入るとき、介助する人にその基金から謝礼を払った（伊藤 1999: 208-209）。やがて有償介助は、障害のある人のニーズと介助希望者を結びつけるケアシステムわら細工として組織された。すると、恩間新田周辺に移り住んできた主婦たちや、近くの短大に通う学生たち、そしてフリーターをしている若者たちが介助者としてわらじの会の活動に関わっていくようになった。東京都や大阪府に続いて、埼玉県が一九九三年に越谷市と春日部市で全身性障害者介護人派遣事業をはじめると、脳性麻痺や筋ジストロフィーなどの全身性障害者の外出に必要な介助者を有償で頼めるようになった。[4]

郊外となった街にあふれ出たわらじの会の人びとは活動の場と場面を広げた。一九九四年にわらじの会内部に社会福祉法人つぐみ共生会が生まれ、翌年には通所授産施設暮らしセンターべしみと、生活ホームもんてんができた。一方、春日部には地域デイケア施設パタパタができ、また障害者雇用事業所で自然食品やリサイクル品を売る「ぶてぃっく・ぶあく」ができた。定款も名簿もない曖昧模糊としたわらじの会は、その内部にあくまで必要に応じて社会福祉法人やＮＰＯ法人を作った。[5]

密室の団欒――開かれた場ということ

今世紀になった。二〇〇三年に施行された支援費制度は、二〇〇六年、障害者自立支援法へ移行し、利用者負担や障害程度区分などが導入された。障害当事者がそれぞれの地方自治体と交渉しながら勝ち取ってきた福祉制度は、国の制度に包摂されるとともに管理と応益負担の原則が力を増している。

そんななかでもわらじの会は、時流の影響を受けながら、取り込まれ尽さずにいる。そして、また新たな営みが生まれた。

わらじの会と、越谷のロータリークラブに所属する会社経営者とのひょんな出会いのなか、二〇〇〇年に障害者の職場参加を進める会が結成され、二〇〇四年にＮＰＯ法人化した。この会は、就労から遠い、福祉・医療の対象とされる人が、そのような人びとと出会ったことのない人びとと、地域の職場で出会う場づくりを行う。職場体験やグループアルバイトなどのその取り組みの一つは、「職場参加ミッション」と呼ばれる。これは、障害者が二人一組で行う、市内の事業所への飛び込み営業からはじまる。セールストークは、「働かせて下さい」ではない。「職場見学・体験させてください」である。そのため、事業者側も面喰らい、無下には断れず考え込まされる。障害者就労は実習や面接を含め、多くの場合、失敗が許されない。しかし、この営業は何度も試みることができる。見学が成功するのは三〇件に一件くらいだが、花屋で花束を作る、銀行であいさつの特訓を受けるなどさまざまなことをしている。そうやって、就労できそうな人を支援するのではなく、一見仕事から遠い人や障害者雇用と思っていない事業者をも巻き込み、「仕事」や「職場」という概念を、街の具体的な現場で揺さぶる。

吉田弘一さんは、藤崎稔さんが生活ホームで介助者を入れて暮らすようになった頃から、藤崎さんの介助に入っている。水谷淳子さんの営む耳鼻科の診療所に患者として訪れたのが、そもそも吉田さんがわらじの会と関わるきっかけだった。診察中に、水谷さんから定期的に開かれる手話の会に誘われた。そこで藤崎さんと出会った。言語障害のある藤崎さんとぎこちなく会話していくと、話題がなくなり、吉田さんはつい「僕はスポーツ用品店でバイトしている」と語ってしまった。やがて、藤崎さんは夕方になると足で操作する電動車椅子にのって、吉田さんのバイト先まで訪ねてくるようになった。藤崎さんは吉田さんを遊びや呑みに誘った。そして吉田さんは藤崎さんの介助に入るようになり、二人で貧乏旅行に出かけたりもした。やがて藤崎さんは二一世紀になる頃に、生活ホーム・オエヴィスから武里団地の一室に移った。

吉田さんが藤崎さんの介助の常連になって、二〇年以上になる。だから、藤崎さんの指示がなくても必要な介助はスムーズに行われる。二人の間は吉田さん曰く「倦怠期の夫婦」のように、介助に入った日にはほとんど会話がない。藤崎さんの家には、最近掃除ロボットが導入された。二人の沈黙を、掃除する掃除ロボットが破る。

二〇一五年一二月のある日に藤崎さんの家にやってきたのは、あるシニアの女性だった。彼女は、わらじの会の障害のある人たちが駅前で配っていた「介助者募集」を見て、連絡してきた人だ。様々なタイミングで、わらじの会の人びとはビラ配りやカンパのために街頭に繰り出す。ビラを受け取った女性は、早速わらじの会に連絡した。そして、話し合い自分の状況を考えてみると、すぐに介助に入れないことが分かった。しかし、わらじの人はそれで終わりにはせず、バザーなどのイベントの手伝いに声をかけるようになり、関係が続いた。彼女が藤崎さんの家にやってきたのは、彼女が気落ちする事件があり、そのことを吉田さんに相談したところ、ならば一緒に晩御飯を食べないかと言われたことによる。一人で食卓につくはずだった彼女が、この日は藤崎さんの家の食卓に座った。

この日はもう一人の若い女性も食卓に加わった。わらじの会の関係者でもある彼女は、この日子育てをめぐって夫と喧嘩をした。子どもに潔癖さを求める夫に対して、彼女は少しくらい「汚いこと」をしても大丈夫と思っていた。そのことをめぐって言い合いになり、彼女は家を飛び出してしまった。いくところのなかった彼女は、スマホを通じて藤崎さん、吉田さんに連絡を取り、結果、藤崎さんの家にやってくることになった。

この日の食卓は、家出してきた女性の夫に対する愚痴を聞くことが話題の中心だった。夫のことをもよく知っている吉田さんは夫の弁護もしながら話を聞いた。夫のことも、彼女のことも知らないシニアの女性は、仕方がないので「男というものはね」という彼女の人生経験に基づく男性論を展開した。藤崎さんは、三人の会話をげらげら笑いながら聞いていた。掃除ロボットは汚れを見つけては、掃除して回った。ふだんは会話のなく、ロボットの掃除音だけが響く、藤崎さんと吉田さんの二人の食卓に、会話が生まれた。

重度の障害のある人、倦怠期にある介助者、近隣に孤独を感じながら暮らす女性、家出女性、そしてロボット。血のつながりのないものたちが、団地の一室で食卓の周りで蠢く。一見クリーンに整理された現代という時代のなかで、藤崎さんの「自立生活」は、「自立生活」が多くの人にとってそれほど容易ではないことを露わにしながら、様々な悩みや欠損を抱えた人や、それを補おうとする――しかしそれは多くの場合不発に終わる――〈ひと〉と〈もの〉を引き寄せていく。そして消化されないまま古びた団地に満ち溢れ、混じり合い、怪しく醗酵していく。

この老朽化した団地の一室、あるいは密室に、開かれた場(オープンスペース)ということを考える大切な手がかりがあるように、私には思えてならない。[6]

「被災地」という言葉を分解する

二〇一二年一月に私は、原発事故をめぐるシンポジウムで飯館村の安齋徹さんと出会った。それから、安齋さんは見沼田んぼ福祉農園に通うようになった。この年の夏、福祉農園で、安齋さんはわらじの会の山下さんと出会った。この日、安齋さんは情報を隠蔽していると考える東電、国、県、村への怒りを切々と語った。

翌二〇一三年三月、安齋さんを訪ねて私と山下さん、そしてわらじの会の人びとは福島に向かった。伊達市にある仮設住宅で話を伺った後で、安齋さんの案内で飯舘村に向かった。

山下さんは安齋さんの生い立ちを聞いた。長男である安齋さんは、高校に進学することも、家を離れて就職することもできなかった。親たちや弟妹の生活を仕送りで支えた。安齋家は父の代に開拓で入ったため、周りからよそ者扱いされることもあった。しかし、だからこそこの故郷の家と山をこよなく愛してきた。出稼ぎを終えて間もなく、トマトの自然栽培で表彰された。松茸はあそこに出る、これはおやじが作ったあけびの棚、これは山グミでこんな大きな木は珍しいよ、と安齋さんの話は尽きなかった。

この時の飯舘村で過ごした印象を、山下さんは次のように語る。「安齋さんは常に怒りつつ村を案内してくれるのだけど、家に入ると家族の写真がずっとある。安齋さんが庭のここに福寿草がでるのだと言ったら、本当に出ている。あそこの山では松茸が取れたと言う。そんな家からずっと出稼ぎをしてきた。一緒に家に帰ってきて、やっぱり安齋さんの原点はこなのだなと実感させられる。そういうことは、現地にいってみないとわからない」。山下さんは安齋さんの姿に、わらじの会の初期メンバーで、越谷恩間新田の農家出身の新坂光子・幸子姉妹の姿を見出していく。

飯舘村に安齋さんといて、思っていたのは、越谷の村で生き、逝った新坂光子・幸子姉妹のこと。

わらじの会の発足時、高度成長に伴う埼玉のベッドタウン化と農業の機械化によって、それまで農家の縁側に座って豆の殻むきや棉繰りなどをしていた障害者たちの仕事が奪われた。機械を扱える世代だけに過酷な労働が集中しそのはけ口が「ごくつぶし」の障害者・高齢者にはねかえってゆく状況が深まっていた。

私のような新住民は、農家の奥の昼も薄暗い部屋に障害者四人が外に出ることもかなわず、座って毎日を送り、風呂は一年中入れず、少量の一汁一菜しか得られない状況を、前近代的な人間関係のゆえと思ってしまった。彼女たちもただ恥じて語らなかった。やがて障害者たちが街へ出てもまれてゆく過程で、錯覚が明らかになる。

近代化、都市化により、人はしがらみから解き放たれ自立した個人とみなされるが、同時に自らを照らす鏡を喪い、漂う孤となってゆく。そんな街の人間が、農村のしがらみの奥にいる新坂姉妹と出会うことにより、自分が見えてくる。いろいろな人生が人びとの歴史が顕れてくる。

そうやって新坂姉妹と一緒に街で動きながら住まいや介助や仕事を手探りしたり、姉妹の指示で農園をやったりしながら、互いの暮らしかた、働きかたを見直し、生活ホーム、ケアシステム、店、拠点を創っていった。

そんな編み直しを、三・一一から二年余のいままたはじめようとしている。（ブログ「共に学び・働く――「障害」というしがらみを編み直す」）

多くの人びとは安齋さんから原発事故によって失ったものの悲しみと、事故を起こした東電や、住民の命を軽視する政府や県、村への怒りの言葉のみを聞き取ろうとする。それは安齋さんにただ「怒り、立ち上がった個人」であることを期待することに他ならない。そして、安齋さんが生きてきた飯舘村の世界から眼を背けることにつながる。

しかし、山下さんは新坂光子、幸子との出会いの記憶を手がかりにしながら、安齋さんと飯舘村という原点との間の切っても切れない関係を見出す。その上で、安齋さんとの出会いのなかで自らの暮らしを編み直そうとする。山下さんにとって、安齋さんの暮らしてきた飯舘村は、かなたの「被災地」ではなく、わらじの会の活動する越谷・春日部と地続きに存在している。

東京の郊外としての埼玉に移住してきた「意識」ある市民によってはじまった「障害者運動」は、彼ら自身を埼玉に移住させた農業の近代化、農村の開発という波が、彼らの支援の対象である「障害者」を生み出していることに気づく。その気づきのなかで、彼らの運動は障害のある人の自己決定や自立生活を求める運動と一線を画していった。そして社会を劇的に変化させるのではなく、差別をも含みこんだ多層的な関係を日々の暮らしと交わりのなかで、編みなおしていくという思想を手に入れていった。それはまた、今、暮らしと仕事、学びの現場において様々に分断されようとする私たちが、それでも様々な存在と手をつなぎ続けるための智恵を示している。

■注

1 オエヴィスは、初代世話人の本田勲によってアパート形式の小規模住宅と位置づけられ、みんなで一緒に食事をとるということはなく、門限もない。入浴順も話し合って決め、何時に入ってもいい。一方、介助者募集やカンパ活動は共同で行い、入居者会議は毎週月曜日に開かれた（本田 2010: 349-350）。

2 生活ホームの運営費補助は、埼玉県の障害者福祉課が所管し、独立した生活を望みながら、家庭環境や住宅事情によってそれができない身体障害者又は知的障害者が利用し、適切な指導、援助を提供することにより社会的自立を促進するための「生活ホーム」を運営又は身体障害者又は知的障害者を委託した市町村に対し補助するとされている。以上の記述は内閣府ホームページの「障害者施策」内 https://www8.cao.go.jp/shougai/suishin/h18jigyo/tosi/11saitama.html（二〇一八年十二月二〇日取得）を参照。生活ホームに世話人を置く費用は、県と市町村が半分ずつ負担する（伊藤 1999: 31-32）。

3 一九九一年当時で、生活保護は家賃込みの月額で一三万五七五〇〇円が最低生活費、障害基礎年金と特別障害者手当九万三七二六円が収入として認定されて実支給額は四万二〇二四円。他人介護手当ては月額四万五〇〇〇円だった。なお、他人介護手当てについては埼玉県も越谷市も所管課はその存在を知っておらず、全国公的介護保障要求者組合の厚生省労働に野島久美子と藤崎稔が参加して得た情報を県・市に伝えることで受給に結びつけた（本田 2010: 359-360）。

4 障害者自らが市に登録し、外出準備、外出中の介助、帰宅と片づけを有償でできるようにする制度。介助者になるためには、成人であれば特別な条件はない。その後全身性障害者介護人派遣事業の適用拡大を求めるわらじの会の運動によって、一九九九年には越谷市で知的障害者の介護人派遣事業がはじまった。

5 二〇〇二年に社会福祉法人つぐみ共生会は、生活支援センター事業を越谷市と春日部市のそれぞれで受託し事業を展開している。さらに、ケアシステムわら細工や、地域活動支援センターパタパタ（地域デイケア施設パタパタから改組）などの運営母体として、NPO法人かがし座が二〇一三年に生まれている。

6 「開かれた場（オープンスペース）」についての議論は、藤原辰史の論文および藤原との議論によって得られた着眼点である（藤原 2013）。

第五章　三色ご飯と情熱の薔薇

三色ご飯

実家の料理を一つ挙げろと言われれば、私は三色ご飯をあげる。実家の三色ご飯は、丼によそわれた白いご飯の上を、肉そぼろと炒り卵、そしてインゲンかほうれん草の三色の具が覆っている。時にシイタケが入って四色になることもあったし、母が忙しい時にはインゲンがなく、二色にもなったこともある。

家族全員でそろって食べるものではない。三食ご飯を食べるのは母が「交渉」へでかけていく時で、私はそれを電子レンジで温めて食べた。味噌汁やお吸い物があるときは、それをガスレンジで温めた。六歳上の兄と食べた記憶はあまりない。彼は交渉の当事者で、母と一緒に交渉にいっていたからだろう。六歳下の妹と食べた記憶もあまりない。それはたぶん幼い彼女も交渉に連れていかれるか、同じ団地の彼女の友人の家に預けられていたからだろう。

「交渉」がもっとも頻繁に行われていたのは昭和の終わり、平成のはじまりの頃。私はもう小学校の高学年になっており、一人の留守番も可能になっていたし、長時間続く「交渉」に付き合うのを嫌がったからだろう、と推測する。放課後の遊びから帰ってきた私は、テーブルの上にある三色ご飯と置手紙を確認し、それを温めて食べた後、一人でテレビを見たり、ファミコンやパソコンのゲームをしたりして過ごした。

ある日、父に家の片づけを手伝えといわれて、「RYOTA NOW」という母が出していたニューズレターの集成版の束を見つけた。

表紙は兄の字で「ぼくは今」、「よろしく！ボクもなかまです　いのせりょうた」と書かれている。これは、兄が一九八八年二月に受験し、落とされた埼玉県立浦和商業高校の校門の前で、母や兄、兄を支援する人びとがビラとして配ったものである。ワープロの文字で書かれた「定時制高校の受験生の皆さんは御存知のあの大声を出して別室で受験したのが僕・猪瀬良太です」という文ではじまる。そして、「小学校はすぐそばの岸町小学校、中学校は隣の白幡中学校、家もすぐそばです。これからも僕はこの地域でみんなと一緒に生き続けたいのです。だから一番近くの高校の浦和商業をうけました。僕だっていつもうるさいばかりではないのです。一人の仲間としてつきあってみてください」と続く。兄の自画像と、風車のような絵が添えられている。

「RYOTA NOW」は、兄が地元の中学校に通っていた時代、母が富士通の親指シフトのワープロ「OASIS」を使って執筆・編集したものだ。クラスメートや中学校の先生たちの人数分印刷して配られていた。一九八七年六月二〇日に出された第一号には、奈良・京都の修学旅行のおみやげに買って来た「蛇」のおもちゃに妹が怖がっていること、蝶結びができるようになったこと、だから弁当の包みが袋から布に変わったことが書かれ、そして弁当を食べ終わったら、「本人に『お弁当包んで』といってやってください」と同級生に呼びかけられている。最後は一九八八年三月一六日に出された、卒業増刊号でもある三三号で、そこには兄の書いた顔の絵と、母の言葉が次のように書かれている。

皆さんにはいろいろ心配していただいたり、心配を抱かせたりした三年間だったと思います。今日　良太もみんなといっしょに卒業します。
入学式、ケラケラ笑って騒ぎ、静かな式場をざわつかせ、卒業式も　また騒がせることでしょう。でも、彼なりに緊張し、かえって興奮しているのです。
まだ　進路は確定していません。でも、小・中九年間、保育園も加えればまさに生まれてからの一五年間ずーっと障害児だけの場所ではなく、みんなのなかでそだってきた。

そのことを　これからも大切にしていきたいと思っています。
何かあったら　ご連絡ください。
三年間ありがとうございました。

末尾に私の実家の電話番号が書かれている。

この文章を読みながら、そういえば兄の中学校の同級生が卒業してからしばらくたって、「良太はいますか?」といって何度か電話をかけてきたことを思い出した。兄に受話器を渡すと、ほぼ会話をせずに受話器をおいてしまうこともあり、彼との会話は主に母がした。兄も母もいないときは、私が彼と話をしたこともある。私はもう中学生になっていた。同じ中学校なので共通の話題があった。いつも生徒にサッカーだけさせて、じぶんは職員室でスポーツ新聞を読んでいる体育教師の話で盛り上がった。何が理由かはしらないが、彼は高校に入ってから長期入院をしていたのだと、後になってから母に聞いた。卒業増刊号に書かれた電話番号は、ホットラインになったのかもしれない。

同級生といえば、中学一年生の頃には兄と一緒に帰ってくる同級生がいた。彼はしばらく我が家にいて、そして晩飯時になると帰っていった。彼は「良太はこういう曲すきなんじゃないかな」といって、カセットテープをもってきた。ＲＣサクセションとか、ブルーハーツの曲が入っていた。これまで「ピンポンパン体操」とか、「おれはグレートマジンガー」を聴いていた兄の音楽の趣味は、急速に若者っぽくなっていった。エンドレスに流れるブルーハーツの曲をラジカセで大音響でかけながら、兄は時に興奮して飛び跳ねた。それに伴って、私もブルーハーツの曲を聴くようになり、眠い目をこすって斉藤由貴主演のトレンディドラマ『はいすくーる落書』を見たりした。振り返ってみれば、あの頃は、私が流行のテレビ番組を見ている唯一の時期だ。

兄の高校入試

東京出身の母は大学を卒業して、埼玉県の教員採用試験に合格した。一九八二年まで埼玉県の小学校の生徒数は増加を続けていた。[1] 同じく東京出身の父は浦和に住むことを決め、一九七三年の一月に兄が生まれた。

私が生まれる前に兄は自閉症であると診断された。

母は小学校の教員をやめて、自閉症児の療育を学ぶために大学の授業を聴講し、兄と一緒に自閉症の子どもたちの療育をしている場に通った。父も東京の仕事をやめて、浦和市内で職を探した。母は療育の場で出会った何人かの親たちと、子どもを普通学級に通わせようとする親たちのグループを作った。その活動の先に、母は仲間たちと「ぺんぎん村」という団体を作った。そして、私たちが住む団地の集会所を使ったおもちゃの図書館や、仲間の住むマンションの駐車場を使った青空市を開いた。やがて駐車場だった場所はマンションの一部になり、その一室がたまり場になってぺんぎん広場と名づけられた。

この間に、一九七八年に私が生まれ、一九八四年に妹が生まれた。やがて我が家は見沼田んぼと出会った。

兄は一九七九年に後に私と妹が通うことになる地元の市立小学校に入学した。この年、文部省は養護学校を義務教育化する「養護学校義務制」を施行していた。就学猶予や就学免除にされていた障害のある子どもが養護学校で学ぶことが出来ることになった一方で、地域の普通学級に通っていた子どもは養護学校への転校を迫られた。兄も養護学校への就学・転校を迫られながら、普通学級に通った。そして一九八五年に地元の市立中学校に入学した。

兄が中学三年の一〇月に、母は次のような文章を書いている。

長男の良太が中学に入った年は山尾五月君というダウン症の子が定時制高校に入学した年でした。「〇点でも高校へ」なんて言えるなんてすごい！と思いました。

東京の「「障害児」の高校進学を実現する連絡協議会」の集会に参加したりしましたが、「高校」ということを良太にそって考えられないまま時が過ぎました。

昨年の佐野雄介君、金井康治君の全日制高校の受験、そして不合格、今年の金井君の高校への自主登校。そして去年から続く佐野君の高校への自主登校。そんな流れを傍らに見ていても、数ヶ月前までは全然高校へ行かせようと思っていませんでした。養護学校へ行かす気はない、何か仕事をさせようと思っていたのです。

本人に高校の前を通るたびに「ここは高校、高校行く?」と聞いても、たいていはオーム返しをするのに、その時ばかりはいつも「……」で横を向いてしまうのです。だから「この子はもう学校生活が嫌なんだ」と決め込んでいました。それでも三年の初めに進路調査には近くの高校の名を書いて出しました。夏休み前の個人面談で「就職希望でお願いします」と告げた時、先生が「〇〇高校って書いてあったのでどうやって受験させようかと思ってたんだけどなぁ」とつぶやきました。それがちょっと待てよの思いはじめでした。決定的に変わったのは、修学旅行のビデオを貸してもらってからでした。初日大好きな新幹線のなかでも大声を出して騒いでいる良太。それが三日目になるとなんとなく皆のなかに混じって「見学」をしていました。写真を見てもどれも去年の林間(筆者注林間学校)とはうって変わって笑顔ばかり。エ~と思いました。同じ年ごろの子といて、いい顔してるじゃないかって。これが仕事のタテ社会に、障害児だからって十五才で入らなければ、どうしていけないのかって。他の子たちだって高校へ行くのだってステップとしか考えていないのに、どうして障害児だからって最初から「高校」のカードのない札だけを引かなければいけないのか。

そう思って考えてみたら「高校行く？」っていう問は、良太にとって「特殊学級行く？」「バス乗って養護学校行く？」という問と同じ意味だったのではないかと気づいたのです。今まで九年間、「特殊行く？」「他の学校行く？」の間に「……」で答えていた彼でしたから。（最近は違います。養護学校の脇を通っていて「ここはバスに乗って行く学校。ここに行く？」と聞くと「キテチョウダイ」と彼の拒否の意味の言葉で答えました。）

だから良太も高校へ行きます。クラスの子と同じに高校へ行きます。

（中略）

「〇点でも高校へ」と以前になんてすごいこと言うんだろうと思っていたことを、これから言うわけです。でも、高校へ行くか行かないかを決めるのは本人であって、行きたいと思った子は〇点であろうと、チョットはみ出していようと、高校の方が受け入れるのが本来の在り方だと、ちょっと角度を変えて考えてみれば、本当はすごくもなんともない、当たり前のことを言うだけなんだなあと思います。[2]

中学入学当初、母の心は揺らいでいた。私も記憶にあるが、一年生の頃の担任は障害のある子どもの受け入れには否定的であり、クラスメートからのいじめもあった。制服のベルトをムチのように使って打たれた跡が兄の体に残っていたこともあった。運動会のクラス対抗リレーに参加した兄は、アンカーの一人前に走った。それまでトップだった兄のクラスは、兄が走らずに歩いてしまったため、アンカーの頑張りも届かず、最下位になった。担任は運動会の昼休み時間に、「彼を生かすために皆の気持ちを殺してしまった」と謝罪した。クラスメートは、後半頑張るよと答えた。母はそこに、担任の差別意識を読み取り怒った。母は、他の保護者たちから、兄の存在が他の子の負担になっているのではないかという発言を受けたこともあった。母は「あたりまえにみんなといっしょに」と叫びながら、周囲の声に心は揺れた。しかし、兄と共にある母を支えたのは周囲の声でもあった。保育園に通っていたときから、時に大きな声を出す兄の存在が負担になるという声はあがったが、それでも受け入れすべきと声をあげる保護者たちもいた。中学二年、三年の担任は、兄が教室にいることを当たり前のものと受け止めて、クラス運営をした。自宅で私といる時に、兄が一年生の担任の名前を言うことはなかったが、二年、三年の担任の名前はよく口にしたのを私は記憶している。

兄は、九年間ほとんど休まずに学校に通い続けた。小学校入学当初、早生まれで体の小さかった兄は、制度的にも普通学級に来るな、特殊学級や、養護学校に通えと言われるなかで、それでも毎日ランドセルを背負って学校に通った。その姿が学生運動のときに、機動隊の隊列にぶつかっていくときのことと重なると、あるとき父が語っていた。

兄が一次募集で落とされた浦和商業高校の定時制を二次募集で受験するにあたって、母は次のような文章を書いている。

みんなといっしょに

猪瀬佳子

大崎のグリーンハーモニー[3]に行った時、養護学校の脇を通りながら、「ここはバスに乗って行く学校。養護学校行く？」と聞くと、〝キテチョーダイ〟と答えました。「キテチョーダイ」は良太の拒否語です。それを聞いてそれまで「ニイクン、養護学校へ行けばいいじゃない」と言っていた弟も「普通の学校行きたいんだね」と納得したのです。

（中略）

高卒の資格がほしいから行くのではありません。「高等教育」を求めて行くのでもありません。クラスのみんなが行くところへ行きたいのです。障害児だけが集められるところではなく、いろんな子のいるところへ行きたいのです。

それで中学と小学校に挟まれた一番近くの高校――浦和商業を選びました。大声を出して、自転車に乗っていると「良太だ」と振り返る人がたくさんいる町、今まで九年間の小・中の生活で彼が歩きまわり、走りまわり存在を示し続けた町のなかにある高校です。

定時制にしました。偏差値にあっているからではありません。仲間を求めて高校へ行くのだから、いろんな子がいる、いられる場所ではないかとおもうからです。

良太は昼間は「しごと」をさせます。その「しごと」の態勢をしっかりしなければならない時期なのに、高校入学がこんなに困難なことだなんて思ってもいませんでした。定員にもなっていないのに、四名も落として、その四名の数を含んだ人数を再募集している！

その四名にどこへ行けというのでしょう。

一次募集で落とされた四名を含めて、入学許可を得るまで、頑張ります。

情熱の薔薇

「しごと」をしていた兄が車にはねられたのは、私が小学校六年生の頃だ。

母は兄が中学に通っていた時代から、家計のたしにするために全労災のビラ配りをしていた。ぺんぎん村の仲間に紹介された。当時まだ保育園にいっていなかった妹を乳母車に乗せながら配った。兄が中学校を卒業し、高校浪人になると二人でビラ配りをした。二階建てのアパートの一階を母が、二階を若い兄が配った。二人で配ると一人あたり時給一〇〇〇円になった。

高校浪人になった兄は、見沼田んぼに隣接する片柳の谷戸に借りた畑に通ったり、ぺんぎん広場で活動したりしていた。ぺんぎん広場の活動は、当初、生活学校と名づけられて、牛乳パックの回収と、それを再利用し紙漉きをしていた。兄と一緒に働いていたのは兄より数歳年長の知的障害のある青年や、ぺんぎん村に参加するボランティアの主婦たち、若者のボランティアだった。

ボランティアとして関わっていた私の幼なじみの母親と牛乳パックの回収にでかけたところで、兄は車にはねられた。

兄がはねられた日、私は小学校から帰ってきて、兄が交通事故にあったということを聞いた。兄と私が寝ていた部屋に布団が敷かれて、兄がいつもと違い、静かに寝ていた。何を思ったのだろう、私は自転車で浦和の町にでかけ、今はなくなったレコード屋「ブレーメン」で、兄が好きだったブルーハーツの『情熱の薔薇』のシングルのCDを買った。帰ってきて、兄の寝ている部屋にあるCDラジカセにかけた。寝ていた兄が興奮して立ち上がった記憶はない。

小学四年頃までは、兄の高校入試をめぐる交渉に連れていかれることも多かった。

一九八八年三月四日は埼玉県立高校の合格発表日で、兄は浦和商業を不合格とされた。ほかに落とされた生徒とその家族、そして埼玉の障害者運動の人びととともに教育局に座り込みを行った。司会をする教員組合の人が、当事者の親御さんたちから一言ずつと話を向けた。他の母親たちは涙を流し、想いを語った。母も泣くのだろう、と私は思った。しかし、最後に話をした母は一切の迷いもなく、言葉を発していた。その内容は覚えていない。

私が知っている母のいちばん美しい姿だ。

一九八八年五月の県庁知事室占拠の時には、学校を休んで家族や、ほかの障害のある子と親、そしてたくさんの支援者——障害のある人も、ない人もいた——と一緒に知事室に泊り込んだ。朝晩の食事は差し入れられた食べ物を食べていたが、昼は何故か小遣いを渡されて近くのマクドナルドまででかけてハンバーガーを買い、知事室に持ち帰って食べていた。県庁もマクドナルドも私の小学校の学区にあり、平日の昼間にそのあたりをウロウロ歩いているのも、西武ライオンズの日本シリーズ三連覇を記念する西武の選手の寄せ書きが飾られた知事応接室で寝泊りしているのも、そしてそこに車椅子にのった大人の障害者がたくさんいるのも、ただならぬことだと強く感じていた。そして、たぶん自分たちは警察に弾圧されるのだと思っていた。

知事室占拠は私には良く分からないうちに終わり、そして私はまた学校に通いはじめた。同級生に欠席理由をどのように説明したのか、その記憶はない。

二年目に受験した蕨高校のなかには兄の受け入れを考えてくれる教員もいた。兄と父と三人で、山岳部の活動に参加したこともある。その教員が支援している夜間中学に通う外国人労働者の青年も参加していた。みんなで焚き火をしていると、彼は羊を焼いてナイフで切って食べさせてくれた。

しかし、この年も結局、受け入れられることはなかった。

小学校六年になると、交渉のときも私はひとりで留守番することが多くなり、家族と一緒に参加する「障害者運動」というものから遠ざかっていった。

のろのろと歩き、颯爽と走る

私が中学生になっても兄は毎年受験する高校に落とされ続けた。ようやく兄が合格したのは最初の受験から六年がたち、私が高校に入るときのことだ。この年、兄は私が受験した県立浦和高校の定時制を受けた。最初の年は浦和商業、次の年は蕨高校の定時制を受けた。それから浦和高校を受験しはじめて、もう四年が経っていた。

同じ高校の全日制に私は合格し、兄は不合格になった。兄の合格発表は本人も母、父も見にいかず、私が見にいくことになった。数日前に自分の受験番号をみつけた場所で、私は兄の受験番号がないことを確認した。兄は埼玉の東部地区で障害のある生徒も受け入れるようになっていた吉川高校の定時制を追加募集で受験し、合格した。高校入学を、弟よりも遅らせるわけにはいかないという、母と父の判断だった。

そして、私は浦和の高校に通い、兄は県東部の吉川の高校に通った。私は自転車で通学し、兄は武蔵野線で通学した。兄の通学に母は付き添った。だから、三色ご飯を食べることが多くなった。定時制高校に通う兄には給食があった。

私が三色ご飯のことで母を責めたのは、その頃のことだ。兄のめんどうばかりみて、自分たちの食事の手を抜いていると、私は母を責めた。今にして思えば、何も母だけが飯を作る立場にはなく、文句があれば自分で作ればよかったわけだが、当時の自分はあまりに幼く、そのことを考える余裕がなかった。兄の存在が周りの人たちにも自然に知られていた中学時代とは違い、高校の三年間は障害のある兄がいることは、わざわざ喋ることになっていた。「自由」な校風を歌う高校の生活のなかで、自分も「自由」でいたいと思っていた。その頃の自分は、その「自由」なるものが、如何なる背景の前で成り立っているのかを考えることはなかった。家族のなかに葛藤を抱えながら、「運動」が展開されていた。

定時制高校に通いながら、兄の「しごと」の場所は少しずつ形作られていった。ぺんぎん広場で行われていたしごとづくりは、南浦和での店づくりとなり、そしてやがて埼玉県の補助金を受けて小規模作業所である、地域デイケア施設わくわくが生まれた。わくわくはミュージシャンでもあった生田哲郎さんの尽力のもと、ウクレレ工房を目指して活動した。ようやく楽器屋にウクレレを納められるようになり、商品としての価値も認められた矢先に、生田さんは病に倒れ、闘病生活の後に亡くなった。その頃に福祉農園ははじまっており、わくわくの活動はウクレレづくりと農園活動を二つの柱にしていた。生田さんが亡くなってウクレレ作りはできなくなり、わくわくの仕事は農園活動に特化していった。

銀行員家族の一人娘として、ベビーブームの只中に東京に生まれた母は、ながいしんどいたたかいのなかで、兄と共に地域で生きることを決めた。この街に障害のある人もない人も共に生きる地域を作るのではなく、この街を障害のあるない人も共に生きる地域にする。地域の学校に拘り、それがやがて今、見沼田んぼを中心に展開されている諸活動や雑多な関係に、ジグザクの道のりでつながる。

肩肘はらずに兄と一緒に、ほかの人びとといられるようになったのは、大阪で四年間の大学生活を過ごしたこと、大学院に入って関東に戻ってきて、見沼田んぼ福祉農園に本格的に関わりはじめたこと、そこからはじまる様々なことの先の話だ。そして今二〇年近くがたって、ようやく当時のことを冷静に考えることができるようになっている。

いま、ふたたび「RYOTA NOW」の集成版を手にとると、万感がこみ上げてきて言葉にならなかった。あの時の自分と傍らにあった人びとの時代感覚をあらわすとしたら、やはりThe Blue Heartsしかない。とともに、自分の感覚をもっとも呼び覚ますとしたら、母の三色ご飯の味なのだと想う。

■注

1 『埼玉県学校基本調査』の「埼玉県の児童と生徒の数のうつりかわり 一九六〇年～二〇一六年」によれば、一九八二年の小学校の児童数は六五万八〇五二人でこれまでで最大であった。

2 『SSTKぺんぎん村郵便』三二号（一九八七年一一月二七日発行）。

3 グリーンハーモニーとは、一九八七年に埼玉県で開かれた第五回全国都市緑化フェアのことで、浦和市、大宮市、川口市が共催した。メイン会場は見沼田んぼ内にある大宮第二公園で、浦和の会場は見沼代用水東縁に隣接する大崎公園だった。

第六章　まつりのようなたたかい
——埼玉の権力の中枢で

ある風景

紺碧の空。強烈な光が反射する、五階建の白い堅牢な建物。その玄関から突き出した黒い屋根の上に、車椅子に座る三人。日差しをよけるためか、それぞれ帽子をかぶり、頭の上にタオルをのせる。その周りを歩く男と女。女は、車椅子の女の口を拭く。ベランダの上の日光浴のような、一見のどかな風景のようでもある。屋上には日の丸が踊る——。

そんな一九八八年の初夏の映像が流されたのは、二〇〇七年八月三一日埼玉県庁内の講堂。埼玉障害者市民ネットワークが、障害のある人の暮らしに関わる全ての部局に対し行っている総合県交渉の会場である。映像に映った建物は、一九五五年に完成した埼玉県庁の第一庁舎である。五人が居座っているのは、県行政の中枢の正面玄関の上。そのことを知れば、一見のどかな風景は、少なからざる違和感を引き起こすはずだ。

車椅子に乗った三人は、日の丸のはためく建物に突進するのではなく、建物の一部に寄生し、それでも見るものに違和感を与えながら、玄関の上から街と世間を望む。


昭和が終わろうとする一九八八年。私は小学校四年生だった。

この年五月、埼玉県庁の知事応接室は、県立高校定時制への入学を求める三人の知的障害のある青年とその家族、そしてそれを支援する大人の障害者や支援者たちによって占拠された。知事への面会を求める人びとは、車椅子に乗った障害者を先頭に知事室からその奥にある応接室になだれ込んだ。革新系を地盤とする時の県知事畑和は、夏に迫った知事選挙を前に強制排除をためらった。その結果、四日間にわたり――四日目は未明に明け渡されるが――県の最高権力者の応接室が占拠される事態となった。

県庁を学区にする小学校に通う小学四年生の私は、知的障害のある青年の弟として、その渦中にあった。この泊り込みの間、私は小学校を休んだ。私だけでない。支援者の子どもは学校や保育園を休んだ。大人たちが交渉をやっている横で、子どもたちは遊んだ。学校の教員をやっている支援者は、昼間は学校にいき、夜仕事が終わって知事室に戻ってきて、翌朝また学校に出勤した。交渉の合間には、ギターでフォークソングが奏でられ、子どもたちは、使われていない車椅子を玩具に廊下で遊んだ。県内各地から差し入れが届いた。県庁知事室という場所で、見慣れない電動車椅子が並ぶ。身体障害の人のよだれの匂いがする。大人たちは時に怒りをあらわにし、聞きなれない言語障害の人びとの言葉が響く。私の日常感覚はグラグラと揺さぶられた。

応接室に居座りはじめた翌日、人びとはグループを編成し、県庁内総点検行動を行った。単に三人の高校入学を求めるばかりではなく、高校を取り巻く生活環境や、卒業後の働く場づくりといった課題を訴えた。実際に地域で暮らす大人の障害者や、彼らを支援する人びとも参加し、日常で直面する問題について言葉をぶつけた。

三日目の夜、ようやく教育長が知事応接室に現れ、泊り込んでいた全員との対話集会が開かれた。そして、彼の「(この混乱は)ご指摘どおり(教育局の障害者への無理解、差別的対応が引き起こしたもの)とすれば、遺憾に思う」という陳謝と、高校の管理職への働きかけを行う確認を引き出した。そして、人びとは占拠を打ち切る。人びとは地元に戻り、私は学校にまた通いはじめた。

二〇〇七年の県庁講堂での映像上映は、総合県交渉の、さらに言えば「地域で共に」を叫ぶ埼玉の障害者運動の原点を確認するためのものだった。

知事室占拠に至るまで

●高校の門を叩いた人びと

一九八八年二月、草加市に住み、普通学級と特殊学級にそれぞれ通っていた二人の知的障害のある女子生徒と、浦和市で小学校中学校と普通学級に通っていた私の兄である猪瀬良太が高校を受験した。女子二人は県東部にある吉川高校の定時制を、兄は県南部の浦和商業高校の定時制を受験した。彼らは前年の秋にどの子も地域の公立高校へ・埼玉連絡会を結成しており、私たちの母である猪瀬佳子が代表となった。

受験の前日二月二四日の教育局との交渉では、それぞれの母親たちは次のように語った。

草加の中学校から吉川高校(定)を受験する。うちの子も普通学級でやってきて、同級生たちが高校をめざすなかで、「私は頭が悪いから高校にいけないいんだよね」と泣きながら訴えてきた。で、私たち親も「がんばっていこうね」ということで、ここまできた。クラブは何に入ろうかと子どもなりに入学後のことを気にしている。親としても、もし成績で落とされたら、子どもにどう言ったらいいいか。一五年生きてきて、やっぱり差別されちゃうということは子どもにもわかると思う。

草加市の特殊学級から吉川高校(定)を希望している。毎年、毎年、校長室によばれ「専門の先生がいらっしゃるところで、お子さんにあった教育を」と言われてきた。小学校三年から特殊に入ったけれど、特殊のなかでも障害の程度によって差別を受けた。午後になると先生が忙しくてみていられないからということで、六年生になっても早く帰される。養護学校一本やりで通してきた子どもたちは、周りに知られていないので「あの子はおかしいんじゃないか」と見られ子ども自身いこじになる。みんなに知られていくことが大事だと思った。

私たちの父である猪瀬良一は次のように語っている。

うちの子がなぜ浦商を希望するのか。一番近い公立高校だということに尽きる。新しい環境に慣れにくい良太にとって、浦商は生活空間の一部。選抜の基準について言えば、応募人数に満たなくても足切りをして、二次募集、三次募集をして、全日制から回ってきた子を集めて偏差値の底上げをやるというやりかたはおかしい。住民要求で生まれた公立高校なんだから、地域に住む子どもたちの生活実態に即した運営をしてほしい。地域から隔離された生き方はいやだということで、九年間子どもを普通学級に通わせてきた。高校進学率が九三%、四捨五入すれば一〇〇%という状況の下で、地元高校を希望した。障害者の社会参加の一環としても、地域に根ざした公立高校づくりという意味でも、ぜひ入学させることが必要だ。[1]

中学三年生になってから、兄は毎晩、母と一緒に、自分の名前と受験番号、そして一点でも取れるように、記号問題の答えになる「イ」の字を書く練習や、面接で名前や年齢を言う練習をしていた。実際の入試で、兄が何点取れたかはわからないが、「〇点でも高校へ」が運動のスローガンだった。兄の中学校の同級生たちは、兄の入学を認めさせるために署名を集めた。

入試直前の二月一九日、どの子も地域の公立高校へ埼玉連絡会は埼玉社会福祉研究会、普通学級就学を実現する埼玉連絡会の三団体合同で、畑和知事と荒井修二教育長宛に要望書を提出した。ここでは、①肢体不自由児・者について受け入れている公立高校の門戸を、知的障害、情緒障害にも認める、②義務教育課程で認められている心身障害児の受け入れを高校でも認める、③遠くの養護学校ではなく、居住地域のなかで教育を受けさせる権利を認めることを求めた。[2]

二月二四日の教育局指導課との交渉では、「地域で生活し、共に学ぶことの大切さを確認する」という文書の確認をしたほか、「(受け入れに積極的な教員がいる)吉川高校定時制で校長・教員が受け入れを認めた場合、是認」、「浦和商業定時制の校長・教員に会いたいという(どの子も地域の公立高校へ埼玉連絡会など三団体の）意向は伝える」こと、「（身体障害に限定されていた）心身に障害のある生徒の選抜にかかわる留意事項については今後前向きに検討する」ことを確認した。

しかし、三月四日の合格発表では、志願者が定員に達していないにも関わらず、三人全員が不合格とされた。浦和商業では、受験当日に三団体との話し合いを拒むためのピケが張られ、以来、一切の話し合いの場ももたれなかった。

●緩やかなネットワークの存在――国連障害者の一〇年中間年のつどい実行委員会

埼玉社会福祉研究会が発行する一九八八年四月の『SSTK通信』は、次の思わせぶりな文章で結ばれている。

「連休明けの五月第二週は県政への完全参加と平等を進め、三人の高校入学を実現するための県各部局との対話行動週間としてさまざまなイベントを計画中です！」

ここで語られる「さまざまなイベント」こそが、五月一一日からはじまる知事室占拠であった。

一九八八年五月三日に、どの子も地域の公立高校へ埼玉連絡会、埼玉社会福祉研究会、普通学級就学を実現する埼玉連絡会によって開催された「一緒の高校へ行きたい埼玉集会」（於浦和コミュニティーセンター）は、障害児を普通学級に全国連絡会の世話人をつとめる山田真

(医師)や北村小夜(元学校教員)、山崎政人(毎日新聞記者)、そして渡辺鋭気(『季刊福祉労働』の初代編集長)をゲストとして招き、三人の障害児やその家族、支援者を交えた議論を行った。
この集会において、知事室占拠をめぐる連続行動の意味が確認された。すなわち、①目標としての、三人の入学保障。②目的としての、養護学校義務化の後九年間の普通学校での生活の決算。そして高校をけっして障害児に関してだけでなく生活の場に変えていくこと。福祉、雇用促進などの障害者施策を共生、共働の施策に変えていくこと。③具体的行動として、知事部局をターゲットとすること、及び行政が障害児教育、福祉教育、進路(生活)と称している中身を総点検すること。[3]
重要なのは、単に障害児の高校就学を勝ち取ることではなく、この問題を切り口にしながら大人の障害者の労働や生活の問題といった障害をもつ人に関わる問題全体への問いかけが、この段階においても存在していたことである。それとともに、偏差値や特技によって生徒の個性を割り振り、学校の「個性化」を図るのではなく、その地域に住む、障害児を含めた様々な人間が共に育ちあう場としての「個性化」、「多様化」を貫いた高校を作り、それによって社会の分業化自体、細分化自体を見直すことを目指すことを方針とした。
これに先立つ動きがあった。一九八六年に国連障害者の一〇年(一九八三年~一九九二年)の五年目を迎えるにあたり、埼玉社会福祉研究会が中心になり、県内一八団体五個人の参加と二団体の協賛のもとに、「国連障害者の一〇年・サイタマ五年目の集い」が開催された。「集い」の準備過程で、それまで個々別々に行われてきた、①普通学級就学運動、②障害者自身の自立・解放運動、③共に生きる地域をめざす多様な活動がはじめて全県的に出会い、互いの考え方についての疑問や違いを率直に出し合い、共通の課題や連帯の仕方を探ろうとした。

埼玉社会福祉研究会の代表を務めた八木下浩一は、一九四一年に川口で生まれた。生まれてからずっと寝たきりの生活をしていたが、つかまり立ちができるようになった一二歳のときに地元の小学校に入学の手続きをした。しかし、就学免除されて、入学は認められなかった。その後、何度も掛け合いようやく学籍を認められたのは二九歳の時だった。この運動が注目されて、八木下は東京大学駒場キャンパスの「闘争と学問」連続シンポジウム実行委員会が開催した「障害者と教育」に招かれた。やがて、シンポジウムの参加者が作った「八木下さんを囲む会」の人びとなどの支援を受けながら、川口の在宅障害者を訪ね、「川口に『障害者』の生きる場をつくる会」を一九七四年に結成した。この運動のなかで川口市にもとめた介助の必要な障害者が自立して暮らすグループホームは、結局、開所直前に骨抜きにされ小さな療護施設になってしまった。運動の挫折を受けて、八木下は生きる場を作る会のメンバーの一部とともに、一九七七年に「共に街に出よう」をスローガンに「川口とうなす会」を結成した（八木下・名取 1972: 八木下 1980）。とうなす会の影響を受けながら、県内各地で障害者の地域生活運動が起きていった。わらじの会も、その細胞分裂の一つである。[4]

「五年目の集い」を終えて、一九八六年一一月二六日、一二月七日と二度にわたる総括集会がもたれた。いくつかの共通課題が浮かび上がり、一二月二四日に埼玉県に、「国連障害者の一〇年・サイタマ五年目の集い」実行委員会として要望書を提出した。この要望書にもとづき、翌年一九八七年二月六日、一六日にはじめての総合県交渉が行われた。交渉のなかでは、「店・事務所づくり」、「ケア付き住宅の実現」とともに、「地域の学校を地域に開かれた生活の場に変えていく必要性」が課題として提示された。

一九八七年七月一九日に「サイタマ中間年のつどい実行委員会」が結成され、大人の障害者をめぐる介助保障や労働問題に取り組む人びとと、教育問題に取り組む障害児とその家族、教員たちの運動とが、日常的に話し合いをもつネットワークが実体化していった。元来別々に活動していた人びととの間で行われる話し合いは、その一致点をめぐって毎回喧々諤々の議論となり、だからこそそこにひきつけられた、と山下浩志は私に語っている。このようなネットワークの存在が、三人の高校入学をめぐる運動を多元的なものとした。

●三人の自主通学——彼女らが生んだ渦

不合格にされた三人は、高校に自主通学する道を探った。受け入れに前向きな教員がいた県立吉川高校（定時制）では、入学式の自主参加にはじまり、その後週一回の自主通学が行われた。入学式では、その年の三月の卒業生が先導し、二組の親子が全日制の教員の制止を振り切って会場に入った。「君は何だ？」と詰問した教員に対し、「僕は卒業生だ。ひとの名前を聞いて、自分の名前を言わないのは失礼じゃないか」と毅然とした態度を取った。会場に入った二人は、受け入れに前向きな教員とも懇意にしていた三年生から花束を贈呈された。

このような華々しい幕開けであったが、その後の歩みが平坦であったわけではない。四月二五日のわらじの会の活動日誌に、山下浩志は次のように書いている。

> 吉川高校の件――予想通りのことが進行してゆく。夜、Oさん（筆者注　当時吉川高校定時制教員）よりTELあり。「自主登校、部活に二回いったんだけど、思っていたより、簡単じゃないみたいですね」よくつきあってくれていると思っていた生徒から「先生、週二回はきついから一回にしてもらえませんか？」。たしかに、その生徒にしてみれば、二人は、突然どこからともなく舞いこんできた風来坊――一度や二度はよそゆきでお迎えするが、それが続くとなると、自分たちが作ってきた日常の活動、関係がこわれてしまう。だから……。結局、Oさんも、その求めに応ずることになった。

Oさんたちは、ツッパリくん、落ちこぼされた少年少女たちに対して、開放された吉川(定)の空間は、きっと、二人に対しても開け放たれているはずだと錯覚していた。傷をもつ人間は、他人の痛みを知っているはずだと誤解していた。そうはいかない。もしそうなら、障害者同士のなかでの差別があんなに甚だしく行われるはずもないのだ。二つのことが必要。二人それぞれの生活、歴史を(僕らも含め)掘り起こし、伝えていくこと。もう一つは、二人を超えて、「障害者」という存在、差別や共生等の人間模様を、親たち、生徒たち、教員たちに伝えていくこと。このふたつはわらじの会ぬきにはできない。[6]

彼女たちが通い続けるなかで、学校内に微妙な変化がもたらされていく。

「自主登校します」というビラを各教室に持って回る予定の日だった。教室周りは、二人の担当で、休み時間に回ろうということにしてあった。そして職員オルグは、親が一緒に職員室へ行き話し込むという形でやろうと……。まあこういうプランだったはずなのが……。

Aちゃんは、教室に入ったのがうれしく、授業にも参加し、歌を歌ったらしい。最初は社会科(二年生)の授業で、新任の教師が大慌てでつまみ出そうとしたらしい。生徒もやはり、動揺したり、怒ったりしたとのこと。それぞれにOさんのところに来て、「何とかしろ」と言ったり。結局、出されてしまったがめげながらも、次は古文の授業(三年)に入り、やはり歌……。このときは変わった生徒が一人いて、「わははは……」と学校中に響く大笑い。教師も太っ腹な性格で、つまみだされずに終わったとか。渦は起こりはじめた。さて次は……。[7]

一方、「発達段階に見合った手厚い教育が保障されるべきである」、「『教育をする者の行為を受け入れることのできない者』の入学を認めることはできない」、「もし良太君の通学を認めたならば、本校で学ぶ生徒の学習権を脅かされかねない」といった理由で、兄を不合格にした県立浦和商業高校(定時制)への自主通学は、膠着状況に陥っていく。[8]

浦商定時制の教員たちは、良太君が校内に一〇歩も入るとすぐに「出ていけ」と取り囲みます。教室内に入るなどもってのほかです。他の生徒たちと一緒にやりたい良太君にとっては、時折私たちが良太君と一緒に校門前でやるビラまきも不完全燃焼で、先日などビラまき中に良太君の卒業した白幡中学校の生徒たちが部活のマラソンで通りかかったら、その後をついていずこともなく走っていってしまいました。

全日制の教員たちは、安心しているせいか、「出ていけ」と言うことはないので、良太君とお母さんは六月のはじめまで、毎日のように昼間浦商に出かけました。校内に入ると、入試を受けた教室の前にいき、「座ってください」と言って中に入りたがります。お母さんは「中がギュウギュウだから入るのはムリだろうな」と思いながら、良太君を止めて廊下で室内の授業を聞いていました。商業高校は女子が多く、そのクラスは女子ばかりでした。ある日、たまたま運動会の予行演習の日にあたり、教室内でみんな着替えしている所に良太君が行き合わせ、「キャーッ」ということもありました。
その全日制の運動会の日も自主参加しました。白幡中の同級生などもいて「良太、しばらく」。でも良太君は観客でいることに耐えられず、トラックに入りたくてウズウズ。押さえていたお母さんは「これ以上は目の毒じゃないか」と思ってしまい、早々に帰ってきてしまいました。（中略）その後しばらくは浦商にはいっていません。

（中略）

それにしても、浦商定時制の教員たちの排外的な行動は、目に余ります。良太君が好きな全日制のクラブ活動は定時制がはじまる時間と重なっているため、良太君がクラブ活動をのぞいていると、定時制の教員がそこまでやってきて「出ていけ」と言うのです。全日制の生徒たちからも良太君を隔離しようとする、定時制教員集団の差別性は、いくら管理権が学校側にあるといっても許されていいものではないでしょう。[9]

私の兄猪瀬良太が入学を求めた定時制への自主通学は、あくまで受け入れを認めない教員たちによって実体的なものにならなかった。その結果、本人・親、支援者たちによって生徒や教員たちへ賛同を呼びかけるビラまきにとどまるものであった。ビラまきは生徒の通学時間に行われた。全日制の教員たちは、定時制の教員のように強い拒否反応は見せず、兄や母の存在を大目に見ていた。そのため廊下に入って授業を見学することもできた。本来そこにすらいることのない兄の存在は、運動会の予行演習の日のような事件を引き起こし、山下にならって言えば小さな渦を巻き起こしていた。しかし、教員たちの態度は大目にみる程度にとどまり、受け入れを進める姿勢は生まれなかった。学校内にもたらされた渦は大きなものにはならず、六月の運動会以降、自主登校自体が行われなくなった。

知事室占拠は、このような吉川高校で渦が生まれていく過程と、浦和商業高校での硬直した状況のなかで起こった。

占拠された知事室、占拠した身体の群れ

●県庁総点検──「進路」は地域社会に向けられているか

五月一一日午後、知事への面会を求めて県庁知事室を尋ねた障害児や親、その支援者は、車椅子に乗った大人の障害者を先頭にその奥にある知事応接室になだれ込んだ。あくまで知事への交渉を求め、会うことができるまでこちらで待たせてもらう、ということであった。いわゆる「さまざまなイベント」がここからはじまる。

知事応接室が占拠の対象になったのは、猪瀬良一の証言によれば、当時の畑知事が改選直

前だったことが背景としてある。三月四日の合格発表直後、不合格に抗議して行われた教育局総務課との交渉では、交渉日が確定するまで座り込み、結果翌朝七時まで泊り込むことになった。教育局は、再度の泊り込みへの警戒を強めていた。一方、知事部局はノーマークであり、知事も障害児とその家族を強制排除することによって、ネガティヴなイメージが広がることを恐れて排除をためらうという読みがあった。[10] 実際に占拠がはじまると、議会の多数派を自民党系会派が握るなかで、障害児とその支援者、教育局だけでない、様々な勢力が水面下で駆け引きをすることになる。

翌五月一二日、知事室での座り込みを継続しながら、グループを編成し、県庁内総点検行動を行った。グループは「交通・管財（企画財政部交通政策課・総務部管財課）」、「雇用（労働部職業対策課・総合政策部職員課・人事委員会事務局）」、「住宅（住宅都市部）」、「生活（福祉部障害者福祉課）」に分かれた。それぞれの担当分野で「障害者の自立と共生社会の実現にどんな努力をはらっているのか」、その点検を集中的に行った。[11]

交通対策課では障害者や高齢者の利用に配慮した駅や車両構造を求めた。職員課と人事委員会事務局では、重度の身体障害や知的障害のある人びとの雇用の促進、職業対策課では障害者への職業訓練ではなく、障害者が共に働きやすい環境づくりを要望した。住宅都市部では施設収容ではない、自立生活をさせる住宅づくりの必要性を訴え、障害者福祉課では共に学び、共に生き、共に働くための施策の充実について議論した。単に三人の高校入学を求めるのではなく、障害のある人が地域で暮らし、働くための課題の解決を、県庁内の様々な部局に訴えた。ここには実際に地域で暮らす大人の障害者や、彼らを支援する人びとが参加し、日常で直面する問題を己の生活感覚から発する言葉でぶつけていった。

たとえば、こんなやりとりがあった。

ミーティングのとき、県庁泊まりこみのときの印象を光子さん（筆者注　新坂光子さん）に聞いた。交通政策課にいったとき、彼女は相手が何の係であれ、とにかく県庁の役人だという気持ちで、県庁のトイレの狭さを訴えた。結果は、一緒にいた仲間にも笑われ、彼女はいっぺんにしぼんでしまった。

光子さんの生活感覚からすれば、電車の問題も、県庁のトイレの問題も同じ平面にある。それは、高校問題で県内に集まって会議をやるとき、野島さん（筆者注　野島久美子さん）が意見の終わりに、「味噌を買ってください」と言う。僕が「野島さんの世界観では、高校も味噌も統一されているんだよ」と言うと、このごろは木村くん（筆者注　木村俊彦さん／新座のキャベツの会メンバー）も「そうなんだよな。すごいなー」と言うようになった。[12]

県庁の部局が細分化し、そこで行われている施策が縦割りになっていることは、官僚制の特質である。いつしか私たちの思考もそれに則ったものになる。だから駅のエレベーターの話は交通政策課、県庁のトイレのことは管財課と考えるし、障害児の高校入試を求める運動と、自分が作っている味噌の販売は別のものと考えてしまう。しかし生活というレベルにおいては、それぞれは簡単には細分化されず、渾然一体のものとして存在している。その渾然一体のものが、県庁で働く人びとや、一緒に訴えに出かけた支援者たちの前に投げ出される。そして知事室占拠という状況のなかで、県庁の役人に対してそれらの言葉は重みをもったものとして受け止められていくとともに、知事応接室という場所で身を寄せ合っている支援者たちには、それらの言葉を生み出す彼女らの感覚への共感が生まれていく。

障害者たちの生活の言葉の重視ということは、言語障害をもった身体障害者の言葉を無視しようとする教育局や管財課への糾弾という形で、別の重要な意味をもつことになる。

●管財課との庁内施設点検と、警告の失敗

県庁内総点検において、知事室占拠を継続させる上で重要な意味をもったのが、管財課とともに行った庁内施設点検であった。ここにおいて、管財課長ら管財課職員とともに、車椅子利用の障害者らが一緒に県庁内を回り、エレベーター、スロープ、トイレといった「障害者用設備」が、その名の下に健常者と障害者を物理的に分ける構造になっていること、利用

者の声を聞くことなく設置された手すりがまったく使いにくいものであることを指摘した。同時に、そもそも県庁正面玄関にスロープがないため、車椅子利用者の来庁を大きく妨げていることを批判した。

グループに分かれた県庁総点検行動の後、一三日の未明にかけて、知事部局の斡旋によって、教育局との予備折衝がもたれる。

三日目の朝、数人の車椅子利用の身体障害者が、知事室の窓から正面玄関上のベランダに出て、知事室占拠という異常事態をアピールした。直後、事態が急変する。

そのとき、突然、作業服に「埼玉県」という腕章をつけた一団が、大きな時計とカメラと「警告書」をかざして入ってきました。管財課です。その後ろには教育局の連中がいました。[13]

このとき、管財課は明確な排除の意思をもって、知事室に押しかけた。しかし、ここで運動側は排除されずに踏みとどまる。

管財課の職員たちは、中にいたのが主として障害者とお母ちゃんたちだったため、勝手がちがったようでした。車椅子のメンバーに手をつかまれてギョっとあとずさりし、お母ちゃんに「キャー、エッチー」と叫ばれ、「その不思議の国のアリスの兎みたいな時計はなんなのよ!」と詰問されてモジモジしているありさま。けっきょく、「知事応接室を明け渡せ」という「警告」は発せずじまい。この後、管財課長は自己批判し、確認書にサインしました。前日の庁舎内点検で、これまでの庁舎管理の問題性を気付かされたことが、こうした反省をよびおこすきっかけになりました。[14]

いわゆる過激な運動家ではなく、障害者や普通の主婦だった女性たちが声をあげ、抗議をすることで、強制排除に歯止めをかける。[15]

それとともに、前日に管財課と行った庁内施設点検が活きた。県庁内施設の改善を求める話し合いの延長で知事室にとどまっていると言われたとき、前日に運動側と一緒に庁内点検をし、ともに問題点を確認した管財課は、障害者を排除する施設をそのままにしていた自らの非を認めざるをえず、物理的な排除はおろか、警告すら発することができなかった。

最終的に管財課長は交渉のテーブルに座り、話し合いの後、混乱しながらも以下の確認書にサインをすることになる。すなわち、交渉の場面で言語障害のある人の発言を聞き流した点、本庁玄関の差別的構造が温存されている点、障害児教育の実情が全く見えていなかった点、障害者の声を聞きながら庁舎の改善を行う必要がある点、そして警告を出そうとしたことについては、今回の問題は障害児の教育を保障していくために重大であるという認識に欠けていた点が確認された。

●身体がそこにあるということ

知事室で身を寄せ合って暮らすことは、様々な出会いを生んだ。たとえば、私の母は車椅子の人たちと深く付き合うようになった。占拠の直後に彼女は次のように書いている。

三日間、車椅子の人たちと寝起きをともにしたのははじめてでした。トイレ介護、みんな同じにやればいいのかと思っていた浅はかさ。私とあなたと微妙に違うように、ひとりひとりやりやすいやり方は違うんだという当たり前のことよーくわかりました。でも車椅子用のトイレといっても本当に使いやすいものってないのですね。あれなら、普通の洋式トイレをひろーくして、手すりをつけただけのほうがよっぽどやりやすいのに……。[16]

一連の交渉において、言語障害のある身体障害者の発言は、その中身以前に、むしろその形式において重要なメッセージをもった。管財課長の確認書にもあるように、知事室占拠以前の教育局交渉の当初から、言語障害を伴った語りは交渉相手の県庁職員から受け流されてきていた。しかし運動側は、粘り強く彼らの言葉に耳を傾けるように迫った。それは運動内部に向けられるものでもあった。

（一九八八年三月一七日に教育局との間で行われた交渉の場で）野島さんが指名したのが、R子ちゃんだったので、ビックリ。つぎに指名したのが、K子さんだったので、またビックリ（筆者注　いずれも強い言語障害のある人）。

でも、そのことによって、二つのことが明らかになった。第一に、教育局は予備折衝のときにもさんざん確認したにもかかわらず、言語障害者の言語を聴き取ろうとする姿勢を示さないこと。県民だよりにも「（障害者の発言が聞き取れなかったら）何度も聞き返せ」と載っており、頭の中ではそのことに反論できないにもかかわらず、身体も心も動揺し、どうしていいかわからない。わからないなら「わからない」と言えばいいが、ウヤムヤにしてすませようとする。聴き取ろうとしないのではなく、単に〈聞こえない〉＝〈R子ちゃん、K子さんの発言はなかった〉ものとして処理しようとする。追求すると「通訳」や「代弁」を要求する。実はこれが〈障害者は別枠で、特殊教育で〉という思い上がった教育局の発想の元にあるということ。

もうひとつ明らかになったことは、会場の側からも、聞き返す姿勢が希薄だったこと。それでも、あんなに多くの人が、教育局交渉に集まったということは、この高校入学交渉がますます、いろんな人の数多くの学校批判、社会告発を吸い寄せた焦点となってきたことを物語っている。そのさまざまな立場のちがいと共通の土台を明らかにしていく作業も、また急務になっていることだ[17]。

行政の縦割りを前提に交渉に臨む側の私たち自身が、すでに縦割り行政というものに飼いならされているように、交渉とは言語明瞭で論理明快な言葉同士のやり取りであるという意識を、私たちは気付かぬうちにもってしまっている。三人の障害児の高校入学を一つの契機として起こり、知事室占拠に結実した運動は、そのような行政交渉の枠組みを、暴力とは別種の形で身体や、感覚の領域まで開いた。

「雲の上の人」との対話

●動けない知事

革新県政を担う畑知事の有力な支持勢力の一つである共産党は、障害児教育においては「発達保障論」を主張し、障害児は障害児のために作られた学校で教育を受けることによってその発達権が保障されるという考え方を取った。一方、もう一つの支持勢力である社会党は、むしろ障害児と健常児が同じ学校で学ぶ共育共生運動を支持した。このような状況において、共産党の県議団によって、知事は知事室からの障害児・保護者の強制排除を要求された。ここで知事の強制執行に歯止めをかけたのは支持勢力のなかで反対の主張を行う社会党の県議ではなく、むしろ自民党の県議たちであった。県議会九四議席のうち、六四議席を占める自民党の県議たちは、仮に親子と支援者の強制排除を行うならば、彼らはそれを社会問題化すると知事に対して通告した。この年の六月に控える知事選でのマイナスイメージの浸透を恐れた知事は、このような状況のなか、自らの応接室を奪還するという契機を見失うことになる。このような情報は、運動側と知事部局、教育局の橋渡しを行い、泊まりこみ三日目の夜に教育長を直接交渉に導いた市民運動家を通じて、知事室を占拠する人びとに逐次伝えられた。[18]

●「雲の上の人」教育長との対話

一九八八年五月一三日、知事室泊まり込み三日目の夕方、反原発運動を進めていた桶川市民ひろばの北村文子がパイプ役になり、知事部局の教育局への斡旋が強く行われた。これを受けて、荒井修二教育長は予備折衝に姿を現す。泊まり込みを行う親子や支援者の代表の抗議にあうなかで、教育長は教育局として、

「(この混乱は)ご指摘どおり(教育局の障害者への無理解、差別的対応が引き起こしたもの)とすれば、遺憾に思う」という陳謝と、「(吉川高校ですでに行われている)自主登校の追認」、「高校

への入学については（高校との）交渉で決めることではない、しかし話し合いについては、（高校の）管理職との話し合いに努力したい」という意思について文書確認を、下崎忠一郎知事室長立会いのもとで行った。[19]

その後、教育長は、指導部長、管理部長の三人とともに、知事室へ現れる。そして「雲の上の人」であり続けていた教育長と、泊まり込んでいた全員との対話集会が開かれた。教育長は交渉に、飲み屋からやってくるような、そんなフラリとした感じで現れた。[20]

障害児の親や、大人の障害者たち、支援者たちは「雲の上の人」へ、高校への思いをぶつけ、自己の経験を語っていく。

猪瀬佳子：偏差値によって子どもをふりわけていくということへの反省と心の障害も含めて障害をもった子どもへの受験上の配慮を考えていただき、希望する子どもたちがもっとたくさん受け入れられるように。そういう点について今後前向きにということだけでなく、具体的に検討していただきたい。

猪瀬良一：四月に入っても良太は中学に行くつもりで毎朝したくをする。子どもにとって空気が必要なのと同じように友達が必要。それを奪うことは人権問題。子どもの人権が守られてこそ教育。三人の子どもたちは氷山の一角。ほかにも高校浪人を強いられている子、やむを得ず養護学校へいっている子は多い。同世代の子どもたちがどう地域で育っていったら良いと思うか、教育局にぜひ聞きたい。

教育長：さっき話があったように、一緒に生活してきたんだったら、やはりいきたいという気持ちが出るんでしょうね。まあ、今日はそういうあれもあるけど、めったにお会いできないんだから、話をうかがえたほうが……。

猪瀬良一：浦商の現場の先生たちがうちの子に対してピケを張っている。ぼくがどうしても納得がいかないのは、一次募集が定員に満たない場合はなるべく全員受け入れるようにという通達が出ていながら、なぜ浦商で落としたのかということ。ぼくらとしては、あの通達を十分に読み込んで、良太を受けさせたわけです。悲しい思いをさせたくないから。

新坂(貴)(わらじの会)：(泣きながら)おかあちゃん……あー。

猪瀬良一：県民の信義の問題で通知だとか条例だとか、そういうもので保たれている関係を、それを司っている課長であれば「原則として通達を守ってほしい」と言うのはあたりまえですよ。

教育長：あれはね。あの通達を読んでいただければわかるけど、「全員とる」とは書いてないんですね。「可能な限り」っていうのは、そのなかに「校長が最終的に判断しろ」っていう意味あいをもっているわけですね。だから、「必ず全部とれ」って通達だったらこれはしかたないんだけれども。要するに「可能な限り」っていうのは校長が判断して、その学校で履修が困難だっていう場合には、場合によっちゃあそういう場合もあるという。そういうことなんですね。そういうニュアンスがあってね。

猪瀬良一：この事態についてね、教育長のところに説明がいってないんだと思うんですね。八木原課長だとか、その前回の会議でですね、養護学校の限界というのが明らかになったわけです。それで、確認書をとりかわしまして、「地域で学び生活することの大切さをともに確認する」という前文として。その以前に「なぜ高校に入学するのか」ということがあるので。一般的な話じゃないんですよ。浦商にしろ、吉川高校にしろ、事態を知らなければ、そういう一般的話として理解できますけれども。交渉が持続してもたれていて確認書まで取り交わしているんで、解釈の問題じゃないんです。通達にしろ、この交渉の経過を踏まえてこの事態が生じたと言っているんです。

教育長：入学とか退学とか卒業の法的な権限というのは校長しかないんですよ。

猪瀬良一：それはわかります。

教育長：だからね、私がね、たとえばとして「この子をとりなさい」って言ってもね、校長が落とす場合だってあるわけ。そして、それをもし強制したらね、ぼくが違法行為をやっていることになる。

猪瀬良一：そうじゃなくて、浦商の校長ははっきり言ってますよ。「こんな重要な問題ですから、県に指導を、相談しなければ判断できません」と。で、「良太君を落とすことについては、県の指導を受けました」と言っているんですよ。

対話集会は三人の障害児の親たちによって口火を切られる形ではじまり、次第に大人の障害者たちが、自らの生活を怨念とともに語り出す。

野島(わらじの会・風の子):さっきは親の立場から意見を言ってもらったんだけど、障害者の立場から言わせてもらいます。今日来ている人たちのなかには養護学校を卒業した人が何人もいるんですね。養護学校の実態を話したいと思います。私たちは小学校から中・高校まで一二年間養護学校に通ってきました。そして、ほんとにね、地域から隔離されてきたんですよ。近所の友達もなくて。

新坂(貴):いないよー。いないよー。

藤崎(わらじの会):うん。

野島:それで、勉強だってグループ別に分けられてきて、できる子、できない子っていうことで、子どもをわけているんですね。養護学校という所は遠い所から何時間もバスに揺られてくるんですよ。(中略)それで、学校が終わると家に帰っても近所の友達もいなくって、私のうちなんて親たちはお店をやっていて、妹は遊びにいっちゃって、私一人はうちでテレビを見ているだけが多かったんです。今私は街の中でアパートを借りて生活をしてるんです。自分でやりたいことをやって生きているんです。近所との交渉もできて、正直言うと、学校の時とはまったくちがって、生き生きと暮らしているんです。それで、一一日から今日までこの知事応接室で座り込みをやってるんですけど、こんな小さなことの話をあんた方が大きく大きくしちゃってるんですよ。もう、障害者はガタガタなんですよ。あたしなんてもう、三時間しか寝てなくって左の目が充血して頭が痛くて。

藤崎　：そうだよ。

野島　：こういった実態なんですよ。この問題をなんとか解決したいんですよ。

その語りのなかで、言語障害をもつ人の語りを、教育長が受け止めていないことが問題となる。

（言語障害のある、荒井義明さんの発言の後）

教育長　：今の話の大要を話して下さい。

山下　：何ですか？

教育長　：今の話の大要。

山下　：大要？　聞いてなかったですか？

教育長：ところどころはわかったんですけど。

山下　：そうなると県民だよりの話になってくるんだよね

八木下：ちょっと待ってくださいよ。ちょっと待ってくださいよ。なんでわかんないって言わないんですか？

藤崎　：そうだよー。

八木下：ところどころわかったって。なんでわかったふりして。最後まで言わしといてね。そこはわからないからもう一回聞きたいって、なんで言わないんだ。県民だより見たことあんのか？　あんた

教育長：だって、しゃべってる時にね、途中からわからない、わからないって言ったら失礼でしょ。

猪瀬良一：県民だよりに出てる内容で、聞き返した方が良いって言っているわけですよ。（中略）教育長さん、「重度」という言葉を使いましたよね。重度の人はわかんないとか…。で、ぼくはよく理解できないんだけど、重度であったりとか、高校に入る子については卒業の資格が必要だとか、そんなのわからないでしょ。人なんて付き合ってみないと、やってみないと。

八木下：荒井さん（教育長）ちょっと聞くよ。おれの話を真剣に受け止めて下さい。こうい

う事態がなぜ起こったかわかりますか。荒井さん！荒井さん！こういう事態がなぜ起こったかわかりますか。そこを答えてください。西本さん（教育局指導二課長）が障害者の言葉を聞かないわけだよ。聞かなくてもいいというばかりに。差別ということをやったわけだよ。それが、原因なんだよ。一言で言えば。あんたも同じことだ。あんたの部下がやったか、今、あんたが何をやってるか、よくわかってんだろ。そこらへん、はっきり答えてもらおう。

話し合いは、翌日未明まで実に四時間にも及んだ。

猪瀬佳子：みんな眠い思いをしているし、教育長さんもお疲れだと思います。お互いさまです。なんでこうなったのか考えていただきたいと思います。[21]

私の兄は、「障害をもったものが地域のなかで育ち学び生活することの大切さを理解し、猪瀬良太の、一番近くの高校へいきたいという願いをなんらかの形でかなえてください」という署名を直接教育長に手渡した。「みんなといっしょにいたい！これが良太の願いです。あたり前の社会でくらしていってほしい。これが親の願いです」と書かれた署名簿の末尾にはワープロで打たれた父と母の名前とともに、兄が直筆で「いのせりょうた」と書いている。

山下浩志のこの日の日記は、次のように終わる。

複合的運動を集めて組み立てられた連続行動により、〈高校入学〉に向けた総合的なたたかい、こちら側の総合的力量を発揮したたたかいを組もう、それによって知事を動かし、教育長を追いこんでいこう、といった当初の目標は、ある程度達成された。

今朝の管財課の「警告」を阻止した行動が、今回のヤマであり、それは昨日の県庁内総点検がなかったら、あるいは成功していたかもしれない内容を含んでいる。(中略)最後に桶川市民ひろばの代表が間に立つという形で住民運動総体のなかで、この運動のしめる位置がうかびあがってきた。[22]

まつりの後に

●占拠の終わり

知事室占拠は四日目に終わりを迎える。占拠している人びとの内部の話し合いのなかで、これ以上続ければ、警察の強制排除が予想され、「これが限界だ」と判断した。[23]

山下浩志は、五月一五日の日記を次のように結んでいる。

疲れたが楽しかった「県庁合宿」が、昨日の未明で終わった。ぼくは、Y子さんの件で、草加市役所に泊まりこみ寸前までいったときのことを想い起こす。あのときなぜあれ以上できなかったのか？　直接には社会党市議が間に入って、ぼくらに恫喝を加えそれに屈してしまったということだが……。ぼくら自体にもすごい弱さがあった。

第一には、障害者がトレーニングをぜんぜん積んでいなかったこと。自分一人の生活史や気持ちは値打ちのない、他人に語る意味もないものだと思っていたこと。話をきちんとできない者は、自分の意志を別の形で（叫び、泣き、怒り……）表わす資格もないと思いこまされたままだったこと。だからY子さんのたたかいは、あらゆる意味で、健常者だけのたたかいに終わったのだ（障害者がそこにいたのは、今回と同じにせよ）。

第二には、要求が社会的な拡がり、波紋をひきおこすまで、練られきっていなかったこと。通園施設の意味やY子さんへの介護人派遣の位置などが、家族の怨念や願望というワクを超えてとらえきれていなかった。恐らく、いまでも、これをとらえきるには、保育所との関連、学校制度との関連、家庭奉仕員との関連 etc. 膨大な作業が必要だろう。

（中略）

今夜に、新座市教委交渉の祝勝会を行っているが、その席上、市議から「県庁行動」の話が出て、「あそこで終わってよかったよね」と言われ、自分たちが分からない詳しい内幕が話された。自分たちは実力でたたかっていたと思っていたのに。このズレをどう考えたらいいか。

運動がそういう魑魅魍魎までも、引きずり出したことは面白い。[24]

●一人ずつの合格と、教育局廊下リレー泊まり込み

吉川高校では、運動側と教員との間の話し合いも度々もたれるなかで、次第に教員の理解も広がった。そして一九八八年の一一月に一人が別の通信制の高校から編入という形で入学を勝ち取る。翌三月にはもう一人が受験し、合格を果たすことになる。一方、浦和商業高校を受けた猪瀬良太は、浦和商業高校をあきらめ、蕨高校の定時制を受験するが、ここでも不合格とされた。

一方、占拠事件後も継続された交渉によって、「身体の障害のある生徒の……障害があることにより不利益な取り扱いをすることがないように」という教育長通知の「身体の」の部分が削除された。これによって、どんな障害があっても「学力検査及び選抜にあたっては不利益な取り扱いをすることがないように留意」しなければならなくなり、知的な障害によって点数が取れない場合でも、少なくとも定員内であれば不合格にはできなくなった、と運動側では理解された。しかし、大幅な定員割れにもかかわらず、知的障害児や重複障害児が不合格にされるケースは続く。運動側では、定員内不合格の是正、入試の前に中学校長と高校長

との間で行われる事前協議に保護者が同席すること、学力によらない選抜、障害による学習上の不利益を考慮した調査書の記載方法の改善を求めた。九〇年になって、教育局は「募集人員の確保に配慮する」、及び「確保しがたい場合は、事前に教育局と協議する」ように通達を出した。

しかし、一九九〇年二月の入試では、浦和高校定時制を受験した兄と、この年に中学校を卒業し春日部高校定時制を受験した知的障害の青年が不合格とされた。二人の定員内での不合格に抗議して、再度、教育局の廊下でのリレー泊まり込みが起こる。このリレー泊まり込みは、一九九〇年三月七日から四月三日までの長期間に及んだ。

ここでの長期の座り込みにも、大人の障害者の地域生活運動からの合流が見られた。主力を担ったのは、新たにわらじの会が設立した生活ホームオエヴィスの入居者たちであった。当時のことを、山下浩志は次のように証言している。

「ちょうどその時、障害児の高校入学の問題があって、障害者が県庁に座り込みするという異例の事態になった。当時は、まだ全身性障害者の介護制度もなくて介助者も少なかったから、「オエヴィス」の障害者の介助をどうするかで困り果てたんだけど、結局「みんなで県庁にいっちゃえ」と(笑い)。それで県庁にいくと、「いやー、よく来てくれた」と大歓迎で、支援の人たちが交代で介助してくれる。(伊藤 1999: 214)

介助者がいる／車椅子用トイレがあるという理由からの合流であったが、大人の障害者たちは積極的に発言し、障害児の親たちは大人の障害者の介助をするなかで、相互の関係を強めた。

それでも高校の門は開かれず、兄が高校に入学するまでに六年を要することになる。彼は四年間浦和高校定時制の門を叩き続け、六歳下の弟――私のことだ――よりも下の学年になってはいけないという親の判断で、吉川高校に（定時制の）追加募集で合格する。

●そこにいた人びとの政治的振る舞い

山下浩志は、知事室占拠が終わった後に次のように書いている。

マスコミは、今回のことを「坐り込み」ととらえているが、じっさいは、「合宿」、「まつり」、「けんかのトレーニング」（感情・意志表現の実地トレーニング）etc. なんだよね。だからやれたんだ。[25]

知事室占拠は、分離別学体制を完全に解体したわけではない。今でも、多くの障害児が高校から排除されている。重要なのは、この「たたかい」に勝ったか負けたかではなく、この〈まつりのようたたかい〉のなかで、分離別学体制が生み出す分断を越える多様な交わりが生まれたことである。[26] この運動は、社会に対する問題意識をもった自由な個人が結集することによってできた運動でも、カリスマ的リーダーによって指揮された運動でもない。むしろ「毎日小学校、中学校に通っていた障害児の日常性」とそこから生まれた「こうこう、いく」という〝感覚〟が、それまであった高校入試の合否システムと衝突することで、高校生になることの意味が問われた。そこに、地域で暮らそうとする大人の障害者とその支援者が合流することによって、それまで別個に活動していた大人の障害者と、子どもの障害児とその親との間の出会いと日常的な関係を生んだ。その関係は次第に、県庁という今まで縁遠かった場所を舞台とし、教育局の職員ばかりではなく、〈雲の上の人〉であった教育長にまで及んでいった。

このような日常性を生み出すものとして、人びとの身体がそこにあったことが大きく影響している。言語障害や訛りのある身体障害者の語りが、そのメッセージの中身ということよりも、むしろその形式においてそこに立ち会った人びとの共感を喚起した。父は「県庁の役人に対して、地元の生の言葉で語る彼らの言葉が、新住民中心の自分たちにはインパクトがあったし、また自分たちの『理屈』よりも説得力があった」と語っている。そしてまた彼らの身体は、介助という言葉とは別のコミュニケーションを生み出しもした。

何よりも、言葉を明晰に語らない兄や、高校を落とされた人びとがそこに留まり続けたということが、知事室占拠という事件を根底的に支えていた。彼らはそこで混乱することもなく、たんたんと四日間を過ごしていた。彼らがその状況を身体的に拒否することなくそこにいたということが、個人の決断や意思決定というレベルや、個人の決断の集合であることを超えて、あたかも一つの分裂した身体として、知事室にあり続けた。

このことを象徴するものとして、私は次のようなエピソードを記憶している。ある交渉の最後に、父が今回の交渉の総括を行った。そして「次も頑張りましょう」と言って結んだ。その時、彼の隣にいた兄が「頑張りましょう」とタイミングよく反芻した。場は沸騰し、拍手と歓声に包まれた。自閉症の障害特有のオウム返しと専門家ならば解釈するかもしれないこの反芻を、その場にいた人びとはこの運動への強い同意として理解し、そして力を得たのである。

支援者や弁護士、専門家が、障害児の代わりに意思決定するのではなく、兄の姿がそのままに政治的な振る舞いになった。そんな渦中に私や、私よりも六歳下の妹もあった。私は母に対して、「なんで高校いかないの？　自主登校しないの？」と問い、報道関係の仕事で忙しい日々をおくっていた父が、なかなか進まない高校入学運動に痺れを切らし「いつまでもやってられないよな。いつかは施設に入るんだ」と語ったときには、「ヤダ」と答えていた。父が兄の事を言い出すと、私は抗弁し、妹は父親にまとわりついて話題をそらそうとした。浦和商業のビラまきに母と一緒に参加したことのある妹には、ビラまきする人びとを排除する教師たちの姿が印象に残り、定時制高校のことが話題に上ると「こわいせんせいいる？　きちゃいけない(と言う)せんせいは?」と母に確認していた。[27]

知事室の四日間を通じて、大人の障害者の(福祉)問題と、子どもの障害児の(教育)問題という別の問題に取り組んでいた人びとが、日常的な関係性を媒介にして実体的につながるようになった。単に教育の問題を考えるわけでもなく、また単に福祉の問題を考えるわけでもない。それは「障害のある人も、ない人も地域でごちゃごちゃと生きる」という曖昧な言葉の下で、「市民」や「大衆」のように均質的では決してあり得ない人びとが、社会の成員であることの意味を問い直す運動であった。ここで生まれた連帯をそれぞれが生活する地域にしっかり根付かせたいという思いから、一九九一年に任意団体としての埼玉障害者市民ネットワークが、翌年に社団法人埼玉障害者自立生活協会がそれぞれ設立された。前者は社団法人の定款にない活動を、「運動部分」としてフォローする役割を担った。一九九一年に埼玉障害者市民ネットワークの名前ではじめて、総合県交渉が開催された。この交渉は、福祉に関わる要求だけをする障害者団体が多いなかで、狭い意味での福祉のことだけではなく、交通機関の問題や住居の制度、教育や就労の制度など、地域で必要なことを県庁の様々な部局と議論する。以後、毎年の夏祭りのように、県内の障害のある人や子ども、その家族、支援者や近隣住民が参加し、続けられている。

毎年、私は総合県交渉に参加すると、まず会場で知った顔を探す。すぐ見つかる人もいれば、見つからない人もいる。見つからない人のなかには、もうこの世の人ではない人もいる。私にとって総合県交渉とは、懐かしい生者と、懐かしい死者に会いにいく、そんな盆踊りのような場である。

過去の資料を読みながら、私は過去の自分とも出会う。私は次のように書いている。

ようご学校の前を通ったときお母さんが、

「ようご学校入る?」

ときいたら、

「きてちょうだい」

と言った。

「きてちょうだい」というのは、にいくん(兄、良太のこと)にとってやだといういみだ。

だからふつうの学校に、いったほうが良いと思う。[28]

この「ようご学校」は見沼田んぼ内の大崎にあり、そこを目的に出かけたはずはないから、私たち家族はそのとき見沼田んぼの帰りだったのかもしれない。

第二章で描いた見沼保全運動と、兄の高校入学運動は同時代にあり、私はそれを綺麗に分けることなく経験している。そのことに、三〇年経ってようやく気づいた。

■注

1　三人の親たちの語りは『ＳＳＴＫ通信』二八号を参照。

2　以下、『ＳＳＴＫぺんぎん村郵便』三五号に掲載された「どの子も地域の公立高等学校への進学することを求める要望書」の全文。

私たちは、障害児・者が地域の中で、育ち学びあい、人と人としてのつながりを深めていくことが共に生きていく上で欠かせないことだと思います。

障害児の小・中学校の入学に際しては、県教育委員会、市町村教育委員会の見解として「親の希望を尊重する」ことが確認されています。そのような中で、県内の小・中学校の普通学級では、行政上特殊諸学校、特殊学級が「適当」と判定された子供たちが差別分断を許さず学んでいます。共に学ぶ中で義務教育終了後、みんなと一緒に高校へいきたいと願う子が毎年出てきています。

高校進学率が一〇〇％近く、クラスのほとんどの子が高校へ行く中で、今まで障害を持った子は、高校は学力選抜の前に行けなくて当然と思い込まされ、進路の選択肢からはずされてきました。義務教育終了後の進路は高校のみではないのはもちろんです。けれども地域の学校へみんなと一緒に通い続け、地域の人びとと生き続けることの中で、みんなと一緒に高校へ行きたいという願いが出てくるのは当然のことです。

先頃養護学校の高等部、高等学校への特殊学級設置という答申が出されましたが、養護学校が障害児を地域から隔離していることを県教育委員会も認めている以上、障害児の進路を限定し、隔離を助長するものであり、私たちは認めることはできません。

障害児だけでなく、子供たちを学習能力で評価し、偏差値によって、輪切りにしていくことの弊害は多くの人びとが指摘するところです。偏差値によって子供たちを振り分けず「障害児・者」をはじめとして、どの子も希望する地域の公立高等学校への進学が保障され、差別のない教育が行われることを願ってやみません。

一、偏差値による生徒の振り分けをなくし、どの子も希望する地域の公立高等学校への進学を保障すること。
一、「障害児・者」の受検にあたっては、あたりまえの必要な配慮をすること
イ　身体障害者とその他の障害者を分断することなく、「身体に障害があることにより、不利益な扱いをすることがないように配慮する」という項目を「心身障害者」と改めてもらいたい。
ロ　各々の個別状況に応じた配慮が行えるよう、本人・保護者の意向を尊重してほしい。
ハ　配慮は単に試験の条件のみにとどまることなく、引き揚げ子女の扱いと同じく、学力検査以外の諸状況を十分参考にしてほしい。
一、受検を前提とした事前協議以外は、廃止すること
一、一次募集の応募者で定員を満たし、足切りを行わないこととし、一次の応募者が定員に満たない学校のみが二次募集を行うこと。

3　『わらじの会活動日誌』一九八八年五月三日を参照。

4　この辺りの歴史過程については、埼玉社会福祉研究会が当時まとめた本と、山下浩志の文章を参照されたい（埼玉社会福祉研究会 1984; 山下 2010）。また現在は沖縄に住んでいる伊藤準の著書には、山下浩志と上福岡の障害者自立生活センター21代表の有山博の、埼玉の障害者運動史をめぐる対談が掲載されている（伊藤 1999）。八木下浩一が川口の街で生きてきた記録については八木下自身の著作を参照（八木下 1980）。八木下と青い芝の会の横塚晃一との交わりについて、八木下自身の文章がある（八木下 2010）。

5　『わらじの会活動日誌』一九八八年四月八日を参照。

6　『わらじの会活動日誌』一九八八年四月二五日を参照。

7　『わらじの会活動日誌』一九八八年五月七日を参照。

8　兄の不合格理由については、一九八八年六月に、埼玉県高等学校教職員組合（埼高教）と埼玉県教育局との交渉において、浦和商業高校定時制分会が提示した「分会交渉メモ」より引用。『ＳＳＴＫぺんぎん村郵便』四〇号によれば、この交渉は、埼高教が支持した畑知事の再選のあとにもたれたものだとされる。
この資料において、兄の通学を求める運動団体（どの子も地域の公立高校へ埼玉連絡会）の主張を「障害を個性であり、いろいろな個性をもった子供が一緒にいるのが当然である」、「障害をなおす教育を断固拒否する」、「すべての障害児を普通学級へ」であるとしたうえで、「自分たちの主張を一方的に正当化し、要求を通すために暴力的なデマを流す事を運動方法としている団体である」としている。そして、「彼らは障害を個性とみなし、障害者を健

常者と交わらせ、健常者の意識を変えることだけ主張しているのであって、障害者が障害を軽減・解消し、みずから社会にかかわっていく力を育むことに注意を払っていないのです」としている。その上で、「障害は個性を形成する要因であったとしても障害そのものが個性ではありえません」、「障害児教育が障害を持つ子供の一人ひとりが持っている可能性を最大限引き出し、生きて行くのに必要な諸能力の獲得を通して、より豊かな人格形成を目的とする以上、障害を軽減、解消する教育は必要である」としている。さらに「教育するものの行為を受け入れられない者」という判断で、障害児である兄だけでなく、健常児も一次試験で不合格になっており、兄の通学を認めたら、彼らはどのような思いをするのか、という疑問が書かれている。さらに、既に行われている吉川高校の自主通学も、認めないよう指導するべきだし教育局に求めている。

この資料において、運動団体の主張の何をデマと捉えているのかについては明示されていない。また、分会の主張が明らかに障害の医療モデルに基づくもので、社会モデルについて全く意識されていない点など、当時の埼高教の障害観を理解することができる。

9 『SSTK通信』三〇号を参照。
10 知事の状況についての分析は、見沼田んぼ保全の関係で付き合いのあった県庁職員によってもたらされた。
11 『SSTK通信』三〇号を参照。
12 『わらじの会活動日誌』一九八八年六月六日を参照。
13 『SSTK通信』三〇号を参照。
14 『SSTK通信』三〇号を参照。
15 たとえば、当時中学校に通う知的障害の子どもをもつ母親は、管財課の職員に詰め寄って抗議した。彼女がそこまで「がんばった」ことの背後には、その一ヶ月前に息子の普通学級生活を如何にに保障するのかをめぐって行われた、市の教育委員会との話し合いがあったことにある、と山下浩志は振り返っている。
16 『SSTKぺんぎん村郵便』三八号を参照。
17 『わらじの会活動日誌』一九八八年三月一七日を参照。
18 この段落の記述は、猪瀬良一の証言による。六月一二日に投票の知事選挙では、畑和は社会党、民社党、共産党、社民連の推薦を受け、自民党が推薦する関根則之を破り五選を果たした。得票は畑一二五万九八七票、関根九二万七四九一票、実に三二万票の大差を付けた。朝日新聞は、当時国民の多くが反対していた、竹下登内閣による大型間接税について、畑が導入反対を前面に打ち出したことで有権者の支持を集め、圧勝を導いたと分析している（『朝日新聞』1988.6.13を参照）。

19 確認文書は、「どの子も地域の公立高校へ」埼玉連絡会、埼玉社会福祉研究会、「障害児」の普通学級就学を実現する埼玉連絡会の名で出され、下崎知事室長の立会いのもとで、荒井教育長がサインした。ここにおいて、猪瀬良太についての「二週間以内に自主通学を保障する受け皿となる高校を確保する旨を文書にて提出を求める」という要望については、「これは非常に難しい問題ですが要望として受け止める」という回答にとどまった。

20 猪瀬良一の証言による。

21 以上の教育長とのやりとりは、『ＳＳＴＫ通信』三〇号から引用。一部誤植を訂正した。

22 『わらじの会活動日誌』一九八八年五月一三日を参照。

23 猪瀬良一の証言より。

24 『わらじの会活動日誌』一九八八年五月一五日を参照。

25 『わらじの会活動日誌』一九八八年五月一五日を参照。

26 事実、占拠は、終始一貫した合理的なものではなかった。知事室占拠を四日間で終えてしまったことには運動内部でも議論がある。猪瀬良一は、「八木下が自分の主導権を確保するために、教育長とボス交して中途半端なところで終わらせてしまった」と語っている。

27 『ＳＳＴＫぺんぎん村郵便』四九号を参照。

28 『どの子も地域の公立高校へ』（一九八八年五月県庁知事室泊まり込みの際に配布した資料）を参照。

第三部

どこか遠くへ　今ここで

良太氏の一人大阪行きを、何人かの人が語っている。事実と事実から「想像」したことと。なべていい人たちとめぐりあえて無事帰還、みたいな感じだが……。一番好きだった「事実からの想像」は「兄が弟夫婦を心配して大阪まで来てくれた」だったよ。

良太氏が帰ってきたとき(…)右足のひざの外側には　赤くはれた大きなすり傷があった。世の中　優しい人もいるけど、傷つける人も　優しくない人もいるさ。語られないことのなかにも真実はあるってことを　語らない側はどうつたえられるんだろう。

二〇一四年一月三日に兄が自宅近くの駅から失踪し、翌日に大阪の天王寺駅で発見された後に、母が書いた文章。天王寺で、たこ焼き屋の店主が兄を警察まで連れていった。服にかかれた電話番号を頼りに、天王寺警察から私たちの実家に電話があったのが一月四日。私の大阪の釜ヶ崎で活動する友人が迎えにいき、たまたま釜ヶ崎の越冬闘争に参加していた兄の介助者の仮屋崎健さんが一緒にゲストハウスに泊った。義父の実家の福井にいた私は、翌日に妻と二人で大阪まで兄を迎えにいった。私や仮屋崎さんがSNSで発信したことで、多くの人が、兄が無一文で大阪までいってしまったこと、その先に旧知の人たちと出会ったことに驚き、コメントを寄せた。その反響のなかで、母がこの文章を書いた。

第七章　土地の名前は残ったか？
――津久井やまゆり園事件から／へ

追悼会で叫ぶ

二〇一七年の七月下旬に、相模ダム建設殉難者追悼会に、兄と参加した。

追悼会は冒頭、ダム建設で亡くなった日本、中国、朝鮮の人びとへの黙祷を行うのだが、この年は前年の七月に津久井やまゆり園で亡くなった一九名の方に対する黙祷もしましょうと、事務局の男性が呼びかけた。津久井やまゆり園の元職員だった人で、追悼会もはじまった頃からのメンバーである。

「あーーーーー」。神奈川県立相模湖交流センターの大ホールに集まった人たちが黙祷をするその沈黙の時間、兄が大きな声で叫んだ。

兄の叫び声はいくつかの形があるのだが、「あーーーーー」というのは、もっとも頻繁にするものだ。右手の手のひらを皿の形にして、口の下にあてる。左手の下側は右手の先端にあて、上側は左耳にあてる。叫んだ声が耳に響く、その音と震えを確かめる。そう叫ぶ時の兄は決して心地良さそうではない、私はそこに兄の不安と不満を読み取る。

追悼会は、四〇年にわたりこの地域で活動してきた実行委員会の人たちが、多様な人たちの参加を呼びかけてきた歴史の積み重ねがある。保守から革新までの政治家や秘書、日本・韓国・朝鮮・中国の行政・関係諸団体の代表が参加していた。

この地域の歴史に向き合いながら、丁寧に作られてきた会の、もっとも厳粛な時間に、兄は大きな声で叫んだ。

私は狼狽した。この時間だけはやめてくれと思った。しかし、私は兄に対して何もできずに黙祷を続けた。兄は、様々な人の視線を集めた。

私は黙祷を続けながら、段々違うことを考えはじめていた。

一つは、地域で生きるのはこういうことだということ。私は兄と共に様々な場所にでかけていって、当たり前のものとして参加してきた。子どもの頃は、周りの視線に出会って傷ついたことも多くある。しかし、年齢を重ねてからは子どもの頃のように傷つくことは少なくなった。それは私が図太くなったからであるとともに、私が兄の存在を奇異な目で見ない様々な場所と出会い、そこに兄とでかけていたからでもある。黙祷の時間の周りの人からの視線に、私はこの人がここにいていいのか糺されているように感じた。とても久し振りに。

もう一つ、より重要なことは、その場面で兄が苛立たしそうに叫ぶことが、強烈な意味をもっているのではないかということだ。二〇一六年七月二六日の事件について、誰もが言葉にならない想いを抱えている。しかし、それを論理的にしか説明できず、そのために多くの言葉を費やしながら何も語れていない徒労感にとらわれている。そんななかで、厳粛な空間を切り裂いて、兄は叫んだ。

叫んでいない私は、兄の叫び声に震えた。そして、自分は津久井やまゆり園の事件に対しても、相模ダム建設に対しても、何も叫ぶことなく、ただ言葉だけに頼り、言葉だけを発し続けていることに気づいた。

万歳と吶喊——人の名前と土地の名前

二〇一六年八月六日、「「津久井やまゆり園」で亡くなった方たちを追悼する集会」が、東京の目黒区駒場にある東京大学先端科学技術研究センターで開かれた。犠牲者に哀悼の意を表し、被害にあった人びとの回復を祈るとともに、障害者運動がこれまで積み上げてきたものを後戻りさせないようにすること、また社会に対して多様なメッセージを発し、共有することが主催者たちの想いであり、私はその多くの部分に共感する。知的障害のある兄をもつ私は、この事件に身内が殺されるかもしれないという恐怖を感じたし、またやがて老い衰えていく未来の自分が殺されるような気持ちももった。他人事としては感じられなかった。

しかし、私は追悼集会が、都心にある国立大学の、しかも「先端科学技術」を冠する機関で実施されたことについては違和感を禁じえない。名前も報じられない犠牲者たちの存在の固有性を想起する唯一に近い手がかりは、当時、「津久井やまゆり園で生きていた」という一点であった。津久井やまゆり園が立地するのは、もともと甲州街道沿いの農村地帯であり、戦中・戦後に首都圏の水源として、観光地として、そして首都圏の障害者を収容する福祉施設の立地場所として開発された土地である。この事件は日本の、世界の障害者一般の問題であるよりも前に、戦後首都圏の開発が進む時期に「神奈川県の北極」と呼ばれた地域に移り住み、そこを生きる場所にしてきた人びとが殺害された事件なのである。ただ「障害者」が犠牲になった事件と捉えてしまった時、そしてその追悼会を他ならぬこの国の様々な意味での〈中心〉で実施してしまった時、亡くなった人びとが残した最後の固有名は奪われる。

もう一つ強い違和感としてあったのは、匿名報道のため被害にあった方たちがどういう人たちだったのかを想像する手がかりが、少なくともその時は「津久井やまゆり園に暮らしていた障害のある人」ということしかなく、それなのにも関わらず私を含めた多くの人びとが語らずにおれない衝動をもったことである。言葉を発すれば発するほど、彼らの生よりも、その死のほうが意味のあることになってしまうことを想った。そんななかで、彼らの生きていた土地の名前すら意味をもたなくなっていくように感じた。[1]

やまゆり園の事件が起きて一〇日が過ぎた八月五日、リオデジャネイロでオリンピックが開幕した。「無抵抗な人びと」が無残に殺された事件に向けられていた世間の注目は、競技の中継、メダルを獲得したアスリートの歓喜を伝える報道、「メダル獲得」や「メダルラッシュ」を喜び、讃える言葉にだけ向けられるようになった。思考停止をもたらす当惑は、かくもたやすく感動に移行していく。アスリートたちの〈名前〉は、ためらいもなく連呼された。

やまゆり園で起きた凄惨な殺傷事件に、私は当惑した。

容疑者は饒舌に語った。事件を解説する人、解釈する人も、饒舌に語った。待っていたかのように、精神障害者の措置入院の必要性や、障害者施設の安全管理強化が叫ばれた。それだけではない。様々な言葉が、待っていたかのように溢れ出した。

しかし、殺された一九人とされる人たちは何も語らない。語らないどころか、彼らがどんな人であったのかを知る手がかりは、事件直後ほとんど示されなかった。一九人の沈黙は、生きている人たちを当惑させ、そしてまた饒舌に語らしめた。

しかし、私は何故当惑したのだろうか。一九人が、「重度障害者」であることを理由に無残に殺された。「一九人」、「重度障害者」という言葉で、私は心を痛める。

介護に問題のあった殺人や心中などの事件は年間数十件に及ぶという。出生前診断によって障害をもつとされた多くの胎児は、中絶させられている。しかし、それはやまゆり園の事件ほど注目されず、人びとを当惑させていない。それが何故か、私には答えがわからない。一度に一九人という数が重要なのか。では一七人だったら。一〇人だったら。五人だったら。二人だったら。一人だったら……。

私たちは、本当は何に心を痛めていたのだろうか。

この事件をめぐる状況において、私が当惑するのは、殺された人が語らない人であること、いいかえれば、語ることのできない人にされている点だ。当然、殺された人は語ることができない。問題はそこではない。彼ら、彼女らは、殺される以前から「語ることができない人」にされていた。容疑者は、入所者に声をかけながら、「返事をしない人」を次々と刺していった、と伝えられる。一方、施設に暮らす重度障害者の彼らに語るに足る人生があったと考えない空気が世間に存在していた。それが、遺族感情に配慮して名前を公開しないという神奈川県警の判断を裏打ちしている、と私は考える。そうであれば、容疑者と彼の語りを聞き心動かされる傍観者は、思考の基盤を共有している。この時、殺されてしまった人びとの生きていた経験よりも、彼ら、彼女らの死のほうが大きな意味をもつことになる。

私が無残に殺されるとき——つまり、生きている、その最期の瞬間——に、叫ぶであろう声を、彼、彼女が叫んだものとして感じながら、確実に、彼、彼女のものでしかないことを想い、たじろぐ。

叫んだ声が、吶喊である。それへの応答は言葉ではなく、身振りにしかならない。

夏目漱石の『趣味の遺伝』は冒頭、万歳と吶喊について語る。日露戦争から凱旋する将兵を、新橋の駅に集まった人びとは万歳で迎える。主人公も人びととともに万歳を唱えようとするが、将軍の日に焼けた顔と霜に染まった胡麻塩の髯が見えた瞬間に、出しかけた万歳がぴたりと止まってしまう。彼の頭に満州の野に起こった吶喊が響く。[2]ロシア軍の陣地に突撃する兵士たちが、機関砲に打ち抜かれて死ぬ、その寸前に発する声である。共同体が立ち上がるとき、最底辺に置かれた受難者の声なき声である。

> 出しても用の足りぬ声を使うのは経済市場主義から云うても功利主義から云っても割に合わぬに極まって居る。その割に合わぬ声を不作法に他人様に御聞に入れて何等の理由もないのに罪のない鼓膜に迷惑を懸けるのはよくせきの事でなければならぬ。吶喊はこのよくせきを煎じ詰めて、煮詰めて、罐詰めにした声である。死ぬか生きるか娑婆か地獄と云う際どい針線の上に立って身震いをするとき自然と横膈膜の底から湧き上がる至誠の声である。助けて呉と云ううちに誠はあろう、殺すぞと叫ぶうちにも誠はない事もあるまい。然し意味の通ずるだけそれだけ誠の度は少ない。（夏目 2008: 199）

リオデジャネイロのオリンピックをめぐる万歳の声を聞きながら、私の頭は七月二六日未明のやまゆり園の吶喊を想う。犯人が「殺すぞ」と叫んだ声は、吶喊ではない。彼が大島理森衆議院議長に送ったように「日本国と世界の為」に無抵抗な人たち――しかし、本当に「無抵抗」だったのだろうか――の喉元をかき切り殺傷したのであるならば、それは万歳に他ならない。[3] 殺された一九人の人びとや、傷つけられた人びとが叫んだ声は、漱石の語る「吶喊」に通ずる。万歳と違い、吶喊には明確な意味はない。意味を与えることのできない苦しみのなかで、私たちは立ち尽くす。

意味の通ずる言葉を使うだけの余裕分別のあるうちは一心不乱の至境に達したとは申されぬ。吶喊にはこんな人間的な分子は交っておらん。ワーと云うのである。このワーには厭味もなければ思慮もない。理もなければ非もない。詐りもなければ懸引もない。徹頭徹尾ワーである。結晶した精神が一度に破裂して上下四囲の空気を震盪さしてワーと鳴る。万歳の助けて呉の殺すぞのとそんなけちな意味を有しては居らぬ。ワーその物が直ちに精神である。霊である。人間である。誠である。(同書：199-200)

個人の生きてきた歴史を掘り下げることができないのであれば、私に残されたのは地域史を掘り下げていくことだけだ。吶喊を意味で埋めるのではなく、土地の名前を唱えながら、その横に別の深い穴を掘る。

相模湖町一九六四

一九人が殺された事件は、「相模原障害者殺傷事件」と呼ばれる。

しかし、事件が起きた場所は一〇年前までは相模原市ではなかった。相模原市は広大な面積を誇る政令市である。津久井やまゆり園のあった相模原市緑区千木良は、二〇〇六年まで相模湖町千木良であった。同年、相模湖町は津久井町とともに、平成の大合併のなか、政令市になることを目指す相模原市に編入される。二〇〇四年の住民投票で合併反対は賛成を五三票の僅差で上回ったが、その結果を無視して町議会が合併を断行した結果である。二〇〇七年、城山町、藤野町を編入した相模原市は、二〇一〇年政令市となる。相模湖町は、七〇万都市となった相模原市の周辺部となり、地図上から名前を消す。

やまゆり園設立は一九六四年のことである。この年——見沼田んぼにおいては、見沼三原則が制定される前年にあたる――相模湖町では何が起きたのか。

一つは、相模湖でのオリンピックの開催である。一九六〇年から一九七六年まで町長を務めた坂本是成は、就任にあたる先決問題として東京オリンピック漕艇競技の相模湖誘致を置いた。首都圏に属する神奈川県において、相模湖町の属する津久井郡はその多くが山間部である。大方山に囲まれ、その中央を相模川が貫流し平坦地が少ない。「神奈川県の北極」といわれる過疎圏域で、昔の村役場的要素を残した町を、「近代的地方自治体」に改造するための変化、そして豊富な財源をもたらすものとして、オリンピックに目をつけたのである。坂本は言う。

> 近くは明治維新にしても、悉く外国からのショックにより永い眠りからさめて改革されたものであって、オリンピックにしてもスポーツの事とは云え、国をあげての一大行事である。各種競技の内、一つでも誘致する事によって、必ず公共事業が興され、それによって交通事情もよくなり、従って観光関係事業にも益し、町の近代化の寄与する処多大なりと考えた訳である。(坂本 1979: 21)

オリンピック誘致は成功し、国の後押しをうけながらオリンピック関連の道路・鉄道関連施設の整備がなされた。観光レジャー関係の開発も進んでいった。

一九六四年に、相模湖よりも相模川の下流に下った場所で城山ダムの建設工事が進んでいた。翌一九六五年竣工し、相模川が堰き止められることで津久井湖が生まれた。

後で論じるが、戦中から相模湖町を含む津久井郡は京浜地帯の水源として開発されてきた。戦後、相模川を水源とする神奈川県内、特に横浜・川崎の水需要が高まるなかで、城山ダムを基幹施設とする相模川総合開発事業は計画された。[4] 城山ダムは一九六〇年に着工された。一連の開発によって津久井町、城山町だけでなく、相模湖町沼本でも四一世帯が水没した。一方、城山ダム建設は相模湖町にも特別財源をもたらし、それが道路水道その他の施設整備に使われた（坂本 1979: 40）。

相模川上流でオリンピックが開かれ、下流で城山ダムが建設されるなかで、津久井やまゆり園は、神奈川県立の精神薄弱者福祉法に基づく精神薄弱者援護施設として開園した。全国的には精神薄弱児（者）の施設は多く存在していたが、重度者を収容保護する施設は類例がなかった。

やまゆり園開園当時も町長だった坂本は、一九七四年に刊行された津久井やまゆり園の一〇周年誌に寄せて、次のように回想する。

> 神奈川県が全国にさきがけて重度精神薄弱者の養護施設を作る計画をいち早くきゝつけて誘致運動に乗り出したのは確か三十七年（筆者注　昭和三七年）頃だったと思います。

当時オリンピック漕艇競技誘致もやって居り多忙をきわめたように思います。我が相模湖町は山岳地帯のはざまに市街地を作りはじめて居り到底他の自治体のように工場を誘致して固定資産税や法人税をあげる事はできないが、県営施設を誘致して独自の風格ある町作りを目ざそうと決意したのがその頃のことでありました。文教社会体育と福祉の町、今なら大喝采を博する時代ですがその頃は未だ精神薄弱者の施設ができたりという事は余り人気がなかったようです。公害という言葉も未だなかったのですから生産工場第一主義を凡ゆる自治体がとっていた事は無理からぬ事です。(十周年記念誌編集委員会 1974: 2)

文教社会体育、福祉を重視することで風格ある町作りを目指そうと決意する坂本は、それが実現することでもたらされる経済効果について言葉を続ける。

当時津久井は神奈川県の北極といわれて居り(津田知事は現在神奈川県のスイスにするんだといきまいています。)必ずしも県ではこんなに田舎に作ろうとは考えていなかったようです。その為か郡選出加藤県議と桑名民生部長にわざわざ御来町を頂き現在地千木良赤馬の里が如何に南面傾斜で日当たりがいいか、第二調節池を南にのぞみ西南に富士の霊峰を仰ぎ景勝の地であるかを力説して両先生に諒解を得たり、水利の便を計ったり誘致の責任者としてそれ相当の苦心をしました。又住民に対してはなまじっか工場を誘致するより、社会福祉の先進的施設であるとか、現地採用の職員を多く要するので千木良の相当数を雇用して貰うことになり、経済的に住民がいいとか、或は県営施設ができた時は県が自ら環境整備をやって呉れるとか、色々と利点やメリットを説き住民殊に買収地内の地主の方々と折衝を致しました。実際には国道二〇号線の分岐点からやまゆり園迄の舗装はオリンピック関連道路(与瀬地内)に引き続き町で施行し、その後三井~相模湖線となって県道に昇格をしております。(神奈川県立津久井やまゆり園 1974: 2-3)

やまゆり園開設とセットになった千木良の開発については、岸太一（千木良の住民であると推察される）が次のように書いている。

津久井ダムの建設に当り、沼本住民が数々の保障や売渡し代金を抱えて華美な生活に花が咲いていた折柄、突然「赤馬の東の端に老人ホームができる」との噂が立ち、県や町の車を連ねて大勢の役人の方々が下見に来る。北の山手、西の端と物色しはじめた。話も次第にはっきりとしてきた。それは県の精薄施設を此の土地に造り度いとのことである。(中略)県や町の意は強く、やがては地主、耕作者への膝詰め折衝がはじめられたのである。未だ終戦後の物資の尊さも心の奥底に深く残っている、又土地への執着心もあっ

> たが、一方には若者そして小規模農家は通勤への動向も多く、沼本の夢をも見て考えないでもない。就いては売却後の条件等を付して遂次に大半の者が賛成していったのである。参考までにあげるが坪一五〇〇円と感謝金一〇〇円である。（神奈川県立津久井やまゆり園 1974: 54)

この時期、それまで畑作や養蚕に加えて、炭焼きなど山の資源を活用して生計を立てていた千木良の小規模農家は、次第に地域外での賃労働に移行していった。[5] 同時に、地域の宅地や農地は、売買されるものとしての意味を強めた。そんな千木良と周辺地域の農村の変容のなかで、精神薄弱者施設の計画が持ち上がった。[6]

やがて工事がはじまった。以下も岸の言葉である。

> 一町五反の広地に何台ものブルの音がうなり出した。こんな大規模の工事を見るのは部落民は未だ曽ってない。又機械力を。赤馬の形態をそして風気すべてのとばり一挙に破るが如くすさまじい限りである。懐かしい風物が壊されるということにおいては誰もが一入悲哀の念にかられざるを得なかった。やがて立派なやまゆり園が竣工されたのである。夢の殿堂の如く素晴らしい。誰もが予想も付かなかった施設であった。先に条件というのは此の施設に、地域の者が優先して雇用されることである。開園されるや次々

と数多くの希望者が採用せられ、その数全職員の九割位と思う。更に赤馬部落のすべては、やまゆり園の水道を分けて貰うという恩恵にも浴した。評判の良質の水である。(神奈川県立津久井やまゆり園 1974: 54)

この地域においてかつてない大規模な機械力を用いた建設工事よって、「夢の殿堂」のように映るものとしてやまゆり園は生まれた。同時に地域の人びとに賃労働と、水道をもたらした。先の坂本町長によれば、舗装道路も敷設された。岸は「今農業経営の困難な折柄、このような多くの住民が働けるということは、まことに地域にとっても経済的に恵まれているのである。福祉国家の世代と呼ばれている今日、この地に斯様な施設のある事にもまた誇りを感じている」とも語る。農業経営の困難は、やまゆり園設立に伴う福祉的開発を経ることで、経済的な豊かさをもたらし、それが「福祉国家」建設にもつながる、と認識された(神奈川県津久井やまゆり園 1974: 54)。

やまゆり園の初期のデータを見ると、入所者は神奈川県内各地からやってきていた。一九七四年の段階で二〇〇人の入所者のうち、津久井郡出身者は一一人のみであった。しかも、保護者の死亡等によって居住地を失った入園者は津久井郡出身にカウントされた。一方、横浜市五九人、川崎市は二五人で入所者のほぼ半数を占めた。[7]

整理しよう。

一九六四年、相模湖町は日本の戦後開発にとって三つのフロントとなった。一つは東京オリンピックにおける漕艇競技開催を極点とする都心近郊の観光地としての開発であり、一つは首都圏に都市・工業用水を供給する水源開発である。最後の一つは、首都圏で暮らす近代家族にとって負担になっていく重度知的障害者を収容する施設を建設する、福祉による開発である。高度成長期のなかで、都市の生活と労働のあり方は変容し、家族の単位も小さくなる。障害のある人たちの世話は、その小さくなった家族に心理的、体力的、経済的な負担としてのしかかる。相模川上流に位置し、県内沿岸部に比べて開発の遅れるなかで、相模湖町はここを生きる場と定めた人びとの手で独自の開発の波を呼び込む。

親たちは、後ろ髪を引かれる思いで、子どもをやまゆり園に預けた。ある母親は「市の福祉の方たちの私たちへの思いやりの気持ちだったと思いますが、相模湖に寄っていきましょうといって寄って下さったのですが、湖を眺める気もなれなかった」という語りを残している。やがて園に任せていることに安心し、毎月第三日曜日に子どもに会いにいくことを、「恋人にでも逢うような気持ちで出掛け」ていった。千木良の風景は、春の桜、夏の緑、秋の紅葉、冬の訪れと、四季おりおり、彼女たちの眼を楽しませた（津久井やまゆり園 1974: 58）。

この地域史の延長に、二〇一六年七月二六日の事件はある。

相模ダム一九四一‐四七

相模湖は、相模ダム建設によって生まれた人造湖である。

相模川は山中湖を水源とし、上流域では河岸段丘を、下流域では相模平野を形成し、平塚と茅ヶ崎の境で相模湾に至る河川である。

相模ダムの事業計画は、一九三八年一月に神奈川県議会に提出された。日中戦争開戦の翌年である。建設目的は、「河水統制によって電力料金収入を上げるほか、この水を横浜・川崎の工業地帯に供給するとともに、電力料金を他府県より幾分安くして、広く大工業を誘致し、これによって財政の窮乏を救」うこととされた。建設によって山梨県側を含めて一三六戸の家々が湖底に沈むことになった。水没する勝瀬部落の住民を中心に、強い反対の声が上がった。時の半井清知事は、「本事業は時局柄重大性のあることを諸君も十分認識せられ、愛国心をもって協力されたい」と勝瀬部落の人びとを説得した（相模湖町史編さん委員会 2001: 632-636）。

一九四一年にダムの建設は始まった。戦時下で、労働力は不足した。若者のほとんどは軍や軍需産業に動員されるなか、延べ三六〇万人が必要といわれる建設工事が進められた。そのため周辺町村からの動員、学徒の動員に加え、在住朝鮮人・朝鮮人強制連行労働者、および中国人労働者が動員された。工事を急いだため多数の死者が出た。強制連行された朝鮮人や中国人捕虜は監視下で厳しい労働に従事する上に栄養状態も悪く、多くの死者が出た。氏名が記録されている労働者だけでも八三人が工事の犠牲となった。そのうち、中国人労働者は二八人、朝鮮人労働者は一八人とされる（神奈川県歴史教育者協議会 1996: 213-214）。「氏名が記載されている」ということに注意が必要だ。氏名が明らかではない人の死は、その正確な数すら把握できない。

ダムは敗戦をはさんで、アメリカ軍の支援もあって一九四七年に完成し、下流域に生活・工業・農業用水と電力を供給するとともに、生まれた人造湖は都市近郊で遊覧船やボート、ハイキングを楽しむ観光地として人びとを集めるようになった。

津久井やまゆり園で事件のあった週末、相模湖交流センターで「相模湖・ダム建設殉難者合同追悼会」が行われ、建設工事で亡くなった人びとを、その人の国籍を超えて追悼した。一九七九年から「相模湖・ダム建設殉職者合同追悼会実行委員会」が毎年七月末に追悼会を開いている。

強制連行された朝鮮人労働者、支払われることになった給与をいまだ支払われていない中国人労働者、過剰な労働を強いられた労働者たちの多くが建設作業のなかで亡くなった。建設されたダムの恩恵を受けている現代の人びとのほとんどは、やまゆり園の事件と同様に、

「相模原の事件」とも、「相模湖（相模ダム）の事件」とも呼ぶことができるこの事件に目を向けることはない。

夏の祭礼の前に

二〇一六年八月一八日に、私は旧相模湖町を回った。相模ダム周辺を歩き、五二名の名前が刻まれた旧慰霊搭まで歩いた。相模ダムを見下ろす場所に一九六二年に再建された慰霊搭には、中国人捕虜の名前はない。そのことが分からぬままに、私は中国人捕虜のことも想いながら慰霊搭の前で手を合わせた。一九九三年に相模湖公園に立てられた湖銘碑には、中国人二八名を含む八三名の名前が刻まれる。すでに書いたように、この八三名が工事のなかで亡くなった全てではない。

相模湖交流センター（旧県立電気館）は、与瀬町域の工事を請け負った熊谷組が強制連行朝鮮人の宿舎として活用したところで、小高い丘の上に当時は高い塀に囲まれて逃げられなくなっていたという（相模湖町史編さん委員会編 2001: 645）。相模湖のほうから交流センターのある丘を登った。時に雨がぱらつく湿った空気のなかで、汗を手ぬぐいで拭った。センター内の喫茶室には相模ダムをモチーフにしたカレーがあり、それを食べた。

やまゆり園のある千木良では、週末に行われる牛鞍神社の祭礼のために集落には縄が張られていた。祭礼を知らせる張り紙には、山車の引き廻し時間、花火の打ち上げ時間とともに、「津久井やまゆり園」で犠牲になられた皆様に謹んで哀悼の意を表します」と、末尾に書かれていた。

やまゆり園の正門に長机が置かれ、花が手向けられていた。私も手を合わせて、死者の冥福を祈った。死者の顔どころか、名前も思い浮かんではこず、だから私は「やまゆり園で殺された人びと」という名もなき霊のために祈り、生きていた彼らが最期に発した吶喊の声を想った。慰霊塔で「相模ダム建設工事の犠牲者」という名もなき霊のために祈り、生きていた彼らが最期に発信した吶喊の声を想うように。

相模ダムを挟んだ二つの場所の傍らを相模川が流れ、やがて様々に分水されながら、下流にある都市を潤している。

(追記)下流の青い芝――川崎の小山正義

やまゆり園ができた一九六四年は、青い芝の会の横塚晃一がマハラバ村へ移住した年だ。そして、後年マハラバ村を出た青い芝の会の人びとが移住したのが、相模ダム・城山ダムに水源の多くを依存する横浜市、川崎市である。

このことについて、『現代思想』の「緊急特集　相模原障害者殺傷事件」に寄稿した本章の元になる文書の末尾に、私は何かゾクリとするものを感じると書いた。差別と闘い、言葉を発する障害者――そして、横塚や横田弘の発言はやまゆり園の事件の後に再び注目された――は大都市の消費者でもあった。大都市を支えるために、相模川上流域があり、そこにやまゆり園の入居者たちが暮らしていた。上流の沈黙と、下流の饒舌を想ったのである。差別に闘う、ものを言う障害者は、一方で消費者としても構築された。横塚の残した「腰を浮かすことも労働である」という言葉は、首都圏開発の文脈で考えると別種の意味をもってしまう。[8]

しかし、「青い芝の会」神奈川県連合会の人びとの生きた町の風景を想像していくと、「消費者」とは別種の動きが見えてくる。たとえば、マハラバ村をでた神奈川県連合会の中心メンバーたちが頼ったのは、一九三九年に川崎に生まれた小山正義であった。

小山の文章を読むと、彼の生きてきた戦後の川崎の町場の様子が生き生きと蘇る。[9]彼が少年時代をすごした川崎市桜本には、貧困家庭や外国籍の少年少女が多かった。就学免除されて一日中遊んでいた小山は同じく差別されて学校に居場所のなかった子どもたちと親交を深めていった。やがて、かつあげ、ナンパ、万引き、置き引き、盗みなどの他に不良グループ同士の縄張り争いにもあけくれつつ、小山は街角での納豆売りや川崎大師での質流れ品の露天商、競艇場の売店の裏方、板金工場の仕事も経験した。一九五九年満二〇歳になるころ、やくざな生き方を考え直したことをきっかけに、光明養護学校卒業生を中心とする青い芝の会と出会い、そして川崎に青い芝の会の支部を作ろうと奔走をはじめた。福祉事務所や障害福祉課で障害者リストから脳性麻痺者だけ拾い出し、川崎の街を一軒一軒訪ね歩くばかりでなく、障害者らしき人を見ると、辺りかまわず勧誘していった。そして、閑居山願成寺の大仏空《あきら》や、横浜の鶴見に住んでいた横田弘と出会っていく。やがてマハラバ村と川崎を往復しながら、川崎で稼いだ金で「臓物や安酒を買って」、マハラバ村の仲間のもとに届けた。[10]

脳性麻痺者のいる家を訪ねる小山は、綱で柱につながれている障害者にも出会ったというなかったと記述しているが、この点については注意が必要である。わらじの会の人びとが言うように、越谷の農村地帯において、障害のある人が家の奥に暮らすようになったのは、農業の近代化と農村の都市化のなかで起こった現象でもある。「当時」を、単に「今よりも昔」と捉えてしまうと、進化主義の罠に陥る。重要なのは当時のその土地が、どんな文脈のなかにあったのかということである。

(荒井 2017: 75)。荒井裕樹は、家の奥の座敷牢に飼い殺しになっていることも当時は少なく

小山は川崎・横浜を中心に一軒一軒まわりながら、高度経済成長期に収容施設や家の中に隔離されていった障害者を、施設や家の外側の文脈につなげ、そこで作られた巷がまたマハラバ村を出た人たちの拠り所になった。健常者中心の同質的な都市空間を作るために排除さ

れ、「遠くのどこか」に集められるか、それぞれの家庭の内側でばらばらに暮らすことを余儀なくされた障害者を、小山は結び付け、群れを作り、そして町の中で蠢きだす。そのことによって更なる排除や反発を生み出しつつ、そのぶつかり合いのなかで都市空間は雑多なものの棲む場として醸成されていく。

ここにあるのは生産者でも、消費者でもなく、均質的に構成された都市空間や、整備されていない行政の障害者政策を、人びとの差別意識や軋轢・葛藤を、そのまま受け止めながら、少しずつ多様な存在が生きる場に変えていく「分解者」としての動きである。青い芝の会において重要なのは言説だけでなく、実際彼らが川崎・横浜の町を如何に分解したかである。そして、彼らや彼らの先達と呼応しながら、各地の文脈で障害のある人びとは蠢いた。その一つの流れが、八木下浩一からわらじの会を経由して、見沼田んぼにも及んでいる。

■注

1 人類学者のマイケル・タウシグによるベンヤミンの墓標をめぐる議論を参照（タウシグ 2016: 25)。

2 『趣味の遺伝』における、万歳と吶喊については、栗原彬さんに教えられた。

3 二〇一六年二月一四日に、犯人が衆議院議長公邸に持参した手紙から。「郵送してくれれば、金属探知機で調べた後に処理する」と説明した公邸職員に対して、彼は二時間余りの間、門の前で土下座をし、地面に頭をこすりつけて受け取りを懇願したという（朝日新聞取材班 2017)。

4 常住人口調査と国勢調査によれば、一九四八年に約二三〇万人だった神奈川県の人口は、一九六五年にはほぼ倍増し約四四〇万人になっている。

5 もともと千木良は甲州街道の傍らに村落を形成している。大垂水峠を越えれば八王子である。一九〇五（明治三八）年の中央線開通後、駅（一九五六年に相模湖駅に改称）ができ、交通の便がよくなった与瀬が周辺地域の中心になっていく（相模湖町歴史編さん委員会 2001; 津久井郡勢誌復刻・増補版刊行委員会 1978）。

6 国土地理院の地図・空中写真閲覧サービスで一九五六年四月六日の千木良周辺の航空写真が閲覧できる。それによると、やまゆり園が立地する場所は、平地で、土地利用は田もしくは畑であったことが推察される。

7 他五人以上の出身者のいる市町村は横須賀市一八人、相模原市一二人、厚木市一〇人、茅ヶ崎市五人、大和市五人となっており、県内各地から入所者が集まっていることが分かる。

8 横塚晃一は障害者固有の価値観の創出へ向かい、例えば、労働概念の転換を図る。彼によれば、日本社会における労働の価値規準は、「いかに早く、いかに安く、いかにみかけがよく」物資を生産することに置かれている。そうである以上、能率の劣る障害者はその規準に適うことはなく、常に健全者よりも劣位に置かれる。それに対して彼は、障害者の労働が「その特色ある形そのままの姿で社会的に位置付けられ」、尊重されていた状況を古代に見出し、現代社会における労働の価値規準の相対化を行う。そして、「寝たっきりの重症者がオムツを変えて貰う時、腰をうかせようと一生懸命やることがその人にとって即ち重労働」していると考えられるべきであると説く。ここにおいて、障害者は「働けない」弱者ではなく、「腰をうかせる」という労働を行う主体として捉え直されている（横塚 2007: 56-57）。

9 以下、小山の育った街の情景である。

私が生まれたところは、川崎南部の京浜工業地帯の隣接地、浜町二丁目で、産業道路を境に南の京浜工業地帯とは反対側の、零細な町工場が散立している工員の町でした。

空襲の跡傷があっちこっちに残っていて、暁夷弾《しょういだん》の投下の跡の溜め池がいくつもありました。私は子どもの頃、よくザリガニや雷魚などを釣って遊んだもので、その遊び友達に朝鮮の子どもたちも多くいたし、中学生の頃にも不良仲間に何人かはいました。（小山 2005: 51）

10 小山の来歴については、小山の著作を参照（小山 2005）。なお、二〇〇八年五月二五日に、社団法人埼玉障害者自立生活協会のシンポジウムがあり、小山と八木下が登壇した。私はこのとき、コーディネーターを務めた。

第八章　水満ちる人造湖のほとりから
――相模ダム開発の経験と戦後啓蒙

飯塚浩二――ゲオポリティク論の間、娘との距離

一九四二から一九四三年にかけて、地理学者飯塚浩二は『経済学論集』に、当時の日本で流行していたゲオポリティク（地政学）を批判する論文「ゲオポリティクの基本的性格」を三回にわたって発表する。スウェーデンの地理学者チェレーンは、マンチェスター派的な国家論への不満に出発し、政治地理学におけるラッツェルの議論を、自身の拠って立つ国家有機体説に都合の良いところだけ取り上げ、国家有機体説と地理的決定論が「露骨に」合体された国家論を生み出した。これが第一次大戦後のドイツでハウスホーファーらによって引き継がれ、ゲオポリティクとして一世を風靡した（飯塚 1975: 197）。飯塚はゲオポリティクが文化形態の特異性を地理的条件からのみ説明し歴史的視点を欠いていること、国家社会自体の生活機構の分析を省略する非実証性、非科学性を指摘した。同時に国家有機体説が、危機において

国民に運命共同体であることを迫る全体主義的国家観を拠り所にしている点を批判した。

戦後、飯塚は再びゲオポリティク批判を展開した。論文「科学あるいは科学者と祖国」で飯塚は、ナチス・ドイツを引き合いに出しながら、日本の非常時の精神動員の全過程が真理の客観性への挑戦としてつき詰められることすらなく、妥協的に「日本古来」の価値体系の強調という形をとっていたことを批判した。そしてドイツと日本の違いを、非常時に限らず平時においても、日本が血縁的・地縁的な形式を離れて社会的結合の紐帯を考えることができない、社会関係および社会意識の未分化な段階に留まっていることに起因すると考えられる、とした。飯塚は、ナイーブな世界主義と極端な国家主義の矛盾を止揚するため客観的、科学的態度を貫く「英雄的な努力」に対して絶大の期待を表明した(飯塚 1975: 424-430)。

戦中・戦後の二つのゲオポリティクで共有されるのは、科学的合理主義が全体主義的国家観にゆがめられてはならないという意識と、科学的合理主義と愛国の両立を目指す意識である[1]。また、戦後になって明確に示されるのは、国家と社会の科学的合理主義とはあまりに程遠い、日本の様である[2]。

本章で私が注目するのは、この二つのゲオポリティク論が出された〈間〉の時期である。そして、彼がその時期に暮らした地域の〈位置〉である
東京帝国大学東洋文化研究所の教授に就任していた飯塚は、一九四五年の二月三日に東京

駅から列車に乗り、京都で途中下車した後、さらに西に向かった。下関からは船で玄界灘を渡った。朝鮮半島から満州に入り、満蒙や熱河・興安・北京の各地を旅した。日本の敗戦が濃厚になるなかで、「日本の植民地支配下の『外地』や占領行政下の中国に〝修学旅行〟を試みるのは、まさに『いまのうち』だった」と、飯塚は後に書いている(飯塚 1976ii: 8)。一九四四年の夏、飯塚は「対米戦争もいよいよフォードと鍛冶屋の勝負みたいなことになってきたねというような感慨をもたらしても大丈夫だった友人」に相談した。その友人の斡旋により、飯塚の視察旅行は満鉄総裁招聘となり、ヤマトホテルを渡り歩く特権を得ることになった。飯塚は「リュックだかナップサックの親玉みたいなものを背負って」、「植民地社会学」を勉強するためどこにでも出かけていった(飯塚 1976ii: 19-20)。

予定の二ヶ月を大幅に過ぎて、朝鮮半島北東部の羅津から筑前丸に乗船したのが六月二〇日。手荷物には中型のスーツケースとリュック二つ。そこにフィールドノートその他のメモ、メモの補足にする文献、プリントした写真を詰め、他は行李に入れて託送した。船はアメリカの潜水艦に制海権を奪われた日本海を渡り、敦賀にたどり着いた。そこから鉄道を乗り継いで名古屋までいき、中央線に乗り換えて家族が疎開している与瀬駅(現相模湖駅)に向かった。

与瀬駅に帰着したのは六月二六日である。「住んでいるだれもが顔見知りのような小さな町」の駅長は、飯塚の無事の帰還を喜び、家に使いをだしてくれた。迎えの家族を待つ間、飯塚は五ヶ月の旅の間に、自宅の渋谷は空襲で焼かれ、大量の蔵書を失ったことを知った。やがて駅に迎えにやって来た娘は、駅前の桜の大木の陰に隠れた。そして、そこにいる男が本当に父親なのかを見定めるように様子を伺った。

疎開先の家までの道のりを、飯塚は次のように記述している。

彼女の父、つまり本報告の筆者にとって、戦争末期の満蒙は（中略）勉強すべき視聴覚教材の充満した、しかも二度と調べ直しの利かないフィールドであった。諸般の客観的条件の許す限り、自分の目で見、自分の頭で考えることに追われていたこの五ヶ月というもの、残念なのは、月日のたつのが余りにも早すぎるということだったのである。

しかし、母親と二人きりで何彼と気がねの多い疎開先暮らしをさせられていた幼女にとって、この同じ五ヶ月は、ずいぶんと長い、待つには長過ぎる月日であったにちがいない。間借りしている疎開先の清水さんの家までは駅からわずかな道のりだが、娘は、私と手をつないで歩いていながら、まだ本当に気を許すわけにはいかなかったのであろう。道々くりかえし私の顔を見上げた。（飯塚 1976ii: 471-472）

私が考えたいのは、この五ヶ月間という〈時間〉に与瀬で彼女が経験した事の中身であり、そしてまた手をつなぎながら気を許すわけにはいかなくなっていた――しかし、ためらったのは本当に彼女だけだったのだろうか――彼女と飯塚の〈距離〉である。

川島武宜・大塚久雄――濃密な与瀬経験

戦争末期、相模川上流域にある与瀬には、戦後日本の代表的な知識人の何人かが疎開していた。これまであまり考えられてこなかったが、そこでの経験が彼らの生み出した言説にも影響を与えた、と私は考える。と同時に、彼らがその場所にいたことを掘り下げていったときに――たとえば彼らの見ていた風景や、出会った人びとが誰だったのかを考えることで――彼らの言説へのこれまでと違った読みが可能になる。それはまた、我々が相模川上流地域を、さらに言えば彼らの生み出した言説を、近代史という時間軸だけでなく、首都圏近郊という空間軸に位置付けていく作業を意味する。

相模川上流域を私が意識したのは、同僚が毎年通っていた相模ダム建設殉職者慰霊祭に誘われたことがきっかけだった。私たちが勤務する大学のある地域の水源は相模ダムであり、その建設が戦中に強制連行の朝鮮人や中国人捕虜によっても担われたことを知った。二〇一六年七月二六日、相模ダムから相模川のすぐ下流の津久井やまゆり園で一九名の障害のある人が殺され、職員三名を含む二七名が負傷する事件が起こった。私は相模ダム建設と津久井やまゆり園の事件を、同じ地域の歴史として捉えなければならないと思った。そこからこの地域の歴史を少しずつ掘りはじめた。

与瀬における経験の濃密さを、一九四五年の春に与瀬に疎開した法社会学者川島武宜が語っている。飯塚や川島は、大塚久雄の世話で与瀬に疎開していた。この頃、川島は東大法学部に、大塚は経済学部に所属していた。

川島は、当時の与瀬を「深い谷底を流れる相模川を見下ろす急斜面に細く伸びた甲州街道に沿い、徳川時代の宿場町の面影をのこし

写真１

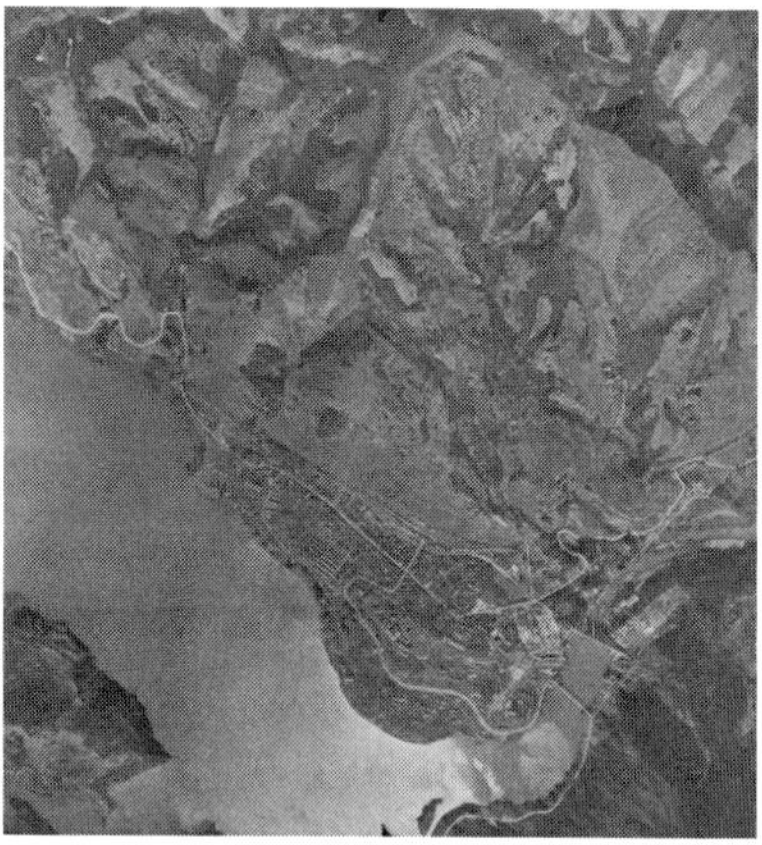

1946年3月9日の与瀬周辺の航空写真（提供　国土地理院）。中央部斜めに走る直線は甲州街道。写真右側には竣工間近の相模ダムが見える。相模ダムから湖（この年の8月28日に相模湖と命名される）沿岸部に工事関連施設が見える。

て数少ない家々が細長くひっそりと連なっていた(川島 1974: 1)」と描写する。一九二九年に測図された国土地理院の二万五〇〇〇分の一地形図をみると、与瀬駅とそれほど距離のない場所を中央線と平行して甲州街道が走り、それに沿って七〇〇メートル弱の街村が形成されている。街道から相模川にむかっていく斜面には桑畑が広がる。やがて、この桑畑には、相模ダム建設工事のための資材置き場や建設にあたった熊谷組の作業所、朝鮮人収容所や中国人収容所が建てられていく。

川島によるならば、与瀬は「東京とは全く違う伝統的地域共同体」で、都会育ちの東大の疎開者たちは「異邦人」であった(川島 1974: 1)。

そういう環境のなかでわれわれは、言わば「同病相憐れむ」気持ちで慰めあいつつ、話題は自然に、日本の村落文化、伝統文化とか、他民族——特に西洋とか、中国とか——の文化との比較になるのでした。大体、私が、日本の農山漁村の風俗習慣を語る、大塚さんが、それに対して主としてマックス・ヴェーバーを引用しつつ比較史的分析をされる。飯塚さんは、主としてフランス・中国・蒙古との比較論を展開される、というふうに自然に役割が決まっていきました。マックス・ヴェーバーやマルクスの著作についての大塚さんの周到克明な且つ「読みの深い」理解に、私は圧倒され、数限りない教えを受けました。静かな山村で、その時ばかりは戦争を忘れて——などと当時言ったら、私はすぐ逮捕されたでしょうが——心おきなく質問し、至れり尽せりの個人教授をうけた幸福は、終生忘れることができません。（川島 1978: 187-188）

大塚久雄が、次第に激しくなる空襲を避け、家族と与瀬に疎開したのは一九四四年の三月である。[3] 与瀬から中央線で東大に通った。同年一月二五日改正の時刻表によれば、八時二二分に与瀬を出る列車に乗れば、九時三八分に新宿駅に到着する。一八時五分に新宿駅を出る電車に乗ると、一九時二九分に与瀬に着く。この二つの列車は、発車本数の減った一九四五年七月一日現在の時刻表にも存在する。[4] 定時運行された場合、一時間二〇分で新宿までつき、そこから本郷まで向かうとしても、十分に大学に通勤可能だったことが分かる。[5] 一九四三年に手術で左足を失っていた大塚は、義足にゲートルを巻きつけ、鉄兜を肩にかけ——そうしないと停車場での関門を通してくれなかった——、列車の窓から乗り降りすることもあったという。もう死んだと思えるようなことは二度あった(大塚 1986ii: 282)。

その大塚も、与瀬に移って楽しい思い出も数々あったとしている。確かに、刑法にふれるようなことは何もせず、病気で臥せっているときですら、極端な国家主義を是認しないクリスチャンとして、陰に陽にさまざまな思想的圧迫があった。[6] しかし、「時には近傍の丘陵を散歩できるし、近所に疎開していた故飯塚浩二君や川島武宜君と学問上の話も交わすこと」ができたのは、今までとはいささか違っていたという(同書、同頁)。

濃密な議論は、戦後の彼らの言説に結実した。大塚は一九三五年前後からゾンハルトの理論的影響から離れて、ヴェーバーやマルクスの理論に傾倒しはじめ、それが後に彼が共同体論を展開していく道を開いた。さしあたりの手がかりとなったのは、ヴェーバーの著書として刊行されていた *Wirtschaft und Gesellschaft*（『経済と社会』）と *Wirtschaftsgeschichte* で（『経済史』[7]）であった。大塚は、『共同体の基礎理論』の後記に次のように書いている。

Wirtschaftsgeschichte が、分業論→共同体論→市場論という問題観点から構築されていることが明瞭に分かってきたとき、私はまさに驚きの声を発せんばかりであった。それは『近代欧州経済史序説』上巻の公刊直後、つまり戦争末期の疎開地でのことであったと記憶している。ところで、この新しく獲得された観点から眺めなおしてみると、『資本論』の叙述もまた私にとって以前とはかなり異なった相貌を呈してくることになった。『資本論』の叙述、とくに注のなかに多い共同体に関する論及が、決して単なる添物でないことが、はっきりわかってきたのである。そのころ暫くのあいだ、注から『資本論』を読むという奇妙なことをやったのも、そのためであった。それから一、二年後、マルクスの遺稿『資本制生産に先行する諸形態』が飯田貫一氏の手によって邦訳され、さらにまもなく、そのドイツ語の原文も入手することができた。これは共同体論に関する私の問題意識をほぼ決定的にしたものといってよい。それから病気療養と遅々とした準備の数

年があったが、『共同体の基礎理論』はだいたいこのようにして生まれたものである。(大塚 1969ii: 395)

与瀬の暮らしの中で、ヴェーバーとマルクスがつながり、そこから大塚の『共同体の基礎理論』の原型が生まれる。その傍らに川島や飯塚がおり、日々濃密な議論を交した。彼らが濃密に議論する外側に、与瀬の地域社会が存在する。彼らにとってそれはどのように見えていたのか。

大塚さんが誠意をもってつきあっても、村の人は「わけの分からぬ人」と言って非難する。ことに瀬川先生は有名な小児科のお医者様であるのに、村の人びとのあいだでは「瀬川先生は診断を誤るやぶ医者だ」と非難されていたのです。というのも、先生は当時「新薬」だったスルフォン剤をもっておられ、疫痢にかかった村の子どもにスルフォン剤を投与されたので、すぐに治ってしまう。ところが、当時は、疫痢にかかった村の子供にスルフォン剤を投与されたので、すぐに治ってしまうことはなかったのですから、そんなに簡単に治ってしまう病人を疫痢だと診断した瀬川先生は「診断を誤ったやぶ医者だ」と思われたのです。先生はそのような村人のうわさ話に苦笑しながら、多くの子どもの生命を救っておられたのでした。私は山村の風俗習慣を或る程度は知っていたのですが、それは主として長野県の山村——特に、知的水準の高い伊那谷の山村——に関するもので、与瀬はこれとかなりちがっていましたし、特に瀬川先生についての村人の評価は、私にとっては全くおどろく外はなく、日本における文化の地域的——都市と農村の間の——落差について強く印象づけられるとともに、日本社会のこのような一面をたいへん悲しく思いました。（川島 1978: 187）

このような状況認識のなかで、大塚らには民衆に対する、あるいは民衆によって構成される地域社会に対する否定的な眼差しが芽生える。一九四六年四月の論文で、大塚は「わが国民衆」の人間類型が近代「以前」であるとして次のように論じる。[8]

おそらく多くの知識人たちは、この両三年の間にもはや、いやというほど思い知らされたことであろうと想像する。そこには近代人に特有な内面的自発性も見出されない。市民社会特有の「公平」——あの中世的な「公平」ではない——の特性も見出されない。近代科学成立の基盤たる合理性も見出されない。さらに近代精神を根底的に特徴づけているあの民衆への愛と尊敬、名も無い民衆の日常的経済生活を深く顧慮するところのあの社会的関心もまたいまだ見出されない。（大塚 1969iii: 171）

小熊英二が言うように、大塚のこの認識は与瀬での疎開経験において、農民たちと接触したことが大きく影響しているように推察される。そして、この認識の背景には、当時の都市と農村の対立、闇経済の蔓延があった。農民は政府による食糧供出を嫌い、闇ルートで高値で取引することを望んだ。それが都市住民の生活苦をさらに深刻化させた(小熊 2002: 98)。

総力戦体制下の与瀬

中野敏男は、戦中戦後の大塚の思想の共通点として、自己中心的近代人への批判があり、戦争とそれに続く敗戦という状況で、大塚が国家中心の貢献に人びとを動員する啓蒙家の役割を担っていたとする。そして、国家中心の貢献を促す戦後啓蒙は、禁欲や全体性の自覚と転化しつつ、一つの規律権力として機能した。ここに、総力戦体制が、戦後に引き継がれていく様が見出される[9](中野 2014: 78-89)。

山之内靖は、前節で論じた大塚のヴェーバー理解の転換は、日本の対外政策を批判するものではなく、それと協調するものとなっていたことの証左として、一九三九年に発表された「新興工業としての化学工業」をあげる。この論文において、大塚は化学工業が一九三一年以降急激に躍動し、新興工業となった背景に軍需インフレがあった点を指摘する。この一連の過程において、明治以降の藩閥政治と癒着してうまれた旧財閥の外側に、技術者型の革新的経営者が創業した新興化学工財閥が形成されるとし、ヴェーバーの『プロテスタンティズムの倫理と資本主義の経済』の枠組みを援用しながら、前者を政治権力依存型の商業資本、後者を独立自営の中小産業資本として捉えた上で、日本の社会の合理的改革が進展していく様を読み取っていく。山之内は、ヴェーバーが国家権力の庇護なしに台頭するとした産業資本と、国策産業に他ならなかった新興化学工業について、大塚が両者を「酷似している」と想定している点を批判する(大塚 1969i; 山之内 2015: 238-239)。

ここで、大塚久雄が与瀬にいたことを考えると、中野や山之内の大塚批判とは別の論点が見えてくる。「最高度〝自発性〟の発揚」の論文は、大塚が与瀬に疎開して四ヶ月が経とうとする頃に発表された。当時の与瀬が如何なる空間であったのかを考えたい。

甲州街道が走り、相模川がながれるこの地域は、明治期に鉄道が走った。そこを走る中央線が東京への日帰り移動を可能にし、そして戦争末期に大塚ら東京の大学に勤務する知識人を疎開させた。総動員体制が強化される頃、相模川上流域では巨大なダムの建設が計画された。与瀬あたりに立地が決まると工事のための大量の労働力を集めるようになった。一九三一年以降の軍拡景気によって、川崎や横浜鶴見など京浜工業地帯では職工が不足していた。当初は日本国内の農村の余剰労働力に依存していたが、徴兵の拡大のなかで朝鮮人の労働力に依存するようになった。日中戦争期には、朝鮮農村から労働力を「強制連行」する政策がとられるようになる（梶村 1993: 94）。そんななかで川崎や横浜鶴見を中心とする京浜工業地帯への水と電力の供給のために、相模川河水統制事業が一九三八年一月の神奈川県議会で提案・議決された。ダムの予定貯水量は全容量五七二〇万立方メートル、有効容量は二四七〇万立方メートルであった。堰堤は長さが一九六メートル、高さが五七メートル。発電量は最大二万八七〇〇キロワット、下流の津久井発電所では二万三〇〇〇キロワットが期待されていた。水は相模原開発、横浜水道、川崎水道にそれぞれ毎秒五・五五立方メートル供給される予定だった。ダムから発電所と分水地を結ぶ随道工事に大量の労働力を必要とし、所用労働力は約延三六〇万人に達した。県が見込んだ工費は二億四〇〇〇万円。全員が移住を強いられることになった日連村勝瀬集落の住民らの反対請願や、下流地域から水量による農業・鮎業への打撃を恐れる請願が出されたが、それは神奈川県知事らの非常時と愛国心を叫ぶ声によってかき消されていった。一九四一年に着工されると、工期短縮のため突貫工事が行われ、勤労動員学生、在住朝鮮人を含む自由労働者とともに強制連行された朝鮮人・中国人が多数動員された（相模湖町町史編さん委員会 2001: 632-650; 梶村 1993: 95-97; 相模湖・ダムの歴史を記録する会 1998）[10]。

一九四三年一月三日に津久井発電所は送電を開始し、翌一九四四年一二月二一日には貯水を開始した。大塚はこの年の三月に与瀬に疎開している。大塚が散歩した丘陵がどこか特定はできないが、現在、甲州街道から相模川に下った大塚の家のあった場所から丘陵を下っていくとやがて相模湖が見えてくる。その対岸の手前の湖底には、勝瀬集落が沈む。大塚が自宅から丘陵を下っていけば、やがて相模湖と名づけられる人造湖に日々水が溜まっていく様が見えたはずだ。学生や朝鮮人、中国人捕虜などを含め数千人の労働力で建設されようとするダムは、大塚が評価した新興財閥も多く立地する京浜工業地帯のためのものとして計画されていた。相模川上流に疎開した知識人の傍らで、下流の工業地帯に電力と水を供給するため人造湖には水が満ちていった。

これほど総力戦体制ということを物語る情景が、どれだけあるだろうか。

「髭を生やした飯塚君」

大塚の論考「最高度〝自発性〟の発揚——経済倫理としての生産責任について」は、一九四四年七月に『大学新聞』で発表された。小熊英二が整理するように、この論文において大塚は「資本主義の精神」を単なる個人的利己主義の「無責任」と同一視するのではなく、「近代西欧的なもの」のなかから、「営利」的性格を「抹殺」し、その「生産力」を「より高邁なる歴史的現実」のうちに発展的に摂取するため、最高度の「自発性」と不断の「禁欲的」訓練が結びついた「経済倫理」（エートス）が必要であるとする。それは総力戦の合理的遂行を唱えるものである一方で、現実にその経済倫理が広く行き渡っていない点を指摘する点で時局批判とも読めるものでもあった(大塚 1969iii: 339-344; 小熊 2002: 92-93)。小熊は、中野敏男の大塚久雄・丸山眞男をめぐる議論について、大塚と丸山の思想が総力戦の合理的遂行を唱えるものだという点を強調するあまり、彼らの思想が時局批判でもあった点を軽視しているとしている。戦中の日本において、国民の「自発性」に依拠した総力戦体制が現実に成立していたかは疑わしく、そのため総力戦の合理的遂行を唱えることが、政府や軍部の批判となる文脈があった(小熊 2002: 837)。

小熊の指摘に従うのであれば、大塚や川島らが一見農村の閉鎖性を批判している言説を、農村一般をめぐる議論ではなく、総力戦体制下の与瀬に現れた地域社会の姿に対する洞察として読み直せる部分がないか探る必要があろう。それとともに重要なのは、大塚らの言説のなかに与瀬での体験そのものを書き表している部分を見出し、そのことの意味を深めることであろう。与瀬の飯塚浩二がある日から口髭を蓄えていたことを、大塚は書いている。

われわれが与瀬町に移り住んだころは、相模湖はまだできあがっていず、相模川の水流をせきとめる堰堤の大規模な工事が進行中であった。それで、町には工事関係の人びとがたくさん住んでおり、道を歩いていると、乗馬ズボン(みたいもの)に地下足袋、そして口髭をはやしている連中によく出会った。おそらく現場監督級の人びとだったのであろう。私はよく散歩しながら、飯塚君はこの人びとにちょっと似てきたな、そんなことを考えてみてひとりで可笑しがった。けれども、さらによく観察しているうちに、なかなか、それだけじゃないということが次第に分かってきた。口髭を生やしてからの飯塚君には、町の中級ボスたちが何とはなしに親しみを示すようになった。そして、彼の言うことをよく聞くようになった。私にはどうしてもそう思われた。まあ、ともかく、それで彼には食物の蒐集をはじめ生活万端が少しは楽になったにちがいない。まさしく「口髭の効用」である。彼は知恵があるな、それに奥さん孝行だな、そういうふうに私はひとまず感心した。（大塚 1986iii: 248-249）

しかし、大塚は飯塚の口髭の効用は別のところにあったとする。

ところが、彼の意図する「口髭の効用」は実はそんなところにはなかったらしい、ということが間もなく分かってきた。年が明け、昭和二〇年（筆者注　一九四五年）の正月が終わった頃だったたか、急に「ぼくはちょっと満州を見てくるよ。いま見るとかないと、もうちょっと見られなくなりそうだからね」と言い出したのである。そして、奥さんの気づかいやわれわれの驚きをよそにしたまま、あの口髭の姿で颯爽として出かけてしまった。私はそのときはじめて、「ハハーン、これが口髭の効用だったのか」と思いあた

る感じがした。（同書：249）

飯塚は口髭を生やして、与瀬から満蒙に旅立った。便りはなかなかないままに日はたち、この間与瀬から小仏峠をこえたあたりの浅川（高尾）、八王子、立川までが火の海となる大爆撃があり、戦闘機による列車の銃撃もあった。飯塚の妻の心配と苛立ちは傍目にも痛々しいほどだった。六月になって、飯塚はヒョッコリと帰ってくる。そのときに口髭はもうなかった（同書：249）。与瀬駅での娘の躊躇いの理由は、口髭がなくなっていたことにもあったのかもしれない。

だが、飯塚の口髭の効用は満蒙紀行に備えてものだけだったのか、と私は考える。大塚の言う現場監督級の人びとや町の中級ボスは、大塚の言説にも登場する。一九六八年に発表した「日本の近代化と社会科学」において、大塚は「終戦時の頃にわれわれが目の前に見た結果はどんなものだったのか。日本の社会、文化は全体としてほんとうに近代化していたのか」という問いを示す。そして、経済にも様々な問題が孕まれていたとし、与瀬での大塚自身の経験を語る。

> 私は戦争末期疎開先の近くに飯場がありまして、たまたまある飯場の棒頭と知り合いになり、いろいろと聞き取りをしてみたものです。棒頭というのは、ローマのラティヴ

ンディムの奴隷頭（モニトール）と説明したら一番いいかなと思います。棒頭は棒を持って労働者の監督をするんです。（大塚 1986i: 117）

大塚は明治維新直後の鉱山労働の実態も引き合いに出しつつ、資本主義とか business が「自由な労働力を土台とする、つまり雇い主と雇い人がお互いが自由意思をもって契約を結んでいて、とにかく棒頭みたいのはいず、逃げようと思えば逃げられるし、やめたくなければやめられるような、そういった自由な労働関係というものを土台としたものと考えるならば、ああいうものは果たして、近代の資本主義と言えるのでしょうか」（同書：117-118）と問う。

しかし、維新直後の鉱山と、戦争末期の疎開先の近くにあった飯場は同一視できない。「疎開先の近くの飯場」は、相模ダム建設に当たった労働者の飯場だと推測される。であれば、単に近代化が進んでいなかったのではなく、植民地支配を行う近代国家の問題を考察すべきである。

更に重要な問いは、大塚が相模ダム建設に関わる棒頭（現場監督）とどのように知り合い、聞き取りができたのかということだ。私には口髭を生やした飯塚を介して、大塚も棒頭と語ったという想像を禁じえない。実際、与瀬の大塚久雄は、在住朝鮮人に多くを助けられていた。石崎津義男によれば、大塚家の隣は朝鮮人で、父親は馬方をしており、朝鮮人仲間の親方をしていた。食用に朝鮮きじ、、、という小鳥や密殺の牛肉を譲ってくれたという（石崎 2006: 85）。相模ダム建設労働に占める朝鮮人の自由労働者が相当数に及んでいた（相模湖・ダムの歴史を記録する会 1998: 14; 梶村 1993: 96）。だとすれば、飯塚が交流した街の中級ボスのなかには在住朝鮮人もいたのではないかと想像することは難くない。

飯塚はまさに植民地社会学のフィールドと言える相模ダム開発や周辺の地域社会の再編性を目の当たりにし、建設を担う人びとと交わりながら、戦後においてすらただ一遍のモノグラフも書かなかった。朝鮮、満蒙、そして熱河・華北・北京を歩き、そこにおいて炭鉱やダムなどの国家的事業の有り様をつぶさにみていた飯塚が、自分の疎開先で起こっている相模ダム建設工事や、疎開者や移住労働者と地域社会の関係、強制連行された朝鮮人や中国人捕虜の動員について見えていなかったとは考えにくい。ならばなぜ相模ダム開発について、彼が、戦後になっても何も書くことがなかったのか、本当に何も書いていないのか、私には大きな問いとしてある。

飯塚は国内の与瀬ではできないことを満蒙で試みようとした。そのように考えて、『満蒙紀行』を再読することは、大塚が飯塚の著作を読む場合の戒めとして記した、「当時彼がおかれていた公的また私的な過酷な環境を正確に顧慮に入れる（大塚 1986ii: 250）」事にも通じるだろう。それはまた、大塚や川島らを含めて、「与瀬グループ」が生み出した言説を、与瀬で暮らしていた彼らの皮膚感覚に肉薄しながら再読することをも意味する。

とともに、彼ら知識人の傍らにいた人びと——そこにはダム建設にあたった人びとや、与瀬に暮らしてきた人びと、疎開してきた人びと、そして飯塚の娘——がそこで何を見ていたのか、私は知りたい。

■注

1 戦中、飯塚はゲオポリティクを批判する一方、その理論に立脚する大東亜共栄圏の建設は支持していた。岡田俊之は、飯塚はエセ学問の言説が共栄圏の建設を叫ぶのは許せないが、科学者が政策の立案・実行に協力することは必要であると考えたと推測する（岡田 1979: 242）。

2 岡田は戦争後期の飯塚の論文について、一 比較文化研究によって日本の前近代性を浮き彫りにし、二 遺言のつもりで理論的に低調な地理学研究を批判し、三 日本の非合理的な行政を批判し、四 あわせて前近代的な精神的風土を批判したものと整理している。同時に、それらは、大東亜共栄圏建設に協力する研究や迎合的な発言を伴いながらなされており、社会の変革や戦後の展望への志向を強くもってなされたのではなかったとしている（岡田 1979: 246）。

3 戦後与瀬を引き揚げて、本郷のYMCA会館へ家族で移るのは一九四六年の春である。

4 日本交通公社編『時刻表復刻版——戦前・戦中編』所収の、昭和一九（一九四四）年一二月時刻表五號と、昭和二〇（一九四五）年七月時刻表を参照（日本交通公社 1999）。

5 この点、大塚、飯塚、川島だけでなく、東大医学部に属する小児科医の瀬川功が与瀬に移り住んだ理由であると考えられる。また、東京外事専門学校（一九四四年までは東京外国語学校。一九四九年から東京外国語大学。一九四四年当時の校舎は山手線巣鴨駅に近い北区西ヶ原）の坂本是忠も与瀬に住んでいた。坂本が与瀬にいたことについては、飯塚が『大塚久雄著作集』に寄せたエッセイ「与瀬グループ」を参照したが、地域の方の話から、前章に登場した東京オリンピック等の誘致に尽力した坂本是成相模湖町町長と、坂本是忠は兄弟であることを知った

（飯塚 1976: 545）。川島は、与瀬の梶原という医者の家に単身で間借りし、汽車で毎日東大に通ったという（川島 1978: 186）。

6 大塚が警察に睨まれていたことについては、大塚の娘高柳佐和子氏の証言がある（『東京新聞』2017.5.11 を参照）。

7 邦訳は黒正巌・青山秀夫によるもので、『一般社会経済史要論』というタイトルで、一九五四年、一九五五年に岩波書店より上下巻で刊行されている。

8 大塚のこのような認識は、授業や雑談の場面でも度々提示されたようである。北原淳は大塚の講義で、「戦時疎開中の相模原の『むら』の体験から、村入り、村八分などの話がよく雑談の話題となった（北原 1999: 10）」と書いている。

9 本章、冒頭に論じた飯塚のゲオポリティク批判も問題意識を共有するものと考えられる。

10 梶村によれば、少なくとも一九四二年の段階で朝鮮人「募集」（強制連行）労働者と、朝鮮人自由労働者双方合わせて二〇〇〇人が相模ダムの建設現場で働いていたと推定される（梶村 1976: 96）。

第九章　「乱開発ゾーン」の上流で
――見沼田んぼの朝鮮学校

朝鮮学校が見沼田んぼにあること

埼玉朝鮮初中級学校（以下、埼玉朝鮮学校）は、見沼田んぼ内にある。私がこのことに気づいたのは、二〇一七年のことだ。

最初に訪問した時には、そのことには気づかなかった。

二〇一七年七月、私は農園関係者や研究仲間、地元の知人と一緒に、学校見学に出かけた。この頃私は、埼玉県が朝鮮学校に対して二〇一〇年から支給していない私立学校運営交付金の再開を求める運動に関わりはじめており、実際に学校を見に来ませんかという保護者の誘いを受けた。

朝鮮学校は学校教育法一条に定められた、幼稚園、小学校、高等学校、中等教育学校、特別支援学校、大学及び高等専門学校ではない。同法第一三四条が定める各種学校であり、国庫補助金は支給されない。埼玉県などの地方自治体は、一九八〇年代に民族教育を行う朝鮮学校の存在意義や、一条に定められた学校との差別を考慮して、独自に補助金を支給してきた。しかし、民主党政権が進めた高等学校無償化法案において、朝鮮学校が無償化の対象から除外されて以来、地方自治体においても補助金の停止が進んだ。埼玉県は他の自治体に先駆けて、二〇一〇（平成二二）年度以降補助金を停止している。[1] 二〇一二年には、埼玉県議会は拉致問題が解決されるまで予算の執行を留保すべきだ、とする付帯決議まで採決した。

カーナビに誘導されながら、学校に向かった。ナビは住宅地の間の細い路地の先を指示した。実はそこは入口ではなく、先は行き止まりになっていた。運転のうまくない私は一〇〇メートル近くの道をおっかなびっくり後進した。ようやくたどり着いた正門の前を、川が流れていた。

その川が、見沼田んぼを貫流する芝川だった。私は大宮駅から東に向かう県道を進み、気づかないうちに見沼代用水西縁を越え、見沼田んぼのなかに入っていた。市街地が途切れなく続いていた為、私はそこが見沼田んぼ内だということに気づかなかった。

旧浦和市と旧大宮市の境界地域は、見沼田んぼ内でもっとも市街地化が進んだ場所である。このうちさいたま新都心の東側にあたる地域は、「乱開発ゾーン」とも言われ、見沼田んぼ内で宅地、公共施設、資材置き場等としての開発が進み、荒地も多く見られる。[2] 二〇〇一年にさいたま市が誕生し、初代市長となった相川宗一はこの地域に約六五ヘクタールの大規模公園の整備を計画した。しかし、相川の任期は、先行整備地区として開園した三・九ヘクタールの合併記念見沼公園で尽きた。二〇〇九年五月に行われた市長選挙で、相川を破って当選した清水勇人は、財政状況の厳しさを理由にセントラルパークの拡張を進めていない[3]。

埼玉朝鮮学校は、この「乱開発ゾーン」の北側に隣接する堀の内にある。堀の内地区において見沼田んぼ内となる地域は、一九六五年に定められた見沼三原則においても開発が認められた、大宮駅から二キロ圏内にある。この地域では、埼玉朝鮮学校だけでなく、大宮開成中学・高等学校、自動車教習場、そして多くの住宅が見沼田んぼ内に立地している。

秦明友（二章で登場）が大宮市長に就任した頃には、と畜場もあった。周辺の都市化のなか、秦が市長になる前から、大宮市は与野市の上落合に隣接する場所へと畜場の移転を計画していた。しかし、与野市では大きな反対運動が起きて計画は進まなかった。一九五九年にいずれも社会党を母体とする。大宮では秦、与野では白鳥三郎が市長となることで、ようやく話し合いに決着がついた。と畜場の建設を認める代わりに、大宮市は与野市が困っているし尿処理を引き受けることになった。と畜場は一九六〇年にようやく着工し、翌年一二月「大宮市営と畜場」が操業をはじめた[4]（市民と共に生きた秦明友を偲ぶ編集委員会 1985: 85）。

大宮駅から走る県道は、堀の内に入り、見沼代用水西縁に掛けられた堀の内橋を渡って見沼田んぼに入る。堀の内橋あたりは、かつて見沼代用水西縁と岩槻を結ぶ道が交差する交通の要所で、堀の内河岸が設けられていた。舟運に利用されていた江戸時代から昭和初期には、米を中心とする穀物、野菜、薪などが江戸東京に運ばれ、江戸東京からは肥料、魚類、乾物、雑貨などが運ばれてきた。舟運は物だけでなく、人の移動にも使われ、堀の内河岸から江戸神田永代筋までは大人一人六七文、荷物三六貫目（約一三五キロ）で一〇四文かかった。[5]

埼玉朝鮮学校では、教室を回って子どもたちの授業の様子を見せてもらった。幼稚園も併設されたこの学校には、幼稚園、初級部、中級部を合わせて、二〇〇名を超える子どもたちが学んでいる。授業は子どもたちの母国語である朝鮮語で行われる。授業だけではなく、学校内の日常会話も朝鮮語だ。

私は、さいたま市で民族教育が行われている場に初めて出会った、と思っていた。しかし、見沼田んぼ内で民族教育が行われてきたということに、私は気づかなかった。見学が終わった後、この川の下流にあるのでと関係者を福祉農園に誘った。その時、学校の傍らに流れている川が芝川だということには気づいていたが、まだ学校が見沼田んぼ内であることには想いが至らなかった。この川の下流に私たちの農園があります、是非来てくださいと私は言った。

その日のうちに関係者はやってきて、本格的に夏になる頃には一緒に作業をするようになった。私も埼玉朝鮮学校の学校公開日として行われるアンニョンフェスタに家族と出かけたり、授業の一環で私が大学で教えている学生と一緒に訪問したり、朝鮮学校の保護者たちが学校を支援するために販売するキムチを買いに出かけるようになった。

そのうちに、私は朝鮮学校が見沼田んぼの傍らではなく、見沼田んぼのなかにあることに気づいた。農園の仲間たちと見沼田んぼの保全政策の変遷について調べているとき、私たちは何度も乱開発ゾーンのあたりを回っていた。芝川をもう少し上流に遡ればそこに埼玉朝鮮学校があったのだが、私たちはそこまでいかなかった。同じように、朝鮮学校の人たちも見沼田んぼの農民や保全運動に関わる人たちと接点をもたなかった。私たちは傍らにありながら、出会うことがなかった。

埼玉朝鮮初中級学校の誕生

埼玉朝鮮学校の歴史は、東アジアの現代史であるとともに、見沼田んぼの歴史でもある。

一九四五年八月一五日、大日本帝国はポツダム宣言を受託し、無条件降伏をした。日本の敗戦は、植民地支配を受けていた朝鮮人にとっては祖国の解放を意味した。同年一〇月一五日に在日本朝鮮人連盟（朝連）が結成された。植民地支配によって奪われた、民族の言葉や歴史を学ぶ機会を取り戻すため、民族教育の推進は朝連の活動の重要項目だった。植民地を除く日本本土には、敗戦時におよそ二〇〇万人の朝鮮人がいたと言われる。一九四六年になるとおよそ一三〇万人が朝鮮へと帰っていった。そんななかで、朝鮮語を学ぶ機会をもたなかった子どもたちが朝鮮語を学ぶために、全国に国語教習所が作られていった。一九三〇年代、労働者のための労働夜学や子どもたちのための簡易教育施設など朝鮮語を学ぶ場所が作られたが、一九三五年に「朝鮮人簡易教育取締」が閣議決定され、朝鮮人による学校の経営や朝鮮語での教育は認められなくなり、日本にいる朝鮮人の子弟は日本の小学校に入るようにされた。解放後、朝鮮に帰る気運が高まるなかで、日本への同化政策のなかで母国語を奪われた子どもたちへの朝鮮語教育は急務だった。[6]

埼玉では、朝鮮人が多く住んでいた川口、戸田、蕨、大宮、深谷、本郷（現深谷）、入間、に国語教習所が作られた。[7] 大宮の国語教習所は、一九四六年の春に民家に間借りする形で作られた。一九四七年に朝連川口支部に第一小学校が、一九四八年には第二小学校が入間川（狭山）に作られた。しかし、一九四九年九月、GHQと日本政府は団体等規正法を適用し、朝連とその青年組織である在日本朝鮮民主青年同盟を解散させた。[8] これを受けて、同年一〇月一九日、文部省と法務府特審局は、運営組織を失ったことを理由に、全国すべての朝鮮人学校の閉鎖命令を下す。[9] 一九四八年四月一〇日に大韓民国、九月九日に朝鮮民主主義人民共和国がそれぞれ建国された。南北の緊張感の高まりはやがて朝鮮戦争を引き起こす。そんな状況のなかで、GHQは反共主義の立場から朝鮮民主主義人民共和国を支持する在日朝鮮人の封じ込めを図り、日本政府は朝鮮人への支配を国内だけでも継続させようとした（鄭2013a; 鄭2013b)。そんな東アジアの状況下で、埼玉県内のすべての小学校、国語講習所も強制的に閉鎖された。子どもたちは日本の学校へ転校させられた。県内では、学校の閉鎖に抗議する朝鮮人たちの運動も起き、市立の小学校のなかの民族学級が川口や大宮、川越、深谷などで設置された。朝鮮人教師による課外授業も行われた。

一九五五年、在日朝鮮人総連合会（朝鮮総連）が結成され、埼玉でも六月二六日に県本部が浦和に設立された。その傘下に、朝鮮人同胞の権利利益擁護のため、銀行や商工会が設立されるとともに、朝鮮学校の再開を求める声は高まった。一九五七年には、朝鮮民主主義人民共和国からの教育援助費の支給もはじまった。

そして、一九六一年四月六日、鉄道の分岐点で交通の便がいい大宮が選ばれ、埼玉朝鮮初級学校（小学校に相当）が設立された。大宮公園内の蛇松口の三六三〇平方メートル敷地に、二階建ての校舎が建てられた。

そこは見沼田んぼに隣接する位置でもあった。一八八五（明治一八）年、武蔵野国一の宮である、氷川神社境内の一部敷地として開園された大宮公園（開園当時は氷川公園）は、かつての見沼の入り江にあたる場所を含み、今もある池がその名残である。一八九八（明治三一）年四月に大宮町（当時）から埼玉県に移管し、埼玉県で初めての県営公園として整備された。[10] 朝鮮学校は、もともと大宮公園に数ある沼地の一つを埋め立てて造成された。大雨が降ると校庭に水が溜まり、沼から流されてきた魚が泳いでいた。子どもたちは喜んで魚を捕まえた。

初級学校時代に教員を務めていた男性によれば、当時の生徒は一学年三〇人から四〇人くらいだった。鉄道通学の子どもたちは、大宮駅からバスに乗り、「蛇松入口」のバス停(現在の大宮サッカー場前)で下りた。熊谷や深谷など県北地域に住む子どもたちは、在日同胞たちが準備したバスで集団登校した。深谷出発のバスは、熊谷と行田を経由して子どもたちを学校に運んだ。バスの到着が遅れると、それに伴って授業のスタート時間も遅れた。当時は全国に朝鮮学校ができた時期で、教員数が絶対的に足りなかった。そのため、東京、神戸、大阪の朝鮮高級学校(高校に相当)に師範科が作られて、一年間の過程を経た若者が教員になった。若い教員たちはお互いの得意分野を補い合いながら、全教科を担当した。

児童・生徒数は次第に増え、校舎は狭隘となった。新校舎建設の気運が盛り上がった。

一九六五年に中学校にあたる中級部も併設され、埼玉朝鮮初中学校に改組されるとともに、埼玉県から学校設置許可も受けた。在日同胞で募金を集め、建設工事がはじまった。しかし、一九六六年、埼玉県は翌一九六七年に開催する国民体育大会(埼玉国体)開催のため大宮公園の整備計画を事業化し、埼玉朝鮮学校に校舎の移転を要請した。学校関係者と埼玉県との度重なる交渉の末、移転先として埼玉県から斡旋されたのは見沼田んぼのなか、今学校が立つ堀の内の土地だった。国土地理院が提供する一九六四年の航空写真を見ると、学校が建つ場所には、区画整理が済んでいない短冊状の田が広がっている。

サクラとアオダイショウ

移転が決まると、在日本朝鮮青年同盟（朝青）に所属する青年たちは仕事が休みの日曜日毎に、七〇〜八〇人が集まり、資材を運ぶなどの建築労働の手伝いをした。一方、建設費用を集めるため、長野から林檎を仕入れて売り、その利益を学校に入れた母親もいた。お金のある人はお金、知識のある人は知識で、体力のある人は体力で学校を作るというのが学校建設のスローガンで、それは今、保護者が積極的に学校運営を支えることに通じていると、当時を知る人は語る。

総工費一億二〇〇〇万円、鉄筋三階建て、木造二階建ての二棟からなる新校舎が完成し、落成式は一九六七年五月五日に開かれた。その前日に埼玉新聞に掲載された全面ＰＲ記事は、当時の初中級学校の生徒数が三三〇人であること、校長以下教員二五名であることを伝える。[11] 同記事には当時大宮市長だった秦明友も「母国語による歴史、地理、文化、自然科学等幅広い知識を身につけさせると同時に祖国を愛し、民族的素養と情操の涵養に努め豊かな

写真2

1964年5月16日の大宮駅から見沼田んぼ付近の航空写真（提供　国土地理院)。写真左下に大宮駅があり、上下に走る直線は氷川参道。写真右側に見沼田んぼが広がる。

多面的に発展した人材の育成に主眼をおいている一方、正科である日本語にはかなりの時間をさいており、子弟たちが日本社会のいづれの分野においても、その生活に不自由をきたさないような教育されておることは、当を得たものと云うべきでありましよう」とメッセージを寄せている。

総延床面積六〇〇〇平方メートルを誇る「デラックス校舎（上記埼玉新聞記事より）」は、見沼田んぼの不安定な地盤の上にあった。芝川の上流にあたる大宮第二公園に、一九八二年、芝川第七調節池（貯水量約四五万トン）ができるまでは、堀の内の見沼田んぼ内の地域では数年に一度は芝川が氾濫した。朝鮮学校よりも下流にある堀の内や天沼の見沼田んぼ内の住宅も毎年のように起こる床上浸水に悩まされた。一九五八年の狩野川台風を受けて、一九六五年見沼三原則が制定されるが、一般の住宅建設が規制されるのは、新たな都市計画法が一九六八年に制定され、翌年に施行する一九六九年を待つ必要があり、堀の内や下山口新田などには住宅が建設され続けていた。実際に狩野川台風で見沼田んぼが水没するのを目の当たりにした人びとは、見沼田んぼに立てられた家を買おうとはしなかった。しかし、住宅開発会社は事情を知らない人たちに住宅を売り続けていた。[12] 朝鮮学校も同じように、水害のリスクの高い場所に移転させられたとも言える。

埼玉朝鮮学校の二〇一八年度の校長である鄭勇銖（チョン・ヨンス）さんは、一九七七年の四月に埼玉朝鮮学校に入学した。入学した頃は子どもが多く、各学年二クラスあった。全校生徒は四〇〇人を超えていた。

入学式は、木造二階建ての校舎のもっとも大きい部屋のパーテーションをとって行った。小学校低学年の頃に、木造校舎は火災で焼けた。通学してきた頃に、子どもたちは運動場に集められた。教師が、学び舎の一部がなくなってしまった、これから新しい校舎をたてなければいけないと語ると、心配して集まってきた一世の人たちからその場ですぐにカンパが集まっていった。

鄭さんの入学した時代にも、芝川は度々氾濫した。大雨が降ると水が溢れて、バス停から学校に向かう道が通行不能になった。子どもたちは大宮からのバスを芝川新橋で降りると、そこで待っていた教師に今日は休校だから帰りなさいと言われた。当時は少し上流に養豚場があり、大雨の時にそこから死んだ豚が流れてきたこともあった。豚は、手と足が広がっているようで、それは人のように見えた。芝川は綺麗な川ではなかった。ヘドロばかりで、匂いもひどかった。そこで遊んだ記憶はない。

それでも鄭さんの幼い頃の語りには、見沼田んぼとそこに生きる様々な生きものが現れる。学校の校庭の北側にある駐車場は、もともと芝川に隣接する校庭東側にあった。今駐車場になっているところも含めて、学校の北側は田んぼだった。学校と田んぼの境界部分は田んぼの排水路になっていた。三階建ての校舎から北側を見ると田んぼが広がっており、秋になると一面が黄色く染まった。理科の時間、カエルやザリガニを捕まえにいった事もあった。当時はミズカマキリや、ゲンゴロウ、タガメなど、今、希少生物になっている生きものもいた。もともと田んぼだからか、運動場をほったらオケラがいっぱいいた。当時、低学年には通学バスがでていたが、発車まで時間があると芝川をわたって対岸にある森へいって、クワガタやカブトムシを捕った。森や周辺のヤブには、イタチもいた。芝川を渡る橋にはイチジクが生えていて、それを採ってほお張ったら、口がかゆくなった。

校庭と駐車場の間には、ドングリの木があった。今、登り棒があるところには、樹齢何百年ではないかというサクラの木があって、行事用の道具を置く倉庫があった。そこにはアオダイショウがよく出た。やんちゃな少年時代、臆病なアオダイショウを捕まえて、ぶんぶん回したこともあった。高学年になると、歩いて大宮駅に帰るようになった。大宮開成高校が拡張するまでは、学校の裏から抜ける道があり、虫を捕ったり道草を食いながら産業道路を経て繁華街を抜けて大宮駅まで歩いた。

次第に学校の周辺も変わっていった。裏道も大宮開成高校の拡張でなくなった。北側の田んぼは、やがて大宮第三公園となり、周りの道路も舗装されていった。芝川の土手を作る工事があり、その関係で東側にあった駐車場の土地を手放し、田んぼだった土地と換地した。アオダイショウの住処のあったサクラも、後者の東側にあったものすごく高いイチョウの木も切られた。イチョウの木を切るときには樹液が流れて、それが涙のように見えた。一方、土手ができたので芝川は以前のようには氾濫しなくなった。

見沼田んぼは人の仕事と暮らしの場であった。人が見沼田んぼとの付き合いを続けていくなかで、かつてあったもののなかでなくなってしまうものがある一方で、またなつかしいものも生まれていく。鄭さんの小学校時代には生徒数が多く、学校の運動会には一〇〇〇人以上のアボジ（父親）、オモニ（母親）、ハラボジ（祖父）、ハルモニ（祖母）が集まった。どんなに忙しくても、運動会だけはやってきた。埼玉の在日同胞が一同に介する場に、みなご馳走を持ち寄って集まり、まさにブタを一頭潰して食べるような勢いで肉を焼いた。語るため、食べるため、酒を呑むためにみな口を動かした。その宴の真ん中で、子どもたちが走り、踊り、その姿にみなが笑顔で声援を送った。秋に行われる運動会には、見沼田んぼの稲穂の香りは漂ったのだろうか。鄭さんの少年時代、ウリハッキョ（私たちの学校）の思い出は、私が想像していなかった見沼田んぼの姿も思わせてくれる。

高度経済成長期、多くのものが見沼田んぼに流れ着いた。朝鮮学校もまたその一つである。私たちに必要なのは、その歴史に目を向けることだ。

一九六七年に朝鮮学校が見沼田んぼにできたことは、国体の開催に伴い移転を余儀なくされた結果であったこと、見沼三原則の網の目をくぐれたこと、そして水害のリスクがあったこと、そういった地域社会の力学の上にある。同時に多くの日本人が、在日朝鮮人が埼玉で暮らしてきたこと、民族教育の場を作ってきたことを知らずにいること、知っていたとしてもその存在を無視しようとしてきたことは、日本という国が幸運にも東西冷戦のなかで経済発展にのみ注力し、戦前から続く己の植民地主義に向き合うことを避けてきたことの証左であるように私には思える。

埼玉朝鮮学校が在日同胞たちの拠り所になっていることを、見沼田んぼをめぐる地域史に刻む。

校庭のイムジン河

二〇一七年七月から、埼玉朝鮮学校の関係者が見沼田んぼ福祉農園に参加するようになった。二〇一九年四月の推進協議会加入を目指して、二〇一八年からは浦和北ロータリークラブの管理地の一部を借りて、サトイモとエゴマを作りはじめた。浦和北ロータリークラブは関係者や支援団体、海外から受け入れている留学生や、海外に派遣する日本の高校生などと、六月と一一月に福祉農園で収穫祭を開く。一一月は福祉農園で開催してきた収穫祭、および一九八六年から続く見沼田んぼの新米を食べる会と合同で二〇〇人以上の人びとが集まる。二〇一七年の一一月二三日はあいにく小雨がぱらついており、しかしそれでも二〇〇近くの人が集まった。朝鮮学校関係者も二〇人が集まり、バーベキューを手伝ってくれた。彼らも加わって焼き肉や焼きソバは更に本格的になり、いつもはおちついて食べる時間をもてない私も、ゴマ油で作ったキムチ焼きソバのうまさに感動した。

二〇一八年七月、埼玉県による朝鮮学校への補助金再開を求めて活動している「誰もが共に生きる埼玉県を目指し、埼玉朝鮮学校への補助金支給を求める有志の会（以下、有志の会）」は、埼玉朝鮮学校で高校ラグビー全国大会に出場した大阪朝鮮高校ラグビー部を描いたドキュメンタリー映画『六〇万回のトライ』の上映と焼肉交流会を行った。有志の会の共同代表でもある私は家族や農園関係者、そして大学の学生らを誘って参加した。朝鮮学校の各教室に別れて行われる映画の上映がはじまってしばらく経つと、一歳の娘は愚図りはじめて、私は彼女と一緒に教室の外に出た。すると、四歳の娘とその友人も出てきたので、一緒に校庭に出た。炎天下のなか、すでに、アボジ会（親父会）の人びとを中心に焼肉の準備がはじめられていた。七輪や炭、七輪を置く台にもテーブルにもなるビールケースが運ばれている横で、上の娘と友人は学校の遊具で遊びはじめた。

上映会と監督のトークの後、焼肉がはじまった。もうもうたる煙と、なかなか涼しくならない内陸の夕刻の風のなかに、学校関係者と来場した日本人が一〇〇人程度座った。人びとは交流し、それぞれもちよった楽曲を歌い、そしてまた語り合っていた。日が暮れると、段々と見沼田んぼの涼しい風が吹きはじめた。

この日、参加したわらじの会の吉田弘一さんは次のようなメッセージをくれた。

昨日同じテーブルになったOBでもあるアボジが、こうした飲み会が朝鮮学校のコミュニティでできる良さ、またこういう催し的には運動会が盛り上がること、そもそもはじめて会った同士ながらもこうして結構フランクにやれる良さを話してくれました。と、同時に少し謙遜もしていたのでしょうが「民度が低いからかもねえ」などとも話してくれました。あの時は言葉にできなかったのですがここでアボジから聞く「民度が低い」なんて言葉は自嘲気味に言われたのであれ、なんだかすごく悔しい言葉でした。そんな言葉を使わせること自体がすごく悔しくもありました。自分の好きな事や人を本気で応援し、盛り上がったり楽しんだりすることはそうした存在が「在る」事と共に誇らしい事だと思います。

なんだか昨今日本人の民度が高いなんて下らないアピールが目につきますが、そんなもんは揃って管理された社会の同調圧力の裏表じゃないかと腹が立ちます。ずらりとスマホや高級カメラを構えて子供たちを無機質な目で捉え、隣と隔絶されつつ自分たちだけテントを張って。そんな我らの運動会は「民度」が高いなんてとても思えず、まるで銀河鉄道999の機械化人間に近いじゃないかとこちらが自嘲気味に思ったりするのです。

日本の社会はこれまで、朝鮮学校で「健全な」教育が行われていることを確かめるために、朝鮮学校の授業内容や教科書、学校運営のあり方の公開を求めてきた。確かめられた健全性をもとに、補助金の支出を決めるとしてきた。

しかし、日本の文部科学行政が民族学校で学ぶ権利を保障する「健全な」施策をとってきたのかについて、検証することはなかった。さらにいえば、日本の社会が自らの「健全性」を、他者の目を通して振り返る契機もなかったのかもしれない。吉田さんが「民度」をめぐって書いているのは、まさにそのことである。

焼肉の準備中、学校に通う小学生の女の子が数人で、校庭の砂場に溝を掘っていた。そこに水を流した彼女たちは、通りかかった校長である鄭さんを呼び止めて水の流れを指差し、「リムジンガン（イムジン河）」と言った。

イムジン河は朝鮮半島の分断の象徴である。軍事境界線を越えて、北から南に流れる。水鳥も、川の水も境界を越えていく。空気も山河もみな一つなのに、ただ人間だけが自由に往来できない。学校では六・一五（二〇〇〇年六月一五日の南北共同声明）、一〇・七（二〇〇七年一〇月七日の南北首脳宣言）、そして四・二七（二〇一八年四月二七日の板門店宣言）という統一に向けた歩みを教えてきた。そのなかで、いつの日か統一する願いとともに、イムジン河についてて子どもたちに語ってきた。かつて歌うことが規制される時代もあったが、現在の学校の生徒たちの親世代にとって、「イムジン河」はどこでも歌われる歌である。親たちは家庭でも口ずさむ。学校でも音楽の時間や、同胞たちの集まりで歌われる。そして子どもたちも、遊びのなかで口ずさむ。

在日の人びとの記憶が、子どもたちの身体を通じて、砂場に刻まれ水が流れる。そこで生まれた水辺が見沼田んぼのなかにあることを、私は想う。

朝鮮学校から芝川を下っていけば、福祉農園がある。焼肉交流会のなかで挨拶をする機会をいただき、これから夏草が生えてくるので、是非草取りに来て欲しいと私は語った。大切なことは、夏草の間にある。お互いの歴史に向かうこと、対話を続けること、その人間同士の関係だけではなく、共に気にかける土地をもつこと、共に時間を過ごす大地のあることに、私は未来へのかすかな希望を抱く。

時間をじっくりかけながら、すれ違い続けた歴史を分解する。そのことを、私たちは見沼田んぼで続ける。

■注

1 上田清知事は、当初、朝鮮民主主義人民共和国の拉致問題を理由に朝鮮学校への補助に反対する団体からの要請を受けて、埼玉朝鮮学校の教育内容を調査して補助金の支給を判断するとした。埼玉朝鮮学校は、この学校調査を受け入れるとともに、調査を踏まえた県の「教育内容や財務内容の改善についての要請」（二〇一一年二月二三日）に対しても回答している。教育内容についての学校の側の回答について、上田知事は県議会で「それなりに了承できる内容」と答弁している。しかし「学校の校地が整理回収機構（ＲＣＣ）から仮差押えを受けて」いる点から、不支給にするとも同日に答弁している（二〇一一年六月二四日県議会答弁）。学校の債務は、学校教育法に基づく国庫補助金の支給がないなか、自分たちで財政を賄う必要があるなかで生じたものである。学校は二〇一一年九月末にＲＣＣとの和解に至り、二〇一二年一月には学校に理解のある在日同胞からの借入金でＲＣＣへの返済も済ませた。しかし、知事は「お金を借りたことには変わりない（二〇一二年三月二八日定例会見）」として、支給を再開しなかった。さらに、この借入金が返済された後も、補助金を所管する県学事課は学校の財務健全化が確認されていないこと、二〇一二年の県議会による付帯決議があることから再開を拒んでいる。詳細、および最新の情報は「誰もが共に生きる埼玉県を目指して、埼玉朝鮮学校への補助金支給を求める会」のホームページ https://saitamakorenschool-hojokin-seimei.webnode.jp/ を参照いただきたい。なお、埼玉県総務部学事課は二〇一九年二月に、二〇一八年秋に埼玉朝鮮学校で実施した調査の結果、財務の健全性が確認されたことを認めた。

2 さいたま新都心は首都機能移転の受け皿として二〇〇〇年に生まれた。これに前後してさいたま新都心駅が開業した。翌年、浦和・与野・大宮の三市が合併してさいたま市が誕生し、これまで三市にまたがっていたさいたま新都心はすべてさいたま市となった。

3 二〇〇一年五月のさいたま市の誕生と、二〇〇三年五月の政令市への移行によって、見沼田んぼ保全政策がどのように変遷したかについては八木信一の論考がある（八木 2016）。八木によれば、埼玉県が定めた「見沼田圃の保全・活用・創造の基本方針」や「見沼田圃公有地化推進事業」は一定の成果をあげており、さいたま市への権限委譲はなかった。その一方で、セントラルパーク構想を進める相川市長の意を受けて二〇〇一年に発足した研究会（座長田畑貞寿千葉大学名誉教授）である見沼グリーンプロジェクト研究会は、二〇〇三年三月に「見沼新時代へ：見沼田圃の将来像とセントラルパーク基本構想に関する提言」を、相川市長に対して提出した（見沼グリーンプロジェクト研究会は学識経験者、農業者及び農業関係団体の代表、見沼保全にかかわる団体の代表で構成され、埼玉県・川口市がオブザーバーとして参加する）。ここにおいて、見沼田んぼの将来像として「セントラルパーク」とともに、「水と緑のネットワーク」の形成という方向が示された。見沼田んぼを七つのエリアに分けて、「水と緑の拠点形成」と「水と緑の連続性の確保」を行っていくとされた。八木によれば、「セントラルパーク」が次第にトーンダウンする一方で、「水と緑のネットワーク」は二〇一一年にさいたま市が策定した見沼田圃基本計画や、これを受けて二〇一二年に策定した見沼田圃基本計画アクションプランにおいても、将来像として維持されている。その背景として、「水と緑のネットワーク」は小泉純一郎内閣が二〇〇四年三月に出した「首都圏の都市環境インフラのグランドデザイン」でも首都圏の自然環境保全の将来像として多用されるとともに、見沼田んぼと川口市安行が首都圏の保全すべき自然環境として取り上げられるなど、首都圏という空間スケールで「水と緑のネットワーク」という言説の正当化が行われたことを挙げている。さいたま市誕生以後の見沼田圃保全政策の変遷を踏まえたうえで、さいたま市による独自の制度を形成するために、八木は言説による制度の正当化を進めることよりも、見沼田んぼをめぐる課題や可能性に対する認識や課題解決のための情報共有化が必要であるとしている。具体的に八木は、公有地化推進事業を受けて活動している市民団体の交流を促進させるためのラウンドテーブルを設けること、そこで埼玉県とさいたま市も関与することで埼玉県が公有地化推進事業の持続可能性において抱えている課題と、さいたま市がもつ保全現場により近いことによるポテンシャルをすり合わせていくことの重要性を説いている。

4 大宮市営と畜場における経験をもとに書かれた佐川光晴の『牛を屠る』には、堀の内時代についての言及がある（佐川 2009)。

5 さいたま市文化財保護課、みどり推進課が作成し、現在の堀の内橋付近に立てている、堀の内河岸・堀の内橋の説明より。

6 解放前後の教育面における朝鮮人処遇や変遷、民族教育の歴史については、小沢有作や、金徳龍の先行研究がある(小沢 1988; 金 2004)。また、本章の在日朝鮮人史の記述については、多くを鄭栄桓氏本人からの助言、および鄭氏の著作に拠っている（鄭 2013a; 2013b)。

7 一九四七年の国勢調査によれば、埼玉県の朝鮮人の総数は二七八一人（日本人は二〇九万六八四二人、中華民国人二三五人、その他の外国人一三七人）である。朝鮮人数の上位一〇市町村は、川口市四八四人、浦和市一八五人、大宮市一四二人、幡羅町（現深谷市）一〇九人、戸田町九五人、蕨町七三人、川越市七一人、忍町（現行田市）六六人、本郷村（現深谷市）七一人、大澤町（現越谷市）六四人となっている。現入間の市域は、豊岡町五〇人、藤澤村二六人、東金子村五人である(長沢 2011)。埼玉の朝鮮学校についての記述は、埼玉朝鮮初中級学校ホームページ http://saitamakoreanschool.ed.jp/ （二〇一八年一一月一三日取得）、金範重提供資料「朝鮮学校の歴史と補助金停止問題」や江藤善章らの著作も参考にしながら、主に「朝鮮学校百物語　始まりのウリハッキョ編 vol.09 埼玉朝鮮初中級学校」、『月刊イオ』二〇一五年九月号：30-31に拠った（江藤・小川・猪鼻・千田・宮内 2014）。

8　金徳龍によれば、第二次学校閉鎖令（一九四九年一一月四日現在）で閉鎖された埼玉の学校は、川口朝聯小学校（教員三名、生徒六〇名）、戸田朝聯小学校（教員二名、生徒二三名）、大宮朝聯小学校（教員二名、生徒二三名）、豊岡朝聯小学校（休校状態）、川越朝聯小学校（休校状態）、朝聯第二小学校（教員三名、生徒四六名）、いずれも無認可となっている（金 2004: 266）。

9　この前年の一九四八年一月二四日、文部省学校教育局長は「朝鮮人設立学校の取扱いについて」という通達を出し、朝鮮人子弟も日本の「市町村立又は私立の小学校又は中学校に就学させなければならない」、また、「私立の小学校又は中学校の設置」は「都道府県監督庁（知事）」の認可を受けなければならない、とする。この結果、各地の朝鮮学校は知事の認可が必要となった。また、私立学校は教育基本法に従わねばならず、すると学校で使われる言語は日本語となった。このため、朝連は強く反発し、学校での朝鮮語の使用などを求めて、各都道府県との交渉に入った。しかし、山口、岡山、広島、大阪、兵庫、東京の各知事は朝連の要求に応じず、私立学校としての認可を受けていないこと、教員が適格審査を受けていないことを理由に、朝鮮人学校閉鎖命令（第一次学校閉鎖例）を出した。閉鎖命令は大阪、神戸、東京、山口、岡山で大きな反対闘争を引き起こした。兵庫では、アメリカ軍が占領期唯一の非常事態宣言を神戸全域に発令し、千数百人の検挙を行った。最終的には東京で五月五日、文部大臣と朝連代表は、教育基本法・学校教育法に従うこと、私立学校としての自主性の認める範囲内で朝鮮人独自の教育を行うことを前提に認可を申請することとする覚書を交わした。一九四九年の学校閉鎖令（第二次学校閉鎖令）は、全国すべての学校を対象とした（鄭 2013a）。

10　『大宮市史』第四巻　近代編：1049-1079を参照。

11　「あす盛大に落成式　埼玉県朝鮮初中級学校　鉄筋三階の新校舎　新たに中級部の教室も」『埼玉新聞』1967.5.5を参照。

12　本書一一五ページ、および第二章注15を参照。

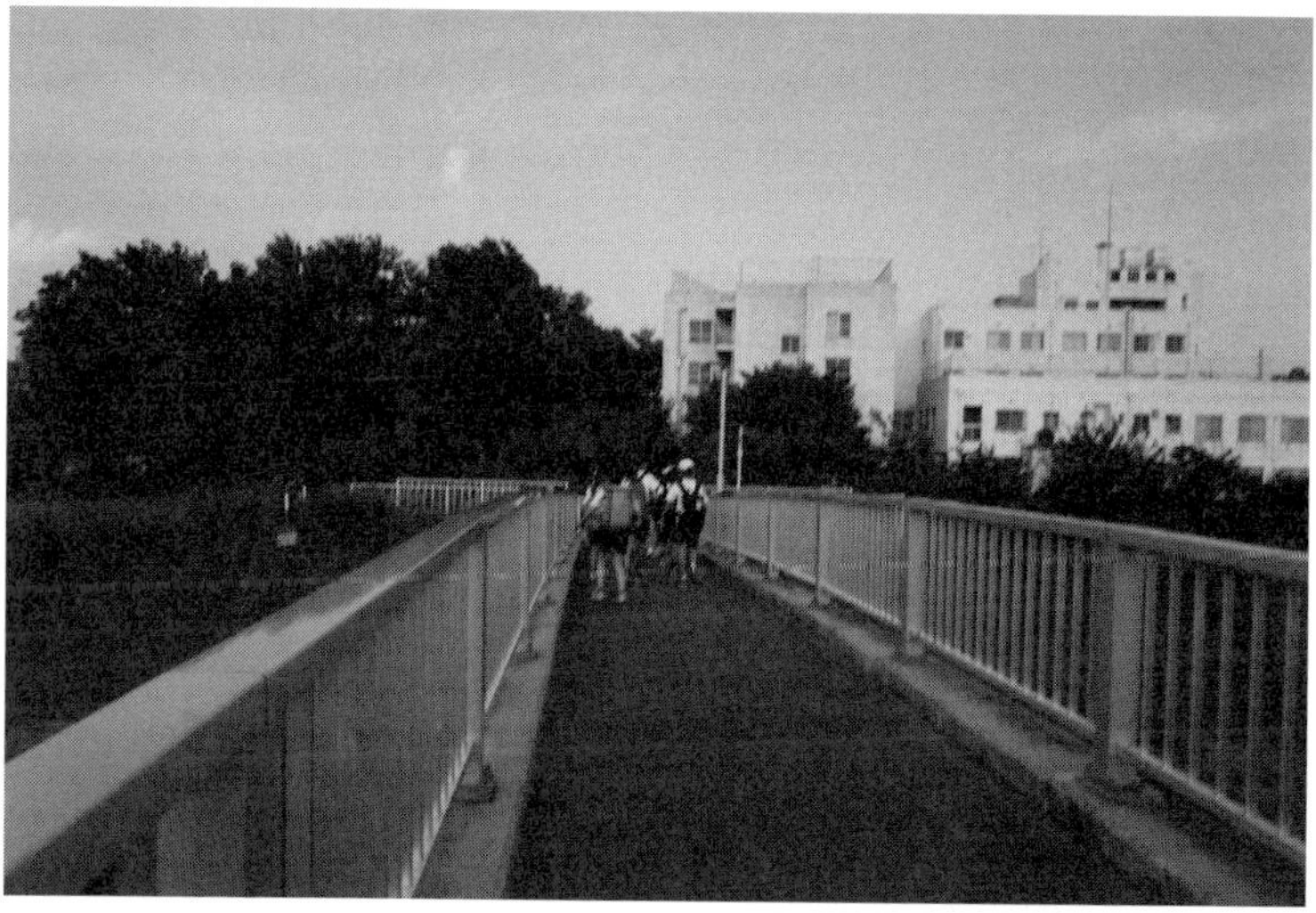

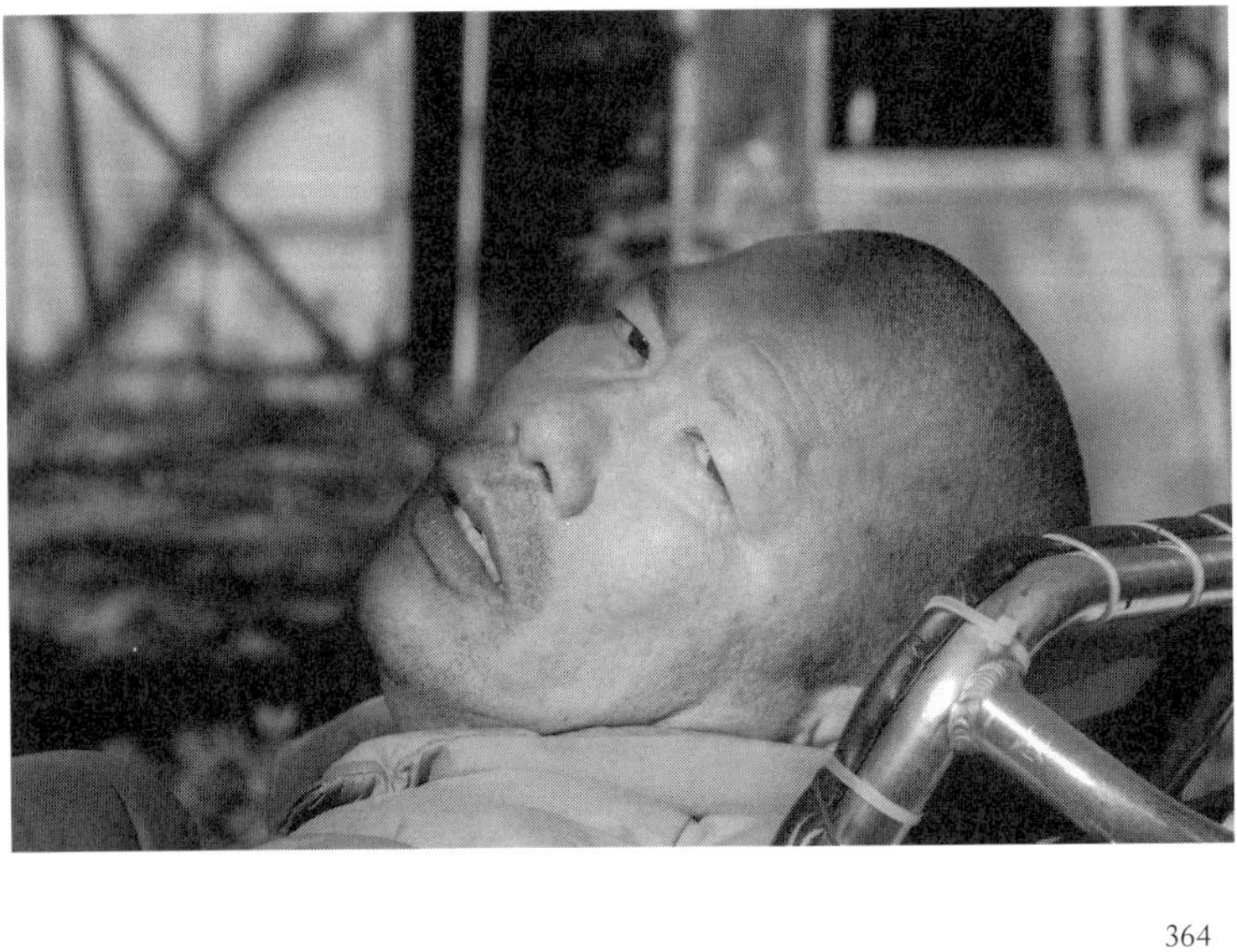

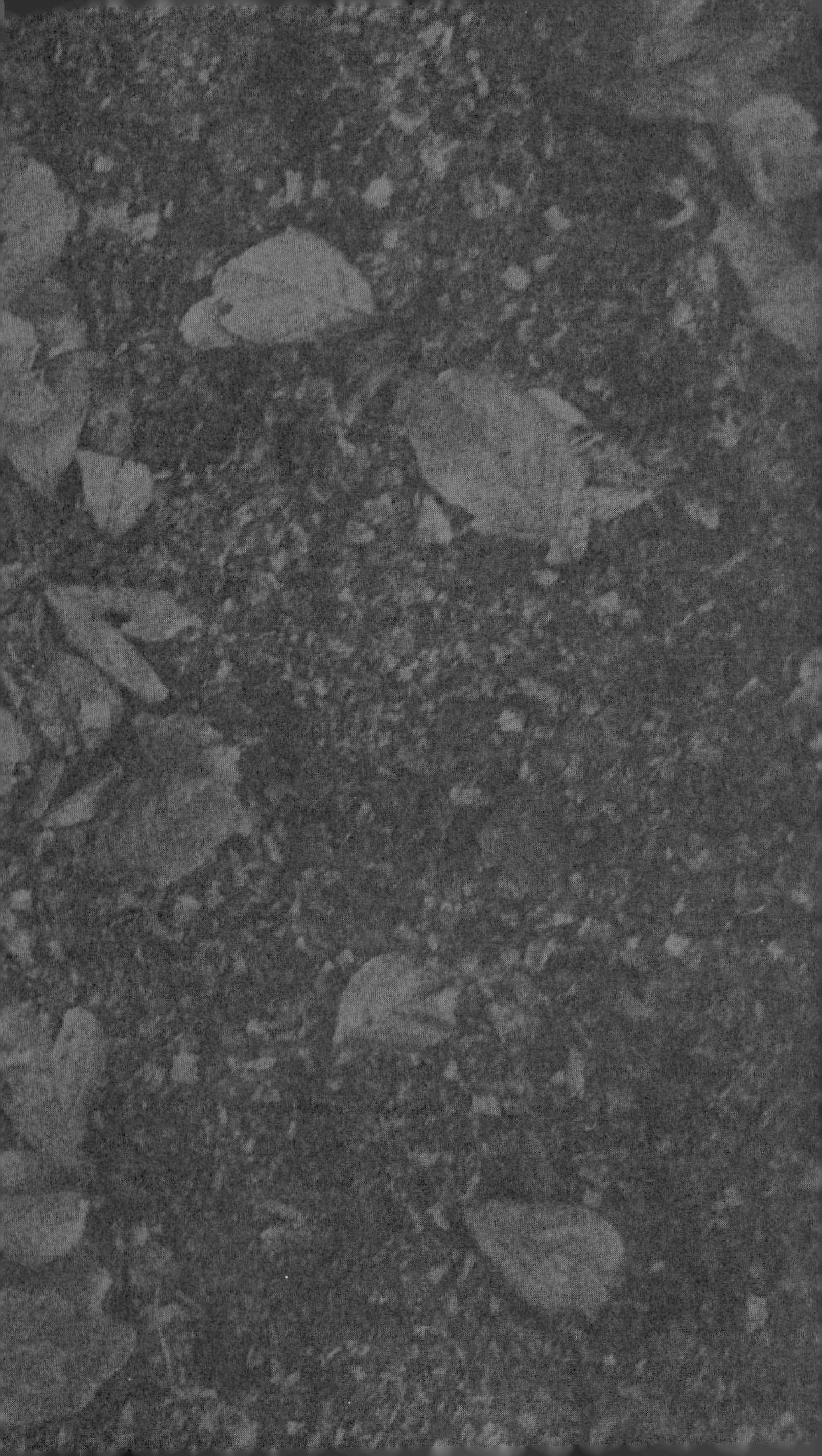

終章　拠り所を掘り崩し、純化に抗う

私たちは自らの傍らにある——あるいは自らの中にある——雑多なものたちの存在を、どれだけあたり前のものとして受け止められるのだろうか。その存在が私たちの暮らしや思考に影響を与えている事実の煩わしさに目を背け、そのことをないものとして、合理性を好む「自由な精神」をどこかに求めていないのか。そしてその姿勢が、「自由な精神」をもたないもの、もてないものを憐れみの対象とするか、そもそもそこにいてはならないとする思考につながってはいないのか。

一九四七年一月の『婦人之友』は、各界の著名人に年頭にあたって「ほしいもの」と「したいこと」を問うている。大塚久雄はそれぞれに対して「住宅。それから安全で健康によい子どもの遊び場所。自分のためにも他人のためにも」、「「顔」「腹芸」「遠慮」「情実」「役得」そうゆうものの一切ない社会的交渉。他人のためにも自分のためにも」と答えた。

大塚は『共同体の基礎理論』において、封建的な共同体は資本主義の進展によって崩壊し、その先に自立した個人が形成する市民社会が生まれていくという見取り図を示す。第八章で論じたように、大塚のこの議論は相模ダム建設当時の与瀬での疎開経験のなかで多くが生まれたと私は考える。与瀬で大塚は農村社会の閉鎖性に出会い、辟易しながら、資本論を再読し、マルクスとヴェーバーを結び付け、東大の同僚たちと議論しながら、自立した個人が作りだす社会を夢想する。

既に指摘したように、大塚の議論は与瀬を単純に農村社会として捉え、歴史的な視点で見ていない。当時の与瀬は国策を受けて巨大ダム工事の最中であり、朝鮮人、中国人、日本人労働者が大規模に動員されていた。まさに、与瀬には総力戦体制と植民地支配の縮図があった。そして、大塚の暮らしは朝鮮人に大きく助けられていた。

金杭は、植民地下の人間について次のように書く。

植民地は、それゆえ、セキュリティの原始的な場、すなわち個人がただ生きるのみの動物になると同時に、その動物を排除することによって国家の民になれる場における、国家の民と動物が分割されるはざまの深淵そのものだと言える。(金 2010: 272)

大塚は、「国家の自然化を退ける極限の存在、つまり肉体と生命のみになった素っ裸の個人」にならんとするその現場で、市民社会や国民国家のあるべき姿を考える。傍らに朝鮮人や中国人捕虜のような、労働させられる身体、支配される身体があって、しかも彼らに相当な助けを受けていたにも関わらず、大塚の生み出した言説のなかに彼らの存在は見えてこない。それは、大塚がただ生きるのみの動物、肉体とか生命のみになった、いつ殺されるかわからない生きるために何でもする身体のようなものを無視し、己は国家の民にならんとした、と私は考える。そしてそれは、どこかで重度の知的障害や重複障害のある人を、市民社会や国民国家の担い手であると根っこから想定しない考えに通じている。そのようなものたちを思考の外に排除するなかで、日本の戦後啓蒙や市民社会論が作られていく。私はそこに、やまゆり園事件の犯人とされる人間が語る言葉との重なりを見る。

そして、私自身も同じことをしている。

障害者も、朝鮮人も、ホームレスもいないものとして、あるいは荒地やごみ処理施設のないものとして見沼田んぼの保全の歴史を描く時、そこに生まれるのは市民社会や、国民国家の民としての歴史であろう。そしてそれは限りなく都市住民にとって都合のいい見沼田んぼ像になり、この土地に根ざして生きてきた人びとの姿も、地域のしがらみを編みなおしながら生きていく存在――それをこの本では「分解者」と呼んだ――の姿も見えなくなる。

見沼田んぼには様々な存在が流れ着く。だから、もっとも原始的な形で差別が現れる。私自身もその罠から決して自由ではない。同時に、もっとも原始的な形で共生も現れる。私にそのことを教えてくれたのは、農園に現れる様々な人びとであり、生きものたちであり、度々起きる事件だった。

農園に関わりはじめた頃、井戸やかまどが汚されていると、農園の鉄パイプや道具がなくなると、それは近隣で野宿している人が汚したのではないか、盗んだのではないかと仲間たちと語っていた。その時、野宿している人たちの顔は思い浮かばず、ただ不穏な存在としてあった。ここは営農活動をしている私たちの場所で、彼らの居場所ではないのだという思いが、私の頭のどこかにはあったのだと思う。第一章で登場した藤枝さんが、自転車で毎日農園から帰る道すがら川のほとりで野宿する人たちと世間話をしていることを聞いたとき、私は自分の思考から何を排除していたのかに気づいた。二〇一三年に、私たちはさいたま市で貧困問題に取り組むNPO法人ほっとプラス代表の藤田孝典さんらと出会った。藤田さんにとって見沼田んぼは野宿する人たちが暮らす場であり、彼らの見守りのために訪問する場であった。藤田さんとの出会いは、見沼田んぼや福祉農園という場所が果たす意味をより広げていくための着想を生み、やがてほっとプラスが支援する人たちとの営農活動が少しずつはじまった。

人口減少と不平等の拡大の時代に、更なる経済成長という未来にすがって、〈東京〉が開発の欲望を果てしなく膨張させていく。そんななかで、東京の〈果て〉にある見沼田んぼに流れ着いたものたちを/と分解しながら、この時代を共に生き抜くための拠り所にしていく。もはや人間を主語として見沼を語る時代は終わったのかもしれない。私たちが見沼を守るのではなく、見沼が私たちを守るという認識を、いま、もう一度取り戻す。

二〇一八年の五月にキムチ頒布会のために、朝鮮学校を訪れたときのことだ。この日はわらじの会の人びとも吉田弘一さんを中心にキムチを受け取りに来ていた。いつも校舎の中に入らずに頒布場所に向かっていたと聞き、私は吉田さんたちに校舎の中を通っていったらどうかと声をかけた。校舎には、生徒たちが作った四月二八日の南北首脳会談を記念する展示がなされていた。私は校庭の遊具で遊ぶ上の娘をみており、妻は下の娘を抱いて吉田さんと学校の中に入った。歩いているうちに、妻は便臭が漂っていることに気づいた。臭いの源を娘とおもった妻は、しかし彼女のオムツは汚れていないことに気づいた。そして、吉田さんと一緒にきた男性のズボンが湿っていることに気づいた。溢れたものは、すんでのところでスニーカーのライナー部分でせき止められて、学校への流出は免れていた。私は混乱した。まだ関係が生まれたばかりの場所で、障害のある人が失禁した。どんなことを思われるか分からない。それは、相模ダム建設殉難者追悼会の黙祷の時間に兄が叫んだときにも重なる気持ちだった。だから、学校関係者に分からないように、許可をとってダンボールをもらい、それをわらじの会のワゴン車の荷台に敷き、彼にはそこに横たわってもらった。

するとキムチ頒布会場にいた学校保護者の女性が、雑巾とビニール袋をもって走ってやってきた。彼女は何が起きたのかを理解しており、しかしそこで混乱することなく私たちに足りないものを手渡してくれた。私の心配は杞憂に終わった。とともに、学校関係者の人間としてのあたたかさを強く感じた。それだけではない、この事件を契機に、朝鮮学校の保護者たちのなかに障害者のことをもっと理解しようという話が起こり、わらじの会との接点が生まれ、毎年年末に行われるクリスマス会に朝鮮学校の関係者が参加することにもなった。

予定調和で納まる人たちだけで朝鮮学校を訪問していたら、このような闘争《ふれあい》は生まれなかったはずだ。本書冒頭に引用した谷川雁の言葉によれば、異質のものを自分のうちにくわえこみ、ひきずりこんで食べてしまうばかりでなく、相手にも自分を消化させるためにおしつけ、自分の異質の肉を食べさせる。既存の集団内部に閉鎖されることで完成するのではなく、外部へひろがり自己を超えることで矛盾を深め、もう一つおおきな自己へ、大きな集団へ溶け込む（谷川 2009: 206-307）。肉体の生々しい運動が、その地平を開いていく。

この本は、見沼田んぼと周辺地域の歴史を深掘りしながら、様々な存在の蠢きと、そこで起きる軋轢や拮抗、浸透、相互作用、すれ違いを描いてきた。見沼田んぼの保全運動を描くのではない。そこには障害のある人の歴史もあり、そして野宿している人や、在日朝鮮人もいる。大塚が忌避する、顔もあり、腹芸も遠慮もあり、情実や役得もあるかもしれない関係が溢れている。そのことを描き切った時にはじめて、共同体というものが真に歴史を帯びて現れる。

それはこの地域だからできることではなく、どんなに平凡でつまらないと思える地域でもできることだと私は信じている。あなたの生きる地域の分解者たちの動きを、目を凝らし、耳を済ませて感知する。その時、私とあなたの生きる場所は地続きになる。

二〇一八年一一月二三日、第二〇回見沼田んぼ福祉農園収穫祭、第三三回見沼田んぼの新米を食べる会が開催された。農園協議会を構成するNPO法人のらんど、わらじの会、見沼・風の学校、浦和北ロータリークラブの関係者とともに、開園当時に協議会団体だったぺんぎん村の関係者や、二〇一九年度から協議会に加盟する埼玉朝鮮学校の関係者など二〇〇人近くの人たちが、様々な違いを持ちながら集まった。

農園ボランティアの寺床純三さんが大釜で炊き上げた米は、第一回の新米を食べる会の時も提供してくれた農家が加田屋新田で育てたものと、NPO法人水のフォルムが見沼田んぼで育てたものだ。トン汁は風の学校、ロータリークラブ、のらんど、埼玉朝鮮学校の関係者が作ったもので、農園で収穫されたサトイモ、冬瓜を主な材料にする。バーベキューの材料は浦和北ロータリークラブが提供し、肉の味付けは朝鮮学校関係者が行った。設営や撤収も様々な人びとの手を借りながら進んだ。午前中には、毎年福祉農園で農業塾を開いている四万十町の農民である島岡幹夫さんが指導し、ロータリークラブの管理地で里芋掘り体験も行われた。

正午になると農園代表の挨拶、そして寺床さんのいただきますの号令のあと、参加者は米とトン汁と肉を食べはじめた。そして、埼玉県土地水政策課の担当者や見沼田んぼの保全運動に長年関わってきたわかば塾の藤本吉則さん、協議会団体とそれぞれの団体の関係者の挨拶が続いた。ロータリークラブが受け入れている各国からやってきた高校生も、一人一言ずつ自己紹介し、余興を演じた。そして、風の学校バンドとして、農園ボランティアである山口裕二さんと鈴木拓也さんが演奏をはじめた。最後の曲は、埼玉障害者市民ネットワーク代表の野島久美子さんが加わった。

野島さんは、一九八五年から実家を出てアパートで暮らしてきた。一九九一年、兄や他の障害のある若者たちが不合格にされていることに抗議し、彼らに連帯するために、野島さんは他の大人の障害者と共に県立高校の定時制を受験した。知的障害のある受験生とともに定員内不合格にされた野島さんは、翌年再び与野高校を受験し、合格した。入学すると彼女は毎日電車に乗って通学した。当時鉄道のバリアフリーは進んでおらず、移動に使う駅の駅員は車椅子移動で腰を痛めた。やがて彼女が移動する駅には、エレベーターやスロープが設置されていった。同じように学校にもスロープや障害者用トイレが設置された。最初は介助員がついておらず、生徒がトイレの介助をした。差別発言をした教員をみんなで謝らせたり、逆に年長である野島さんが生徒と先生のパイプ役になったこともある（竹迫 2010）。実家を出てから野島さんは、そうやって街を耕してきた。二〇一八年に還暦を迎えた彼女が、収穫祭の最後に選んだ曲はテレサ・テンの「時の流れに身をまかせ」だった。

野島さんの歌声が響く。それに歌声や手拍子で呼応する人たちもいる一方で、既に片づけをはじめた人たちもいる。井戸では皿洗いがはじまり、この日のために運ばれた机や椅子はたたまれていく。酒を呑みながら会話を続ける人たちもいる。既にもう帰ってしまっている人たちもいる。

一斉に何事かが起きるのではない。様々な背景をもった人びとがやってきて、去っていくなかで、じわじわと何かがはじまり、何かが終わっていく。一同が感動するフィナーレにならない、その淡々とした雑多なものたちの蠢きこそ、福祉農園の収穫祭としてふさわしい。

収穫祭が終われば、冬がやってくる。見沼田んぼには霜がおり、サトイモの種芋は穴をほって貯蔵される。ダイコンやハクサイなどの冬野菜についたヨトウムシ、ダイコンシンクイムシの退治はそろそろ終わり、ネギの収穫やぼかし肥づくりが段々とはじまる。

冬もまた、にぎやかである。

あとがき――〈私〉たちの経験を解《ほど》いて、一冊の本を編む

この本は、私がこれまでに書いた次の文章たちを分解し、大幅に加筆しながら、編みなおすことによって成り立っている。

2008「偶発的連帯、偶発的解体（中）一九八八埼玉県庁知事室占拠　マツリのようなたたかい」『社会臨床雑誌』16（1）：50-57

2009「〝偶発〟的解体、〝解体〟的連帯（下）一九八八埼玉県庁知事室占拠　共に生きるという怨念、共に生きるというマツリゴト」『社会臨床雑誌』16(2)：152-160

2009「マツリのようなたたかい——一九八八年埼玉県庁知事室占拠事件における「存在の現れ」の政治」『日本ボランティア学会二〇〇八年度学会誌』：80-92

2011「監査される事件、監査されざる場所——ある盗難事件をめぐる〈静かな革命〉へのパースペクティヴ」春日直樹編『現実批判の人類学——次世代のエスノグラフィへ』世界思想社：162-180

2015「直線、切断、接合、螺旋——ある知的障害をもつ人の旅をめぐる考察を通じた、世界の〈変革〉にむけた試論」『PRIME』(38)：17-23

2015「見沼田んぼのほとりから——〈東京の果て〉を生きる」『現代思想』43(4)：228-237

2016「「郊外」の分解者《ドンキホーテ》たち——わらじの会と埼玉障害者市民ネットワーク」栗原　彬編『ひとびとの精神史　第九巻　震災前後——二〇〇〇年以降』岩波書店：317-331

2016「ダンゴムシあたり——〈高齢化する社会〉と〈老朽化する街〉を分解する」『現代思想』44(3)：198-207

2016「土地の名前は残ったか？──吶喊の傍らで、相模湖町の地域史を掘る」『現代思想』44(19): 229-237
2017「三食ご飯と情熱の薔薇」『支援』(7): 94-99
2017「我が事・丸ごと、なにするものぞ──障害をめぐる〈運動〉について」『現代思想』45(8): 74-84
2017「水満ちる人造湖の辺から──相模ダム開発の経験と戦後啓蒙」『現代思想』45(18): 208-218
2017「農業でも、福祉でもなく──〈郊外〉となった場所を／で〈分解〉する」『福祉社会学研究』(14): 37-49
2018「中心のなかの辺境──埼玉県越谷市の三・一一」中田英樹・高村竜平（編）『復興に抗する──地域開発の経験と東日本大震災後の日本』有志舎: 238-272

福祉農園が開園して二〇周年にあたる今年に、この本を刊行する。見沼田んぼ公有地化推進事業も二一年目となり、福祉農園だけでなく様々な人びとによって見沼田んぼのなかでの農的取り組みが展開されている。どの現場もそこに関わる人びとの想いがあり、日々の営みのなかでその土地に根ざした多様な活動が展開されている。この本を通じて、見沼田んぼへの関心を持つ人が一人でも増えるとともに、埼玉県やさいたま市の行政・政治の関係者には、是非見沼田んぼのなかで汗をかく人びとの経験や想いを受け止めて欲しい。そして、見沼田んぼの内外の情勢は変化するなかで、揺るがないものが何なのか、次の時代に伝えていくものは何かを共に確かめたい。

＊＊＊＊＊＊＊＊＊

分解という言葉を最初に私に与えてくれたのは、農園の仲間であり、高校時代からの友人である石井秀樹さん（福島大学）であった。造園学の立場で見沼田んぼを研究する人として、二〇〇三年に農園にやってきた石井さんは、福祉農園を耕す仲間となり、見沼田んぼが今の時代にもつ意味を考える仲間となった。人間は本来「生産」、「消費」、「分解」といった多面的かつ重層的な役割をもつ存在であるが、生産→消費という流れが極大化するなかで、分解の過程は見えにくくなる。そして、たとえば障害者のように、生産→消費の過程から排除された存在が出てくる。現在、農福連携のように、排除された存在を再び「生産→消費」に包摂する議論があるが、分解という側面から個人の尊厳や、生活基盤を回復する議論は乏しい。分解という側面で、排除された存在を考えることが、今後の社会をめぐる議論に不可欠である。そんなことを、彼は早くも二〇〇九年の段階で私に語っていた。その時の私は、彼の言葉を十全に理解したわけではない。彼との会話で消化しきれずに残ったものが、だんだんと分解されてようやく彼に応答できるようになった。石井さんと私の議論は、同じく農園で耕しながら考える仲間である、財政学の研究者で廃棄物研究の第一人者の八木信一さん（九州大学）の存在によって、活性化させられている点にも触れなければならない。

分解者の存在を私に印象深く提示してくれたのは、山口裕二さんと永田健人さんである。山口さんは福祉農園のボランティアや、兄の介助の仕事をするとともに、自身の音楽活動の一環として二〇一五年に結成したバンド「ダンゴムシ」でボーカルをつとめている。同年、彼と同世代の若者がSEALDsを結成し、安保関連法案の反対運動を国会前で活発に活動していたが、ダンゴムシは農園で農作業しながら、夜は焚火を囲み、自分たちの想いを歌っていた。彼らの演奏を聴いていた石井さんは、農園で活動するバンドが分解者としての「ダンゴムシ」と名乗るのはすばらしいセンスだと絶賛した。山口さんは、二〇一八年の七月に埼玉朝鮮学校で開かれた焼肉交流会では、風の学校バンドとして演奏を披露した。ビートルズのGet Backではじまったのが、途中イムジン河に変わり、またGet Backに戻る彼らの演奏は、学校関係者をはじめとする多くの参加者に鮮烈な印象を残した。二〇一五年秋に出会った当時高校生だった永田さんは、私にダンゴムシという生きものの魅力を教えてくれた。彼が飼育しているダンゴムシを見せてくれ、そして参考書を教えてくれた。彼に呼覚まされたダンゴムシへの関心が、藤原辰史さんの分解をめぐる議論に関心をもつきっかけとなった。

福祉農園で出会った人びとの言葉がようやく腑に落ちたのは、藤原辰史さんの諸著作による。農業史を専門にする藤原さんが、ドイツや日本の食と農をめぐる歴史をもとに議論していたことが、私が実践していること、そして実践を通して出会った人びとやものごとを理解する手がかりを与えてくれた。二〇一八年七月に藤原さんの招きで京都大学人文科学研究所においてこの本の原型を報告させていただき、人文研に所属する様々な専門の方々からコメントをいただいたことで、本書の執筆作業は力強く一歩を踏み出すことができた。藤原さんが、『現代思想』に連載してきた「分解の哲学」をもとに出される新著は、本書と併読していただきたい。

埼玉朝鮮初中級学校と私を出会わせてくれたのは、明治学院大学教養教育センターの同僚である鄭栄桓さんである。前作である『むらと原発――窪川原発計画をもみ消した四万十の人びと』を準備する過程からの彼との議論によって、私は地域のなかに世界史を読み取るということを強く意識するようになった。それが見沼田んぼという私の生きる現場でできたのは、鄭さんが朝鮮学校関係者と私を出会わせてくれたからだ。鄭さんは、執筆過程においても在日朝鮮人や朝鮮学校の歴史について私に度々助言してくれた。三つ隣の研究室に彼がいたことの幸運に感謝する。

彼らが与えてくれたことを、私はどれだけ分解できただろうか。

＊＊＊＊＊＊＊

この本のための資料収集は山下浩志さん、今井和美さん、竹迫和子さん、藤本吉則さん、北原典夫さん、高野邦代さん、そして猪瀬良一さんと、猪瀬佳子さんに多くを拠っている。大阪に暮らしていた大学時代から今に至るまで、彼ら彼女らが私に何事かを伝えようとして送ってくれた手紙やメール、ニューズレターに対する返信としても、この本は編まれた。埼玉の障害者運動をめぐる卒業論文を今井和美さんに見せたとき、今井さんは、君はまだヒヨコなのだよと言ってくれた。あの頃より私は少しは成長しただろうか。

朝鮮学校をめぐる記述については、学校保護者の金範重さん、埼玉朝鮮初中級学校校長の鄭勇銖さん、そして一人ひとり名前をあげられないが、私が出会い話をさせてもらった埼玉朝鮮初中級学校の関係者の皆さんに多くを拠っている。この本は、「誰もが共に生きる埼玉県を目指し、埼玉朝鮮学校への補助金支給を求める有志の会」の共同代表として、私がどのような来歴をもち、どのような場所から「誰もが共に生きる埼玉県を目指す」のかを表したものでもある。この本を手に取られた方が一人でも有志の会の活動に関心をもっていただき、共に動いてくれればと願う。相模ダム建設をめぐる資料は、相模湖・ダムの歴史を記録する会の方々に閲覧させていただいた。

この本の出版にあたり、二〇一八年度明治学院大学学術振興基金による助成を受けた。本書のもとになる調査の一部には、明治学院大学国際平和研究所、明治学院大学教養教育センター付属研究所、JSPS科研費(課題番号25770307)、トヨタ財団の研究助成を受けた。資料収集にあたっては、既に記した方々に加えて、さいたま市立中央図書館、さいたま市立大宮図書館、埼玉県立浦和図書館(現在は熊谷図書館と統合し、閉館)、埼玉県立図書館浦和分館、国立国会図書館、埼玉県総合政策部土地水政策課にもお世話になった。

ここに記して、感謝の意を表したい。

見沼・風の学校の人びと、NPO法人のらんどに関わる人びと、わらじの会の人びと、浦和北ロータリークラブの人びと、その他見沼田んぼ福祉農園に出入りする人びとや、生きものたち、到来する出来事のなかで本書は書かれた。作業の合間の雑談、深夜の思いつきの電話、農園で焚火を囲んで、事務所の共同スペースで、街の酒場で一緒に酒を呑みながら断続的に続く会話と沈黙。福祉農園に関わりはじめてから続くその延々たる時間が、私にこの本を書かせてくれた。寒い時も暑いときも台風が来るなかも福祉農園で作業する人びとや、様々なアイデアや土産話、相談、問題をもってきてくれた人びと、私個人が直面する問題とは無関係に育っていく野菜や雑草、日々起きる様々な衝突やすれ違いが、私に己の存在のちっぽけさに気づかせ、そして、私の生きることを励ましてくれた。私が生きていること、私が引き起こす事件、そして今ようやく書き上げたこの本が、彼らの生きることの励ましになっているだろうかを自問しつつ、これからも福祉農園を耕す一人でいたいと思う。今はここにいない人も含めて、共に農園で過ごしたすべての存在に感謝し、そしてこの本を手に取ってくれればと願う。

まだ私たちが出会わない人たちには、この本で何か惹かれるものがあったのなら、是非見沼田んぼ福祉農園で耕す仲間になって欲しい。

＊＊＊＊＊＊＊

この本の誕生は、二人の〈弟〉の存在なしにはありえなかった。

一人は、この本の写真を担当している写真家の森田友希さんである。二〇〇八年に私の勤務する明治学院大学に入学した森田さんは、私が担当するボランティア学の授業を受けた。旅に出たいという彼の相談を受けて、私は深い関わりのある大阪釜ヶ崎のNPO法人こえとことばとこころの部屋(ココルーム)の上田假奈代さんにその場で電話をかけた。そして、二〇〇九年の二月に彼は釜ヶ崎を皮切りに沖縄までをめぐる旅に出かけていった。その年の夏に、他の学生と共に福祉農園や郡上八幡、大阪釜ヶ崎を旅したり、二〇一〇年の二月にココルームが生み出したワークショップ「こころのたねとして」を白金の町で実施したりした。やがて彼はインドに旅にでかけ、私との関わりは段々と薄れていった。卒業してからは、数回会うだけの関係になった。彼と私が再び共に動くようになったのは、二〇一八年に入ってからのことである。この年の二月に私は家族で、妻の友人が暮らす南タイの漁村を訪問することになっており、ふとしたきっかけで彼をその旅に誘った。その時、時間に余裕のあった彼はカメラを何台ももってやってきて、村の人びとの写真や動画を撮影した。この旅の前から、私は彼の写真集『Oblique lines』を手に入れており、彼が統合失調症をもつ兄との出会い直しを通じて、自分の生きる／生きてきた世界とも出会い直す作品に心を動かされていた。その方法をめぐって議論を重ねるなかで、この本を彼と一緒に作ることになった。パソコンのキーを打つ手が止まった時に、再びまた手を動かすための着想を与えてくれたのは、彼が撮影した見沼田んぼやそこに生きるものたちの写真だった。その意味で、この本における私の文章と彼の写真はそれぞれ独立したものでありながら、しかし表裏一体の作品となっている。

もう一人は、この本の版元である生活書院の代表の高橋淳さんである。津久井やまゆり園で起きた事件について私が書いた文章に目を止めてくれた高橋さんは、雑誌『支援』の編集委員の人びとと一緒に福祉農園にやってきた。私が寄稿した『支援』の七号の編集後記で、私は高橋さんの兄が障害をもち、福島県の西郷村の施設で暮らしていることを知った。津久井やまゆり園で起きた事件をめぐる人びとの反応と、二〇一一年の原発事故をめぐる人びとの反応を重ね合わせた高橋さんの文章は私の心を揺さぶった。それとともに、施設で暮らす家族がいることを想像したこともなかった私は、高橋さんとの出会いで施設に家族が暮らすということとはどういうことなのかを考えるようになった。やがて高橋さんは彼の子どもたちと一緒に福祉農園にやってくるようになり、彼の長女は私の長女と友達になった。それと相前後して、この本の企画がはじまり、やがて森田さんも合流しながら、この本は厚みをもっていった。

森田さん、高橋さんの二人に感謝する。この本は、三人の〈弟〉の本である。

＊＊＊＊＊＊＊

この本は私が生きた家族の本でもある。母と父、兄、妹、そしてもう亡くなった猫のローには感謝という言葉では尽くせない感情があり、いつも会っても会話はほとんど成り立たない。彼らと共に生きたこと、彼らが私に語ってくれたこと、私が彼らに語ったこと、投げつけてしまったこと、そして今しんみりと語りたいこと。それらのことどもを分解させていくための一つの営みが、この本を書くことであった。森田さんと一緒に仕事をしたのは、理屈っぽい弟の文章には目もくれない兄に、この本を手に取ってもらいたいという願いによるものでもある。兄の先には、文字を使わない、言葉が得意でない多くの人びとがいる。今、私と共に暮らしている妻と二人の娘との日々は、母と父が私たちをどのように育ててきたのか、自分たちがどのように育ってきたのかを、想像する手がかりを与えてくれている。娘たちが大きくなって、いつかこの本を読んだ時に、あの歪な家族が何を大切にしていたのかに触れて欲しい。

二〇歳になるくらいから、ずっと家族の歴史を書きたいと思っていた。実際に何度か書きはじめたことがあるが、想いだけが強くあって、結局筆は進まなかった。ようやく何事かを書けたのは大学教員になった二〇〇七年の頃で、しかしそれも一九八八年の県庁知事室占拠事件という焦点の外側は何も描くことができなかった。

兄に障害があるということは、少なくとも幼年時代の私にとってはそれほど大きな意味をもっていなかった。兄が大きな声を出すこと、何かのタイミングに飛び跳ねることは、兄の存在それ自体であった。

兄の障害を意識するようになったのは、兄と私の関係ではなく、兄と私の関係の周りにあるものだった。たとえば兄と二人で世田谷の祖父母の家に出かけるときのこと。同じ電車に乗っていた女子校生が大きな声を出す兄のことを、「こんな馬鹿と会ったこと、クラスの子にも話さないとね」と話していた。彼女たちは、自分たちの言葉を兄が聞き、理解するとは思っていなかったようだ。兄と離れた場所に立っていた私は、彼女たちが兄を人間と考えていないように感じた。普通の高校生が、そうやって兄を人間扱いしないことが心底怖かった。実際そんな経験がどれだけ多くあったか今は分からないが、いくつかの出来事は強烈に記憶されて、思い出すたびに心が疼く。

しんどさのなかで、笑うことができるのを教えてくれたのは、家族や埼玉の障害者運動の人たちだった。兄の高校不合格という事態は、普通の高校生だけでなく、普通の学校が、普通の行政が、普通の社会が、私の家族を排除したように私には思えたかもしれない。しかし、その事態に母や父は声をあげ、同じ壁にぶち当たった家族も声をあげ、それに呼応して多くの人たちが立ち上がり、そして兄や同世代の人びとは疾走した。もちろん渦中にあるなかで、一〇歳の私にはそのことの意味は充分に分かっていたわけではない。私が分かったのは、ただその雰囲気だけである。そして同時代に埼玉で起こっていた、大人の障害者たちの運動も、その雰囲気以外知らなかった。

私の記憶に残るその雰囲気は、ベッドタウンに生まれて地域共同体というものに原体験のない私にとって、やがて懐かしいものとなった。その感覚のなかで私は二〇歳になる頃に、埼玉の障害者運動の生み出した言葉を読みはじめるようになった。

あの場所は、決してただ楽しい場所ではなかった。岸町小学校で私だけ、こんなことで学校を休んで大丈夫なのかとも思っていた。それだけでない。私は知事室占拠の時に、このまま警察に弾圧されて死ぬのだろうとすら思っていた。管財課が排除にやってきたときに、そのときに大きな声をあげて立ちはだかり、彼らを最終的に撤退させる大人たちの姿を、そして私にとってそれ以来みたことのない山下浩志さんが怒声を発する姿を、私は今も、私たちのたたかいとして克明に覚えている。

あの場所は、決してただしんどい場所でもなかった。そこには何か言葉にできない緊張とその裏側の自由があり、そして何かを動かしている実感があった。一九八八年三月の合格発表の際の最初の泊り込みの時に、私はベートーベンの伝記『運命は扉を叩く』を読んでいた。難しい本だったが、交渉よりは意味が分かるような気がして、そこにかかれた文字を追っていた。すると、交渉に参加していたわらじの会の樋上秀さんが車椅子で近づいてきて、「そんな難しい本読んでいてすごいね」と言ってくれた。そのことが照れくさかったのを、今でも強く覚えている。五月の知事室占拠の時の映像記録には、当時の私の姿も残されている。教育長との交渉がはじまるなかで、半ズボンを履いた私は、教育長の後ろに立って暢気な顔でスナック菓子のようなものを食べている。今思えば、あの暢気な私の姿が、誰か緊張している大人を励ましたのだろう。

三〇年が経って、私は三〇年前の経験を分解し、そして別の文脈に開いて書けるようになった。きつく縛られた結び目はようやく解《ほど》かれて、今まで見えていなかったさまざまなモノとのつながりが見えるようになった。

この本はそんななかで生まれた。

モノクロ写真３

⑬収穫祭。野島久美子さん。埼玉障害者市民ネットワーク代表。

⑭収穫祭。夕暮れ刻。

⑮冬　見沼田んぼ福祉農園。

⑯上：冬　見沼田んぼ福祉農園。

⑰下：冬　見沼田んぼ福祉農園。耕運機をかける。

⑱冬　堆肥場。

⑲冬　見沼田んぼ。

モノクロ写真３

①ＪＲ京浜東北線北浦和駅。東京と埼玉を結ぶ。

②市民の森・見沼グリーンセンター。今、森／丘になっているので気づかないが、かつてはゴミ捨て場だった。ゴミ捨て場になる前は、田んぼだった。

③大宮第三公園から、埼玉朝鮮初中級学校を望む。

④大宮第二公園の調節池。芝川の水位があがると、水門はあがり水を溜める。この調節池ができてから、朝鮮学校のあたりの浸水リスクは軽減された。

⑤上：芝川は、埼玉朝鮮初中級学校の傍らを流れる。

モノクロ写真３

⑥下：埼玉朝鮮初中級学校。焼肉交流会。

⑦埼玉朝鮮初中級学校。焼肉交流会の夜がふけて。

⑧埼玉朝鮮初中級学校。焼肉交流会の準備が進む傍らの砂場で、遊ぶ子どもたち。

⑨朝鮮学校から、芝川を渡る。

⑩ 11 月 23 日。見沼田んぼ福祉農園。見沼田んぼ収穫祭／見沼田んぼの新米を食べる会。

⑪収穫祭。焚火を囲んで語る猪瀬良一さん（福祉農園代表）と、四万十町からやってきた島岡幹夫さん。

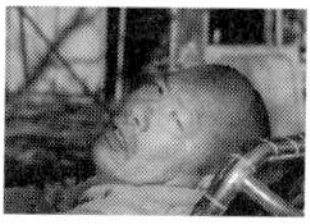

⑫収穫祭。藤崎稔さん。わらじの会二代目代表。

モノクロ写真１

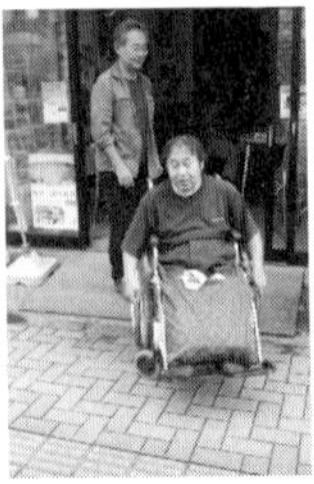

⑲秋　非営利活動法人職場参加を考える会の活動拠点である「世一緒(よいしょ)」。手前で車椅子に乗るのは橋本克己さん、後ろに立つのは山下浩志さん。

⑳秋　黄色い部屋。わらじの会の活動日誌など、埼玉の障害者運動の活動の歴史が溜められた本棚。

㉑冬　越谷市恩間新田。写真左側の二階建ての建物の一階は通所授産施設くらしセンターべしみ、二階は生活ホームもんてん。写真右側の平屋は、生活ホームオエヴィス。

モノクロ写真２

①夏　見沼田んぼ福祉農園。関口さん

②春　見沼田んぼ福祉農園。

③春　見沼田んぼ福祉農園。苗を植える。

④夏　見沼田んぼ福祉農園。

⑤秋　見沼田んぼ福祉農園。作業の振り返り。

⑥夏　見沼田んぼ福祉農園。関口さんと佐藤君。馬糞置き場をバックに。

⑦夏　見沼田んぼ福祉農園。

モノクロ写真１

⑧夏　見沼田んぼ福祉農園。ビニールハウス。

⑨上：夏　見沼田んぼ福祉農園。苗づくり

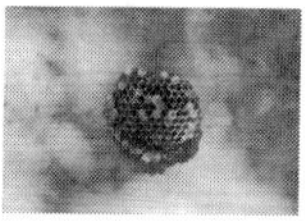

⑩下：夏　見沼田んぼ福祉農園。アシナガバチの巣

⑪夏　見沼田んぼ福祉農園。猪瀬良太さん

⑫夏　見沼田んぼ福祉農園。山崎さん

モノクロ写真１

⑬夏　見沼田んぼ福祉農園。あぐりの人びとの着替え・軍手。足踏み脱穀機と唐箕は、マンションができたため児童数が増えて、郷土資料室を教室に変えた学校から寄贈された。

⑭夏　ピアショップ緑（さいたま市緑区役所内）。斉藤さん。

⑮夏　ビアショップ緑（さいたま市緑区役所内）。猪瀬佳子さん。

⑯冬　北浦和イッカイ！北浦和の商店街で毎週水曜日、金曜日に野菜を販売する。

⑰秋　見沼田んぼ福祉農園　浦和北ロータリークラブ、古澤さん。

⑱冬　見沼田んぼ福祉農園　後片付け。

カラー写真

⑭下：秋　見沼田んぼ福祉農園。かまど。

⑮上：秋　生活ホームオエヴィス。

⑯下：秋　わらじの会。くらしセンターべしみの傍らに置かれた、手漕ぎ車椅子。

⑰上：夏　埼玉朝鮮初中級学校。焼肉交流会。

⑱下：夏　見沼田んぼ。芝川の先に市民の森・見沼グリーンセンターを望む。

⑲冬　見沼田んぼ福祉農園。あぐりの人びとの作業。

⑳夏　大宮第三公園。埼玉朝鮮初中級学校に隣接する野鳥観察地。窓から湿地を覗く。

モノクロ写真１

①春　見沼田んぼ福祉農園。作業中の鈴木さん。

②春　見沼田んぼ福祉農園。耕運機をかける。

③上：春　見沼田んぼ福祉農園。作業が終わって。耕運機の掃除をする。

④下：春　見沼田んぼ福祉農園。ネギの苗。

⑤夏　見沼田んぼ福祉農園。ビニールハウス。

⑥上：夏　見沼田んぼ福祉農園。井戸。

⑦下：夏　見沼田んぼ福祉農園。作業が終わり、井戸まで一輪車を洗いに行く。

写真について　メモ

カラー写真

①盛夏　見沼田んぼ福祉農園。地域活動支援センター農（あぐり）の作業。昼ごはんの後、芝生広場の木陰に向かう。

②春　見沼田んほ福祉農園。もみ殻を蒔く。

③春　見沼田んぼ福祉農園。耕す。

④上：夏　見沼田んぼ福祉農園。小休止。

⑤下：夏　見沼田んぼ福祉農園。玉ねぎ。

⑥上：晩夏　見沼田んぼ福祉農園。アーティチョーク

カラー写真

⑦下：春　見沼田んぼ福祉農園。休憩時間。

⑧秋　見沼田んぼ福祉農園。花を焼く。

⑨春　見沼田んぼ福祉農園。鈴木さん。

⑩夏　見沼田んぼ福祉農園。

⑪上：秋　北浦和イッカイ！。野菜販売をする荻原さん。

⑫下：夏　見沼田んぼ福祉農園　農園ボランティアの藤枝さんがつくった、かまどの周り。

⑬上：夏　東浦和駅　関口さん。

◉横田弘, 2015,『増補新装版　障害者殺しの思想』現代書館.
◉レヴィ＝ストロース, クロード・今福龍太, 2008『サンパウロへのサウダージ』(今福龍太訳)みすず書房.
◉わらじの会 , 1996,『「おらっちの生活は自立っつうのになってかい」──生活ホーム・オエヴィス報告集 part ii』千書房.
◉わらじの会 , 2010,『地域と障害──しがらみを編みなおす』現代書館.

◉松浦茂樹，2010,『埼玉平野の成立ち・風土』埼玉新聞社.
◉松村圭一郎，2009,「〈関係〉を可視化する――エチオピア農村社会における共同性のリアリティ」『文化人類学』73(4): 510-534.
◉見沼・風の学校事務局(編)，2005,『見沼学 1 号(特集＝福祉農園の公共性を問う)」』
◉ ―――，2006,『見沼学 2 号(特集＝暮らしと仕事がつくった情景』
◉ ―――，2007,『見沼学 3 号(特集＝回帰する場からの再生』
◉ ―――，2009,『見沼学 4 号(特集＝耕し続ける自治)』
◉見沼土地改良区，1988,『見沼土地改良区史』見沼土地改良区.
◉見沼保全じゃぶじゃぶラボ，2007,『見沼見て歩き――見沼田んぼ散策ガイド』幹書房.
◉村上明夫，1990,『環境保護の市民政治学』第一書林.
◉ ―――，2003,『見沼田んぼからの伝言』幹書房.
◉八木下浩一，1980,『街に生きる――ある脳性マヒ者の半生』現代書館.
◉ ―――，2010, 「かっこいい横塚さんとかっこ悪い私――「母よ！殺すな」復刊によせて」『情況　第三期』11(9):160-175.
◉八木下浩一・名取弘文，1972,「なぜ三十歳で小学校に行くのか 」『理想』(467) : 46-56.
◉八木信一，2004,『廃棄物の行財政システム』有斐閣.
◉ ―――，2014,「大量廃棄社会の限界と残像」諸富 徹(編)，『バブルとその崩壊 1986～2000 年』有斐閣，157-179.
◉ ―――，2016,「市町村合併前後における都市緑地保全制度の動態に関する研究――さいたま市における見沼田圃保全制度を事例として」『都市問題』107 (6) : 108-115.
◉ ―――，2017,「モノの廃棄をめぐる関係性と見沼学」『見沼学』(3): 11-18.
◉柳澤明治，1983,「見沼田圃論」埼玉県企画財政部土地対策課(編)，『見沼田圃論集』: 51-57.
◉柳沢遊，2010,「首都圏の経済変貌――商工業の発展と中枢管理機能集積地の出現」大門正克ほか(編)，『高度成長の時代 1　復興と離陸』大月書店 : 107-156.
◉山下浩志，2010,「障害が照らし出す地域――わらじの会の三〇年」わらじの会(編)，『地域と障害――しがらみを編みなおす』現代書館 : 11-76.
◉山之内靖・伊豫谷登士翁・成田龍一・岩崎稔，2015,『総力戦体制』筑摩書房.

◉谷川雁著，岩崎稔・米谷匡史(編)，2009,『工作者の論理と背理』日本経済評論社.
◉津久井郡勢誌復刻・増補版刊行委員会，1978,『津久井郡勢誌復刻・増補版』
◉鄭栄桓，2013a,「定例会レポート 2013 年 3 月 21 日　朝鮮学校「無償化」除外、何が問題か」(250): 2-12.
◉ ———，2013b,『朝鮮独立への隘路——在日朝鮮人の解放五年史』法政大学出版局.
◉土屋義彦，1997,『小が大を呑む——埼玉独立論』講談社.
◉東武鉄道社史編纂室・東武鉄道株式会社，1998,『東武鉄道百年史』東武鉄道.
◉長沢秀(編)，2011,『戦後初期在日朝鮮人人口調査資料集 1』緑蔭書房.
◉中野敏男，2014,『大塚久雄と丸山眞男——動員、主体、戦争責任』青土社.
◉中田英樹・高村竜平，2018『復興に抗する——地域開発の経験と東日本大震災後の日本』有志舎.
◉夏目漱石，2008,『改版　倫敦塔・幻影の盾』新潮文庫.
◉日本交通公社，1999,『時刻表復刻版——戦前・戦中編』日本交通公社出版事業局.
◉野口剛，2014,「マクロ財政・金融政策の経済理論と思想」諸富 徹(編)，『バブルとその崩壊　1986 〜 2000 年』有斐閣，21-62.
◉秦明友，1970,『市長日誌』市長日誌刊行会.
◉ ———，1974,『市長日誌　第二集』市長日誌刊行会.
◉原武史，2001,『「出雲」という思想 —— 近代日本の抹殺された神々』講談社.
◉原口剛，2008,「過程としての、場所の力」こたね政策委員会(編)，『こころのたねとして：記憶と社会をつなぐアートプロジェクト』ココルーム文庫 : 200-205.
◉原山浩介，2013,「ゴミ問題の忘却の構造——放射能汚染が映しだしたもの」安田常雄(編)，『社会を消費する人びと——大衆消費社会の編成と変容』岩波書店 : 248-269.
◉東埼玉資源環境組合，2005,『四〇年のあゆみ』
◉藤田直晴・小川洋一，2004,「大都市近郊における都市化と地域問題——越谷市を事例として」『駿台史學』(121): 119-145.
◉藤原辰史，2013,「分解の哲学」『現代思想』41(9): 118-128.
◉ ———，2016,『ナチスのキッチン——「食べること」の環境史：決定版』共和国.
◉本田勲，2010,「オエヴィスと藤崎稔君とわたしの話」わらじの会(編)，『地域と障害——しがらみを編みなおす』現代書館 : 265-375.

◉小林義雄，1993，『見沼田んぼを歩く――首都圏最後の大自然空間』農山漁村文化協会.
◉小山正義，2005，『マイトレァ・カルナ――ある脳性マヒ者の軌跡』千書房.
◉埼玉県，1991，『新編埼玉県史　通史編 7（現代）』埼玉県.
◉埼玉県企画財政部土地対策課（編），1983，『見沼田圃論集』
◉埼玉県企画財政部地域政策課（編），1985，「見沼田圃論集　第二集」
◉埼玉社会福祉研究会，1984，『ユニーク自立埼玉――スウェーデン RBU の障害者たちが見た日本』千書房.
◉相模湖・ダムの歴史を記録する会，1998，「組写真『相模湖・ダム』写真資料解説」『教育文化』15: 3-21.
◉相模湖町史編さん委員会，2001，『相模湖町史』相模湖町.
◉坂本是成，1979，『烏兎怱怱――町政の回顧』統洋社.
◉佐川光晴，2009，『牛を屠る』解放出版社.
◉市制 25 史刊行会，1985，『越谷市二十五年の歩み』
◉市民と共に生きた秦明友を偲ぶ　編集委員会，1985，『市民と共に生きた秦明友を偲ぶ』
◉故大塚伴鹿初代越谷市長の遺稿を出版する会，1995，『首長生活一九年　田園都市論に情熱を燃やした初代越谷市長大塚伴鹿氏遺稿集』
◉進藤兵，2010，「高度経済成長期の地方自治――開発主義型支配構造と対抗運動としての革新自治体」大門正克・大槻奈巳・岡田知弘・佐藤隆・進藤兵・高岡裕之・柳沢遊（編），『高度成長の時代 2　過熱と揺らぎ』大月書店.
◉第五特設鉄道工作隊行動記編集委員会，1977，『第五特設鉄道工作隊――遙かなるパゴダに捧ぐ』原書房.
◉タウシグ，マイケル T.，2016，『ヴァルター・ベンヤミンの墓標』（金子遊・井上里・水野友美子訳）水声社.
◉高村竜平・猪瀬浩平，2018，「地域固有の生活史から描く開発・被災・復興」中田英樹・高村竜平（編），『復興に抗する――地域開発の経験と東日本大震災後の日本』有志舎：1-30.
◉竹迫和子，2010，「「地域で共に」は学校から」わらじの会（編），『地域と障害――しがらみを編みなおす』現代書館：167-208.
◉田代脩・塩野博・重田正夫・森田武，1999，『埼玉県の歴史』山川出版社.

◉ ———, 1969ii,『大塚久雄著作集 7　共体の基礎理論』岩波書店.
◉ ———, 1969iii,『大塚久雄著作集 8　近代化の人間的基礎』岩波書店.
◉ ———, 1986i,『大塚久雄著作集 11　比較経済史の諸問題』岩波書店.
◉ ———, 1986ii,『大塚久雄著作集 13　意味喪失の文化と現代』岩波書店.
◉大宮市, 1989,『続大宮市史』大宮市.
◉大宮市・大宮市史編さん委員会, 1968,『大宮市史』大宮市.
◉大宮市企画財政部統計資料課・大宮市, 1997,『大宮市歴史年表』大宮市企画財政部統計資料課.
◉大宮市史編さん室, 1963,『大宮市歴史年表』大宮市史編さん室.
◉岡田俊裕, 1979,「15 年戦争期の飯塚浩二」『地理学評論』52(5): 233-250.
◉小熊英二, 2002,『「民主」と「愛国」――戦後日本のナショナリズムと公共性』新曜社.
◉小沢有作, 1988,『在日朝鮮人教育論』亜紀書房.
◉梶村秀樹著, 梶村秀樹著作集刊行委員会・編集委員会(編), 1993,『梶村秀樹著作集第 6 巻――在日朝鮮人論』明石書店.
◉柏祐賢・坂本慶一, 1978,『戦後農政の再検討――基本法農政の理念と現実』ミネルヴァ書房.
◉神奈川県企業庁相模川水系ダム管理事務所(城山ダム管理事務所), 2013,『城山ダム――相模川総合開発事業』
◉神奈川県津久井やまゆり園, 1974,『十周年記念誌』
◉神奈川県歴史教育者協議会, 1996,『神奈川県の戦争遺跡』大月書店.
◉鎌田慧, 1982,『日本の原発地帯』潮出版社.
◉ ———, 2001,『原発列島を行く』集英社.
◉川島武宜, 1974,「与瀬における異邦人」『飯塚著作集月報 I』1-3.
◉ ———, 1978,『ある法学者の軌跡』有斐閣.
◉北原淳, 1996,『共同体の思想――村落開発理論の比較社会学』世界思想社.
◉北原典夫, 1987,「見沼の自然を首都圏のオアシスに」『住民と自治』87(8): 25-30.
◉ ———, 2009,「街の力で農地を守る 都市に実りの大地を残す――市民参加で大規模緑地「見沼田んぼ」の公有化農地を活用する」『農業と経済』75(5): 76-81.
◉金徳竜, 2004,『朝鮮学校の戦後史――1945-1972』社会評論社.
◉越谷市, 1972,『越谷市史』越谷市.

参考文献

◉赤坂憲雄・小熊英二(編), 2012,『「辺境」からはじまる――東京 / 東北論』明石書店.
◉荒井裕樹, 2017,『差別されてる自覚はあるか――横田弘と青い芝の会「行動綱領」』現代書館.
◉朝日新聞取材班, 2017,『妄信――相模原障害者殺傷事件』朝日新聞出版.
◉飯塚浩二, 1975,『飯塚浩二著作集 6　人文地理学説史――地理学批判』平凡社.
◉―――, 1976i,『飯塚浩二著作集 5　日本の精神的風土――日本の軍隊』平凡社.
◉―――, 1976ii,『飯塚浩二著作集 10　満蒙紀行』平凡社.
◉石井秀樹, 2008,「暮らしと自然が育む“場のケア力”――園芸療法・森林療法からコミュニティ・デザイン」広井良典(編),『「環境と福祉」の統合――持続可能な福祉社会の実現にむけて』有斐閣: 139-159.
◉石井秀樹・斎藤馨, 2011,「土地利用と土地組成の関係性からみた見沼田んぼ公有地化推進事業による保全の再検討」『環境情報科学論文集』35: 293-298.
◉石井秀樹・斎藤馨・猪瀬浩平, 2006,「埼玉県「見沼田んぼ福祉農園」の成立と展開にみる都市近郊緑地の福祉的活用の考察(平成 18 年度日本造園学会全国大会研究発表論文集(24))」『ランドスケープ研究――日本造園学会誌』69(5): 767-772.
◉石崎津義男, 2006,『大塚久雄人と学問』みすず書房.
◉井手英策, 2014,「統治の全体像としての「土建国家」」井手英策(編),『日本財政の現代史 I　土建国家の時代　1960 ～ 85 年』有斐閣: 1-24.
◉伊藤準, 1999,『準のヘッドポインター――重度身障者の青春記』実践社.
◉猪瀬浩平, 2015,『むらと原発――窪川原発計画をもみ消した四万十の人びと』農山漁村文化協会.
◉猪瀬浩平・岡部耕典・星加良司, 2018,「トークセッション 津久井やまゆり園事件から／へ」『支援』8: 172-200.
◉宇杉和夫,　2004,『見沼田んぼの景観学――龍のいる原風景の保全・再生』古今書院.
◉浦和市総務部行政管理課(編), 2001,『浦和市史　通史編IV』浦和市.
◉浦和市総務部行政管理課, 2001,『浦和市史　通史編 4』浦和市.
◉江藤善章・小川満・猪鼻裕・千田文彦・宮内正勝, 2014,『こんなにも深い埼玉と韓国・朝鮮の歴史』新幹社.
◉榎本政市, 1979,『千木良の変遷　第三版』相模湖町教育委員会.
◉大塚久雄, 1969i,『大塚久雄著作集 6　国民経済』岩波書店.

著者紹介

猪瀬浩平（いのせ・こうへい）

1978年、埼玉県浦和市（現さいたま市）生まれ。大学在学中の1999年から見沼田んぼ福祉農園の活動に巻き込まれ、そのうちに見沼田んぼ福祉農園事務局長になる。2007年から明治学院大学教養教育センター専任教員としてボランティア学を担当。NPO法人のらんど代表理事、見沼・風の学校事務局長などをつとめる。

主な著書に、『むらと原発――窪川原発計画をもみ消した四万十の人びと』（単著、農山漁村文化協会、2015年）、『復興に抗する――地域開発の経験と東日本大震災後の日本』（共著、有志舎、2018年）、『野生のしっそう――障害、兄、そして人類学とともに』（ミシマ社、2023年）など。

写真家紹介

森田友希（もりた・ゆうき）

1989年、埼玉生まれ。2012年、明治学院大学社会学部社会学科卒業後、写真家としての活動を始める。ある個人の生活に焦点を当ててその人物を取り巻く社会を探る、ライフヒストリー調査という手法を用いながら、主に写真によって自己や他者の記憶のイメージを収集し編集するプロジェクトを行なっている。

2016年「TOKYO FRONTLINE PHOTO AWARD #5」グランプリ受賞。2017年写真集「OBLIQUE LINES」をイタリアの出版社「L'Artiere Edizioni」コレクションとして刊行後、翌年Reminders PhotogrKphy Strongholdにて個展を開催。

分解者たち

見沼田んぼのほとりを生きる

発　行　2019年3月31日　初版第1刷発行
　　　　2024年10月30日　初版第2刷発行

著　者　猪瀬浩平
写　真　森田友希

発行者　髙橋　淳
発行所　株式会社　生活書院
〒160-0008
東京都新宿区四谷三栄町6-5 木原ビル303
Tel 03-3226-1203　Fax 03-3226-1204
振替 00170-0-649766
http://www.seikatsushoin.com
デザイン　糟谷一穂
印刷・製本　株式会社シナノ

ISBN 978-4-86500-094-8
定価は表紙に表示してあります。
乱丁・落丁本はお取り替えいたします。
Printed in Japan

本書のテキストデータを提供いたします

本書をご購入いただいた方のうち、視覚障害、肢体不自由などの理由で書字へのアクセスが困難な方に本書のテキストデータを提供いたします。希望される方は、以下の方法にしたがってお申し込みください。

◎ データの提供形式＝CD-R、フロッピーディスク、メールによるファイル添付（メールアドレスをお知らせください）。

◎ データの提供形式・お名前・ご住所を明記した用紙、返信用封筒、下の引換券（コピー不可）および200円切手（メールによるファイル添付をご希望の場合不要）を同封のうえ弊社までお送りください。

● 本書内容の複製は点訳・音訳データなど視覚障害の方のための利用に限り認めます。内容の改変や流用、転載、その他営利を目的とした利用はお断りします。

◎ あて先
〒160-0008
東京都新宿区四谷三栄町6-5 木原ビル303
生活書院編集部　テキストデータ係

キリトリ線

券】
者たち